高等职业教育"互联网+"新形态

管理会计实用教程

(第3版)

岳惠玲　田素云　李光辉　主　编
　　　　　　　赵　青　副主编

微信扫描
获取课件等资源

南京大学出版社

内容简介

管理会计本质是一个通过提供经营管理信息来提升企业价值和企业竞争力的会计信息系统与决策支持系统,是一门融现代会计知识和管理科学为一体的综合性学科,具有很强的实践性和应用性。本书对管理会计领域自20世纪80年代以来的最新发展内容进行精选,将理论与实务相融合,突出管理会计方法的可操作性。全书分为总论、成本性态分析、变动成本法、本量利分析、预测分析、短期经营决策、长期投资决策、全面预算、标准成本系统、责任会计、作业成本系统、质量成本、业绩评价和战略管理会计共14章内容。在保持基础性、先进性和实践性的基础上,力图体现管理会计的学科特点和高等职业教育循序渐进的教学特点。

本书可作为高等职业院校、高等专科学校、应用型本科院校举办的职业技术学院、成人高校及继续教育学院财经、管理类专业的教材,也可作为企事业单位管理人员、财会人员的参考用书。

图书在版编目(CIP)数据

管理会计实用教程/岳惠玲,田素云,李光辉主编.
—3版.—南京:南京大学出版社,2021.6(2023.9重印)
ISBN 978-7-305-24350-9

Ⅰ.①管… Ⅱ.①岳… ②田… ③李… Ⅲ.①管理会计-教材 Ⅳ.①F234.3

中国版本图书馆CIP数据核字(2021)第060509号

出版发行　南京大学出版社
社　　址　南京市汉口路22号　　邮　编　210093
出 版 人　王文军

书　　名　管理会计实用教程
主　　编　岳惠玲　田素云　李光辉
责任编辑　武　坦　　　　　　编辑热线　025-83592315
照　　排　南京开卷文化传媒有限公司
印　　刷　南通印刷总厂有限公司
开　　本　787×1092　1/16　印张16.5　字数422千
版　　次　2021年6月第3版　2023年9月第2次印刷
ISBN 978-7-305-24350-9
定　　价　49.80元

网　　址:http://www.njupco.com
官方微博:http://weibo.com/njupco
微信服务号:njuyuexue
销售咨询热线:(025)83594756

* 版权所有,侵权必究
* 凡购买南大版图书,如有印装质量问题,请与所购图书销售部门联系调换

管理会计是一门把会计与管理两个学科的理论与实践巧妙地融会在一起的综合性学科。自20世纪初以来,特别是进入20世纪后期以来,为适应社会、经济和技术环境的重大变革,管理会计进入了一个不断变革和创新的重要时期,管理会计在理论与实践方面都取得了丰硕的成果,从早期的标准成本制度、本量利分析发展到今天的作业成本管理、全面业绩评价、战略管理会计等,无论是内容还是方法都发生了深刻的变化。在新的生产制造和服务经营环境下如何尽快创新管理会计理论,加强其在实践中的应用,是高等职业教育管理会计教学的新思考,也是我们编写本书必须把握的一个新起点。

按照新世纪高等职业教育人才培养的特点和财经、管理类专业教学内容体系改革及21世纪立体化高等职业教育规划教材整体设计方案的要求,我们组织从事教学工作多年、具有丰富教学经验的教师编写了本书。本书力图体现以下几点特色:

(1) **先进性与继承性的统一**。我们一致认为,管理会计出现的新发展并不是对传统管理会计的否定,在新的社会生产和服务环境下传统管理会计的方法体系仍有其实践价值和积极作用。基于这样的认识,我们把传统管理会计和管理会计的新发展统一起来,组成这本书的内容,并充分吸收近年来国内外管理会计的最新成果和理念,系统介绍了经实践证明具有可操作性的先进办法。

(2) **基础性和实用性、实践性的统一**。本书适应企业对于管理会计相关岗位的需求,以"提高学生实践能力,培养学生职业技能"的宗旨来安排整个课程体系;力求知识系统、内容精练、理论阐述简明扼要;对复杂难懂的问题讲究铺垫分解、循序渐进,以便学生理解,按照企业对高等职业教育学生的实际需求来设计案例和习题,使学生能够在了解相关理论的基础上,具备相应实际操作技能,并考虑了国家职业资格考试对相关内容的要求。

(3) **突出案例教学的地位以启发学生思考及对本课程的兴趣**。本书各章内容由"学习

目标""技能要求""案例导入""本章小结""案例分析""课后训练"组成,在正文中穿插"知识链接""拓展提高"等栏目,以便学生更好地掌握所学的理论和方法。突出案例教学是本书的一个重要特色,通过设置章前"案例导入"、章后"案例分析"体现理论和实践的紧密结合,以达到融入理论、拓展思路、引发学生兴趣的目的。

本书由邢台学院岳惠玲、田素云、李光辉担任主编,邢台学院赵青担任副主编。本书各章分工如下:岳惠玲执笔第一、五、七、十四章,田素云执笔第四、八、十一、十三章,李光辉执笔第三、九、十二章,赵青执笔第二、六、十章。岳惠玲负责本书总体框架设计、大纲编写,以及初稿的修改、统稿和定稿。

本书在编写的过程中参阅了大量的有关资料和教材,借鉴了许多管理会计方面的案例,也得到了许多同仁的帮助,在此一并表示感谢。

限于作者水平,书中难免存在疏漏之处,希望广大读者批评指正。

编　者

2021 年 5 月

目 录

第一篇 认识管理会计

第一章 总论 / 1
第一节 管理会计的形成与发展 / 1
第二节 管理会计的基本理论 / 6
第三节 管理会计与财务会计的关系 / 10
本章小结 / 12
案例分析 / 12
课后训练 / 13

第二篇 现代管理会计

第二章 成本性态分析 / 14
第一节 成本及其分类 / 15
第二节 成本性态及其分析 / 18
第三节 成本性态分析的程序和方法 / 25
第四节 贡献毛益 / 30
本章小结 / 31
案例分析 / 31
课后训练 / 32

第三章 变动成本法 / 34
第一节 变动成本法概述 / 34
第二节 变动成本法与完全成本法的比较 / 36
第三节 变动成本法的优缺点及其在实践中的应用 / 43
第四节 贡献法分部报表 / 45
本章小结 / 48
案例分析 / 48
课后训练 / 48

第四章 本量利分析 / 50
第一节 本量利分析的基本原理 / 50
第二节 单一品种的本量利分析 / 54
第三节 多品种的本量利分析 / 59
第四节 相关因素变动对本量利影响分析 / 64
本章小结 / 67
案例分析 / 67
课后训练 / 67

第五章 预测分析 / 69
第一节 预测分析概述 / 69
第二节 销售预测分析 / 73
第三节 利润预测分析 / 80
第四节 成本与资金预测分析 / 87
本章小结 / 91
案例分析 / 91
课后训练 / 91

第六章 短期经营决策 / 93
第一节 决策分析概述 / 93
第二节 决策分析必须考虑的重要因素 / 96
第三节 生产经营决策 / 100
第四节 产品定价决策 / 107
本章小结 / 112
案例分析 / 112
课后训练 / 113

第七章 长期投资决策 / 115
第一节 长期投资决策概述 / 115
第二节 长期投资决策中的现金流量 / 117
第三节 长期投资决策的评价指标 / 120

第四节　长期投资决策的具体运用／124
第五节　风险投资决策分析／128
本章小结／130
案例分析／130
课后训练／131

第八章　全面预算／132

第一节　全面预算概述／132
第二节　全面预算的编制实例——以固定预算为例／137
第三节　全面预算的编制方法／146
本章小结／153
案例分析／153
课后训练／154

第九章　标准成本系统／156

第一节　成本控制概述／157
第二节　标准成本及其制定／159
第三节　标准成本的差异分析／164
第四节　标准成本的账务处理／168
本章小结／172
案例分析／172
课后训练／173

第十章　责任会计／174

第一节　责任会计概述／174
第二节　责任中心／177
第三节　责任预算与责任报告／182
第四节　内部转移价格的制定／185
本章小结／187
案例分析／188
课后训练／188

第三篇　管理会计新发展

第十一章　作业成本系统／190

第一节　作业成本法概述／190
第二节　作业成本计算法的实施／197

第三节　作业成本法的评价／201
本章小结／204
案例分析／205
课后训练／207

第十二章　质量成本／208

第一节　质量成本的确认／208
第二节　质量成本的计量／211
第三节　质量成本控制／215
本章小结／221
案例分析／222
课后训练／222

第十三章　业绩评价／224

第一节　业绩评价概述／224
第二节　平衡计分卡／228
本章小结／237
案例分析／238
课后训练／238

第十四章　战略管理会计／239

第一节　战略管理会计概述／239
第二节　战略管理会计的研究方法和主要内容／242
第三节　战略管理会计在实际中的应用举例／248
本章小结／251
案例分析／251
课后训练／252

附录 A　一元复利终值系数表（FVIF 表）／253
附录 B　一元复利现值系数表（PVIF 表）／254
附录 C　一元年金终值系数表（FVIFA 表）／255
附录 D　一元年金现值系数表（PVIFA 表）／256

参考文献／257

第一篇　认识管理会计

第一章

总论

学习目标

通过本章的学习,要求了解管理会计的产生、发展过程及最新发展趋势;理解有关管理会计的基本理论;掌握管理会计与财务会计的关系;了解管理会计的工作组织,为以后各章的学习奠定基础。

技能要求

能够分析管理会计的职能和方法及管理会计与财务会计的关系。

微课

案例导入

新大陆公司最近要招聘一批会计人员,应聘者李楠和张浩分别陈述了自己对财务会计岗位和管理会计岗位的认识和求职意向。

李楠认为管理会计和财务会计属于会计工作,工作方法基本相同,都是事后的记账、算账和报账。但是管理会计是为企业管理服务的,管理会计岗位属于管理级别,自己更愿意应聘管理会计岗位。

张浩则认为管理会计和财务会计都是提供会计信息的工作,管理会计的职能主要是满足企业各项管理职能的需要,提供管理所需的各种会计信息,服务于企业内部;而财务会计则主要提供各项已经发生的经济业务的会计信息,主要服务于企业外部。二者在方法和程序上有所不同。从事管理会计工作可能更复杂,自己愿意先从财务会计岗位开始。

思考: 李楠和张浩谁说得更合理? 如果你是招聘人员,你会录用哪一位?

第一节　管理会计的形成与发展

管理会计是同现代经济技术环境和企业内部管理要求变化相适应的一门新兴会计学科,是现代管理学和现代会计学的有机融合。

管理会计，顾名思义，是为管理服务的会计，是"管理"和"会计"的直接结合。管理会计的产生与会计的发展、管理科学的发展密切相关，是现代管理科学和方法运用于会计领域的结果。它的形成与发展受社会实践及经济理论的双重影响。一方面，社会经济的发展要求加强企业管理；另一方面，经济理论的形成又使这种要求得以实现。管理会计在其形成和发展的各个阶段，无不体现了这两方面的影响。

一、管理会计的产生与发展

（一）以成本控制为基本特征的管理会计阶段（20世纪初—50年代）

管理会计最初产生的年代正处于从传统的近代会计向现代会计过渡的会计发展阶段。19世纪的英国工业革命催生了近代会计的产生。近代会计以反映、报告企业经营成果和财务状况为主要任务，由于它与以经验和直觉为核心的传统管理方式相适应，因此对促进早期资本主义发展起到了相当的积极作用。

但到了20世纪初，随着社会化大生产程度的提高、生产规模的日益扩大，传统的因袭管理方式所无法克服的经营粗放、资源浪费严重、企业基层生产效率低下等弊端同大机器工业的矛盾越来越尖锐。企业的所有者和经营者都意识到企业的生存和发展不仅仅取决于产量的增长，更重要的是取决于成本的高低。为在激烈的市场竞争中战胜对手，企业必须加强内部管理，提高生产效率以降低成本、费用，获得更多的利润。正是在这种情况下，集中体现科学管理精神的"泰罗制"应运而生了。1911年，科学管理之父——泰罗（Taylor）出版了《科学管理原理》一书，对生产工人的操作过程进行了具体细致的时间与动作研究，在此基础上制定了各种定额和标准，并按事先确定的定额和标准对生产过程进行管理和控制，大大强化了管理的计划和控制职能，使企业管理向标准化和制度化的方向发展。

与此同时，为了配合"泰罗制"的实施和推广，要求传统的会计由单一的事后核算向事前规划和事中控制转变，在会计实务中出现了标准成本、预算控制、差异分析等新的技术方法。这些新的会计技术方法以成本控制为基本特征，以提高企业的生产效率和工作效率为目的，标志着管理会计的原始雏形已经形成。

（二）以预测、决策为基本特征的现代管理会计阶段（20世纪50—80年代）

第二次世界大战以后，由于科学技术的日新月异，社会生产力得到了迅速发展，企业规模日益扩大，跨国公司大量涌现，生产经营的社会化程度空前提高，企业内部各部门乃至职工个人之间的联系普遍增强。与此同时，国际市场竞争愈演愈烈，经济危机发生频繁，企业获利能力普遍下降。企业管理层在这种形势下，为了战胜对手，增加竞争力，不得不重视提高内部工作效率，想方设法改善人际关系，调动全体员工的主观能动性。为弥补泰罗科学管理方法的缺陷，现代科学管理的新成就——运筹学和行为科学在企业管理中得到了广泛应用。人们普遍认识到：以市场为导向，不断提高产品质量、积极开发新产品、努力降低成本消耗，不仅直接影响到企业当前发展的速度，而且还关系到企业未来的生存与发展。这些都迫切要求企业尽快实现管理现代化，将过去的以生产为中心的生产性管理模式调整为以开发市场、调动各方面积极性和取得最大经济效益为中心的经营决策管理模式，实现市场经济条件下的良性循环。

在这个阶段中,管理会计适应现代经济管理的要求,不仅完善了规划、控制会计的理论和实践,而且还充实了预测决策会计和责任会计等内容。运筹学主要是应用现代数学和数理统计的方法,帮助管理人员按照最优化的要求,对企业复杂的生产经营活动进行预测、决策、组织、安排和控制。会计与运筹学的结合,形成了预测决策会计。为了进行科学的决策分析,必须采用不同于对外报告所使用的方法来搜集和计算成本数据,以供内部管理使用,于是变动成本法应运而生,并成为现代管理会计中规划和控制经济活动的重要工具。责任会计将行为科学的理论与管理控制的理论结合起来,不仅进一步加强了对企业经营的全面控制(不仅仅是成本控制),而且将责任者的责、权、利结合起来,考核评价责任者的工作业绩,从而极大地激发了经营者的积极性和主动性。上述内容形成了以预测、决策会计为主,以规划、控制会计为辅的现代管理会计新体系。在该阶段,狭义的管理会计内容体系已经建立起来了。

1952年,在伦敦举行的国际会计师联合会上通过了"管理会计"这个专门术语,管理会计正式形成。从20世纪60年代至80年代,美国会计学会、全美会计师协会下设的管理会计实务委员会、国际会计师联合会及美国管理会计师协会均对管理会计的定义从不同角度进行解释。1972年《管理会计》月刊开始在世界范围内发行;1980年,各国会计师联合会在巴黎举行第一次会议,讨论如何应用和推广管理会计的问题。在这一阶段,美、英等西方发达国家陆续将管理会计学课程作为高等院校会计专业和其他财经专业的主干课程。西方的会计学者撰写了大量管理会计的教材、专著和论文。一些发达国家的会计师协会组织还相继成立了单独的管理会计师协会。这些都标志着现代管理会计走向了成熟期。

 知识链接

国际会计师联合会巴黎会议

如果说20世纪70年代以前,管理会计还只是在西方发达国家流行的话,那么从20世纪80年代起,"管理会计热"就已经风靡全球。1980年4月,国际会计师联合会在巴黎召开的第一次欧洲会议上,与会代表用大量数据和经验证明并发出呼吁"为了在当今复杂多变的世界上能够使企业生存下去并繁荣起来,一个战略性的问题就是应用和推广管理会计"。

(三)以重视环境适应性为基本特征的战略管理会计阶段(20世纪80年代至今)

20世纪80年代以来,随着科学技术领域中新技术的不断涌现,经济结构、产业结构和产品结构都发生了巨大的变化。经济全球化趋势的迅猛发展与由此带来的国际化市场竞争导致传统的以追求规模经济为目的的大规模生产逐步为灵活的"顾客化生产"所取代,而科学技术的进步也为企业进行"顾客化生产"提供了可能。面对社会经济环境和企业制造环境的深刻变革,国外学者首先提出了战略管理的理念。战略管理重视环境对企业经营的影响,强调企业的管理不仅要协调好内部的各种关系,还应协调好企业内部与外部环境的关系,才能保证企业在变幻莫测的市场中生存下去并不断发展。企业内外环境的变化对管理的要求很快被管理会计学科所捕捉,于是战略管理会计产生了。

战略管理会计是在现代管理基础上的进一步发展,与战略管理相互依存、相互渗透。1981年,英国管理学家西蒙首次提出"战略管理会计"一词,很快便成为各国学者竞相研究和探讨的新课题。一般认为,战略管理会计是以取得整体竞争优势为主要目标,以战略观念审视企业外部和内部信息,强调财务与非财务信息、数量与非数量信息并重,制定、执行和考评企业战略和战术,揭示企业在整个行业的地位及发展前景,建立预警分析系统,提供全面、相关和多元化的信息而形成的战略管理与管理会计融为一体的新型的管理会计体系和方法。近十多年来,管理会计的概念、内容和方法都有了很大的发展。目前西方战略管理会计主要关注以下几个领域:以作业成本计算、作业管理和适时制生产系统为基础的战略成本分析、全面质量管理、目标成本法、产品生命周期成本及平衡计分卡等。

三十多年来,越来越多的国家加大了应用和推广管理会计的力度,最新的研究成果(如作业成本法、适时制等)被迅速应用到企业的管理实践中。一些国家成立了管理会计师职业管理机构,相继颁布了管理会计师的工作规范和职业标准。国际会计标准委员会和国际会计师联合会等也成立了专门机构,尝试制定国际管理会计准则和管理会计师职业道德规范等文件。近期,人们将研究的热点集中在管理会计工作系统化和规范化、管理会计职业化和社会化,以及国际管理会计和战略管理会计等课题上。可见,现代管理会计具有系统化、规范化、职业化、社会化和国际化的发展趋势。

 **知识链接**

随着竞争愈演愈烈,更需要运用管理会计信息

在研究了几个激烈竞争的实例以后,哈佛大学的罗宾·库珀(Robin Cooper)发现随着弱势企业的产生及全球性竞争的愈演愈烈,公司必须学会在管理成本方面如何更具竞争力。对许多公司而言,能否继续生存取决于它们运用复杂的成本管理系统的能力,而这种成本管理系统,能产生内在动力来促使企业成本的下降……

库珀进一步说:"随着成本管理对公司的生存越来越具有根本性的作用,所以出现了两种倾向:第一,要求有新的成本管理形式出现;第二,企业中越来越多的人与成本管理过程密切相关。"他建议,由于大量非会计人员涉及成本管理过程,这将增强对管理会计信息的需求(对知道如何使用信息的人而言),并且将减少对传统管理会计人员的需求。

新的管理会计分支出现

为了更加正确、完整地提供管理会计信息,满足新的经济环境下管理会计功能的充分发挥,管理会计又划分为环境管理会计、战略管理会计、行为会计、人力资源会计等。环境管理会计主要是关注及保护环境,关注企业的社会效益,协调企业与生态环境之间的关系。战略管理会计主要是关注在新的竞争环境下,企业怎样能更正确地从战略的角度规划其发展计划,更好地利用资源,创造更大的效益,在长期的竞争中发展壮大。行为会计更关注企业全体员工包括企业领导的行为对企业效益的影响。人力资源会计则强调人才培养和重视人才带给企业的效益,认为这是企业在竞争中制胜的法宝。

二、管理会计产生和发展的原因

（一）社会生产力的发展是管理会计产生和发展的内在动力

既然管理会计是会计的一个组成部分或是一个子系统，那么其产生和发展的原因必然和会计本身的发展与完善相联系。在这个意义上，可以把管理会计的产生与发展看成是会计发展的结果。

会计和管理并不是从来就有的，它们是社会生产力发展到一定阶段的产物，并随着社会生产力的进步而不断发展。社会生产力的进步对经济管理提出了新的要求，会计作为管理的组成部分，必然要适应这种要求。因此，社会生产力的进步是管理会计产生与发展的根本原因。

同时，管理会计的产生与发展又必然与一定时期的社会历史条件密切相关。进入20世纪以来，世界经济形式的变化，尤其是信息社会条件下的现代化大生产为会计发挥预测、决策、规划、控制、责任考评职能创造了物质基础，高度繁荣的商品经济，特别是全球范围内市场经济的迅速发展为管理会计开辟了用武之地。

（二）现代管理科学的发展是管理会计产生与发展的外部条件

现代管理科学是现代管理会计形成和发展的基础，在理论上起着奠基和指导的作用，在方法上赋予管理会计现代化的管理方法和技术，使管理会计的面貌焕然一新。现代管理会计已经远远不是原始意义上的、以记账为主要特征的会计，而是表现为多种学科相互渗透、相互结合，形成一门新的、综合性的交叉学科。对比传统的会计，它可以履行更加广泛的职能，也就是说，现代管理会计不仅能解析过去，更重要的是能有效地为企业管理部门筹划未来、控制企业经济活动沿着决策预定轨道运行提供服务。可见，管理会计的形成与发展同现代管理科学密切相关。

（三）现代计算机技术的进步加速了管理会计的发展和完善

在现代经济条件下，通过管理会计进行企业内部经营管理，如果不借助电子计算机进行数据处理，后果是无法想象的。正是由于现代科学技术的发展，尤其是现代计算机技术的进步，加速了管理会计的发展和完善。

三、管理会计在我国的发展

我国是从20世纪70年代末开始向发达国家学习并引进管理会计知识和理论的。与此同时，以建立社会主义市场经济体制和现代企业制度为目标，我国开始进行经济体制改革。广大企业开始摆脱所有制身份的约束，逐步成为自主经营、自负盈亏的商品生产者和经营者。我国会计学界开始掀起学习管理会计、应用管理会计的热潮。在全国范围内，许多会计实务工作者积极参与到"洋为中用，吸收消化管理会计"的活动中，并运用管理会计的方法解决了一些实际问题，取得了初步的成效。

进入 20 世纪 90 年代,特别是 1993 年财务会计制度转轨变型之后,会计界开始真正走向了与国际惯例接轨的道路,为管理会计在中国的发展创造了新的契机。自觉应用现代管理会计的成果经验来指导新形势下的会计工作,已变成广大会计工作者的迫切要求和自觉行动。一些企业设置了专门的机构和人员负责管理会计工作,推行目标成本和目标利润考核机制,重视成本费用,关注差异分析、投资决策及其效果评价,加强资金预算管理以提高资金使用效率,实施全面预算管理,并建立了责任会计制度。

进入 21 世纪以来,我国企业面临越来越大的市场竞争压力,管理会计在提高企业内部管理水平、促进管理科学化方面的作用越来越突出。充分吸收借鉴更为先进、科学的管理会计理论和实践,探索代表管理会计未来发展和应用方向的新领域,将是我国企业生存与发展中亟待解决的现实问题。当前,应从我国实际出发,通过调查研究管理会计在中国企业应用的案例等方式,积极探索出一条在实践中行之有效的中国式管理会计之路,以便切实加强企业内部管理机制,提高经济效益,使我国管理会计的改革创新步入良性循环的新的发展阶段。

从 2014 年开始,连续 3 年"管理会计"成为我国财政部会计司的重点工作内容。2014 年 1 月,财政部下发《财政部关于全面推进管理会计体系建设的指导意见(征求意见稿)》,全面推进管理会计体系建设;2015 年 1 月,财政部会计司陆续发布《财政部关于全面推进管理会计体系建设的指导意见》系列解读文章,发展管理会计咨询服务,推动会计服务转型升级;2016 年 6 月,财政部制定并印发了《管理会计基本指引》,为单位(包括企业和行政事业单位)加强管理会计工作提供指导;同年 10 月在经历了起草、公开征求意见和发布阶段三个过程后,财政部印发了《财政部关于印发〈管理会计应用指引第 100 号——战略管理〉等 22 项管理会计应用指引的通知》(财会〔2017〕24 号),总结提炼了目前在企业普遍应用且较为成熟的部分管理会计工具,以指导单位管理会计实践;2016 年 10 月财政部在《会计改革与发展"十三五"规划纲要》里,将管理会计人才列为"行业急需紧缺专门人才",力争到 2020 年培养 3 万名"精于理财、善于管理和决策的管理会计人才"。财政部的一系列举措说明,管理会计在我国有很大的发展空间和广阔的发展前景。

第二节 管理会计的基本理论

一、管理会计的概念

管理会计是从传统会计中分离出来,具有相对独立而又比较完整的理论、方法体系的一门新兴的会计学科。管理会计从传统会计中分离之后,企业会计中相当于组织日常会计核算和期末对外报告的那部分内容就被称为财务会计,管理会计成为与财务会计相对立的概念。

管理会计作为现代会计的另一分支,它侧重于为企业内部各级管理人员提供管理信息服务,是适应企业不断加强和完善经营管理的要求而产生的一门新兴边缘学科,是现代管理科学理论和方法运用于会计领域的结果,也可以说是会计学科进一步融入管理学科的产物。

国外会计学界先后从狭义和广义两个方面给管理会计进行了定义。

(一) 狭义的管理会计

从 20 世纪 20 年代到 20 世纪 70 年代,国外会计学界一直从狭义上来定义管理会计,认为管理会计只是为企业内部管理者提供计划与控制所需信息的内部会计。

综合国外学者对管理会计的定义,狭义管理会计的定义可归纳为:管理会计是指以强化企业内部经营管理、实现最佳经济效益为目的,以现代企业经营活动为对象,通过对财务等信息进行深加工和再利用,实现对经济过程的预测、决策、规划、控制、责任考评等职能的一个会计分支。它侧重于在企业内部经营管理中发挥作用,因而又称内部经营管理会计。本书重点讨论狭义的管理会计。可以从以下几方面来理解狭义管理会计的含义:

(1) 管理会计以企业为主体展开其管理活动。
(2) 管理会计是为企业管理者的目标(即确保企业实现最佳经济效益)服务的。
(3) 管理会计是一个管理信息系统。
(4) 管理会计的职能充分体现了现代企业管理的要求。
(5) 管理会计是现代企业会计系统中与传统的财务会计相对立的概念。

(二) 广义的管理会计

进入 20 世纪 70 年代,国外会计学界对管理会计的定义出现了新的变化,管理会计的外延开始扩大,出现了广义的管理会计概念,表现为管理会计内容和范围的扩展。

所谓广义的管理会计,是指用于概括现代会计系统中区别于传统会计,直接体现预测、决策、规划、控制和责任考核评价等会计管理职能的经济管理工作。它为企业内部管理当局实现管理目标及为其他利益相关者提供包括用来解释实际和计划所必需的货币性信息和非货币性信息。

例如,1982 年,英国成本与管理会计师协会修订后的管理会计定义,进一步把管理会计的范围扩大到除审计以外的会计的各个组成部分。

"管理会计是对管理当局提供所需信息的那一部分会计的工作,使管理当局得以:①制定方针政策;②对企业的各项活动进行计划和控制;③保护财产的安全;④向企业外部人员(股东等)反映财务状况;⑤向职工反映财务状况;⑥对各个行动的备选方案做出决策。"

1986 年,美国全美管理会计师协会对管理会计做出如下定义:

"管理会计是向管理当局提供用于企业内部计划、评价、控制及确保企业资源的合理使用和经营责任的履行所需的财务信息,确认、计量、归集、分析、编报、解释和传递的过程。管理会计还包括编制供诸如股东、债权人、规章制定机构及税务当局等非管理集团使用的财务报表。"

1988 年,国际会计师联合会将管理会计定义为:"在一个组织中,对管理当局用于规划、评价和控制的信息(包括财务信息和经济信息)进行确认、计量、搜集、分析、编报、解释和传输的过程,以确保其资源的合理利用并承担相应的经营责任。"

综上所述,广义的管理会计可理解为以下几点:

(1) 以企业为主体展开其管理活动。

(2) 既为企业管理当局的管理目标服务,同时也为股东、债权人、规章制度制定机构及税务当局等非管理集团服务。

(3) 作为一个信息系统,提供用来解释实际和计划所必需的货币性信息和非货币性信息。

(4) 从内容上看,既包括财务会计,又包括成本会计和财务管理。

(5) 这个定义还有助于对目前正在形成的战略管理会计、宏观管理会计和国际管理会计更好地进行定位,合理地界定它们的归属。

我国学者结合我国的情况,对管理会计的定义提出了许多观点。综合各家之长,可总结为:管理会计是以提高经济效益为最终目的的会计信息处理系统,它运用一系列专门的方式方法,利用财务信息和其他经济信息进行确认、计量、归集、计算、分析、编制与解释传递等一系列工作,是企业各级管理人员据以对日常发生的一切经济活动进行预测、规划和控制,并帮助企业领导做出各种专门决策的信息处理系统。

二、管理会计的职能

企业管理的职能是指在企业管理过程中客观存在的,不以人的主观意志为转移的固有的功能和属性。现代企业管理具有预测、决策、规划、控制、考核评价等职能。作为现代企业管理重要内容的管理会计,其职能必然受到企业管理职能的约束,可以将管理会计的职能概括为预测、决策、规划、控制、考核评价和报告6个方面。

(一) 预测

管理会计发挥预测经济前景的职能,就是按照企业未来的总目标和经营方针,充分考虑经济规律的作用和经济条件的约束,选择合理的量化模型,有目的地预计和推测未来企业销售、利润、成本及资金的变动趋势和水平,为企业经营决策提供信息。

(二) 决策

管理会计发挥参与经济决策的职能,体现在根据企业决策目标搜集、整理有关信息资料,选择科学的方法计算有关长短期决策方案的评价指标,并做出正确的财务评价,最终筛选出最优的行动方案。

(三) 规划

管理会计规划经营目标的职能,是通过编制各种计划和预算实现的。它要求在最终决策方案的基础上,将事先确定的有关经营目标分解落实到各有关预算中,从而合理、有效地组织协调企业供、产、销及人、财、物之间的关系,并为控制和责任考核创造条件。

(四) 控制

管理会计发挥控制经营过程的职能,是将对经营过程的事前控制、事中控制和事后控制有机结合,即事前确定各种科学可行的标准,并根据执行过程中实际和计划之间的偏差进行调整改进,以确保经济活动的正常运行和循环。

（五）考核评价

管理会计履行考核经营业绩的职能，是通过建立责任会计制度来实现的，即在各部门均明确各自责任的前提下，逐级考核责任指标的执行情况，找出成绩和不足，从而为奖惩制度的实施和未来工作改进措施的形成提供必要的依据。

（六）报告

管理会计履行报告的职能，是信息反馈机制的要求。管理会计的传统职能是对内提供报告，但从目前看，管理会计所提供的报告，已不再局限于企业内部和管理层，已经被要求对外提供报告。例如，向股东、债权人、规章制度制定机构和税务当局等提供历史和未来的信息，以供其决策使用。

三、管理会计的基本假设

所谓管理会计的基本假设具体包括，是指为实现管理会计的目标，合理界定管理会计工作的时空范围，统一管理会计操作方法和程序，满足信息搜集与处理的要求，从纷繁复杂的现代企业环境中抽象概括出来的，组织管理会计工作不可缺少的一系列前提条件的总称。管理会计的基本理论与基本方法是建立在一定的假设环境中的，这些假设为管理会计职能的实施、方法的运用和目的的实现提供了理论基础。管理会计的基本假设具体包括多层次主体假设、理性行为假设、合理预期假设和充分占有信息假设等。

四、管理会计的基本原则

管理会计的基本原则是指在明确管理会计基本假设的基础上，为保证管理会计信息符合一定质量标准而确定的一系列主要工作规范的统称。显然，基本假设是组织管理会计工作的必备前提，基本原则是对管理会计工作质量所提出的具体要求。二者共同服务于管理会计的总体目标。管理会计基本原则的内容包括最优化原则、效益性原则、决策有用性原则、及时性原则、重要性原则和灵活性原则等。

五、管理会计的基本内容

狭义管理会计的内容是指与其职能相适应的各项管理会计的工作内容，包括预测分析、决策分析、全面预算、成本控制和责任会计等方面。其中，前两项内容合称为预测决策会计；全面预算和成本控制合称为规划控制会计。预测决策会计、规划控制会计和责任会计这3个子系统共同构成了管理会计的基本内容。这三者既相对独立，又相辅相成。

管理会计中还有成本性态分析、变动成本法和本量利分析等重要内容，它们是预测决策会计、规划控制会计和责任会计的基础和先导。随着科技的进步和社会生产环境的变化，作业成本、质量成本、业绩考核与评价和战略管理会计等管理会计的新内容和新方法开始出现，并在实践中不断地得到发展和充实。

六、管理会计的地位

管理会计是现代化企业组织机构中的重要组成部分。在现代企业组织机构中，掌握公司所有权的股东通过股东大会选出董事会，并将公司的经营管理权委托给董事会。在董事会中负主要责任的是董事长，他全面负责监督总经理对整个企业的经营管理。

在总经理职位下，设有人事、工程、财务、生产与销售等几个主要管理部门，分别由各相应部门的副总经理负责。财务副总经理领导下的两个部门分别由总会计师和财务主任负责。总会计师负责财务会计、管理会计、税务、审计等业务。其中管理会计着重进行预测决策和预算控制等。财务主任负责财务方面的决策，主持日常财务工作，如企业筹集资金，评价与选择投资方案，与金融机构、债权人交往及处理企业的投资保险等业务。

在我国，由于管理会计工作尚处于起步阶段，企业中没有专设的机构和人员负责此项工作，只能由财务人员兼做，这样势必影响管理会计工作的顺利开展。随着改革的深入和我国现代企业制度的建立，我国大中型企业一般都配备了总会计师编制，再加上近几年企业财务会计工作与国际惯例的接轨和会计电算化的普及，大大简化了日常财务会计核算工作，使会计人员有时间和精力面向内部管理，钻研管理会计业务。目前，在我国企业设置专门的管理会计机构不仅十分必要，而且完全可能。

第三节 管理会计与财务会计的关系

管理会计和财务会计是现代企业会计的两大分支，分别服务于企业内部管理的需要和外部决策的需要，两者之间既有区别，又有联系。

一、管理会计与财务会计的区别

（一）服务对象不同

管理会计主要对企业内部各管理层次提供有效经营和最优化决策所需要的管理信息，是对内报告会计；财务会计主要向企业外部各利益关系人（如股东、潜在投资人、债权人、税务机关、证券监管机关等）提供信息，是对外报告会计。

（二）会计职能不同

管理会计是规划未来的会计，其职能侧重于对未来的预测、决策和规划，对现在的控制、考核和评价，属于经营管理型会计；财务会计是反映过去的会计，其职能侧重于核算和监督，属于报账型会计。

（三）核算原则不同

管理会计不受会计准则、会计制度的制约，管理会计人员可以自由地选择处理信息的方式,只要它们符合成本效益的原则即可;财务会计进行会计核算、财务监督,必须接受会计准则、会计制度及其他法规的制约,其处理方法只能在允许的范围内选用。

(四) 会计主体不同

为了适应管理的需要,管理会计既要提供反映企业整体情况的资料,又要提供反映企业内部各责任单位经营活动情况的资料,因而其会计主体是多层次的;财务会计以企业为会计主体提供反映整个企业财务状况、经营成果和资金变动的会计资料,通常不以企业内部各部门、各单位为会计主体提供相关资料。

(五) 核算方法不同

由于未来经济活动的复杂性和不确定性,因此管理会计进行预测、决策时,要应用许多现代数学方法和计算机技术,即使对相同的问题也可以根据需要和可能采用不同的方法进行处理;财务会计的方法比较稳定,核算时往往只需要简单的算术方法。

(六) 核算程序不同

管理会计的核算程序不固定,可自由选定,凭证和报表都没有一定的格式,可自由拟定,缺乏统一性和规范性;财务会计的核算程序固定严格并带有强制性,凭证、账簿和报表都有固定的格式和统一的账务处理程序及报表编制报送时间,具有统一性和规范性。

(七) 信息精确程度不同

管理会计的工作重点是面向未来,未来期间影响经济活动的不确定因素比较多,决定了管理会计所提供的信息不能绝对精确,一般只能相对精确;财务会计反映已经发生的或已经完成的经济活动,因此其提供的信息应力求精确,数字必须平衡。

(八) 计量尺度不同

为了适应不同管理活动的需要,管理会计虽然主要使用货币度量,但也大量采用非货币度量,如实物量度、劳动量度、关系量度(如市场占有率、销售增长率)等;为了综合反映企业的经济活动,财务会计几乎全部使用货币度量。

二、管理会计与财务会计的联系

(一) 起源相同

管理会计与财务会计都是从传统会计中孕育、发展和分离出来的,二者源于同一母体,相互依存、相互补充,共同构成现代企业会计系统。

(二) 目标相同

尽管财务会计、管理会计分别是对企业外部、内部提供信息,但最终目标是为企业提高经营管理水平和经济效益服务。

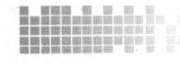

（三）基本信息同源

管理会计所使用的信息广泛多样，不局限于财务会计信息，但其基本信息来源于财务会计，有的是财务会计资料的直接使用，有的则是财务会计资料的加工、调整和延伸。

（四）服务对象交叉

虽然管理会计与财务会计有内外之分，但服务对象并不严格、唯一。财务会计所提供的许多指标，如资金、成本、利润等，企业管理人员特别是高层管理人员同样需要；管理会计提供的许多信息，如市场预测、利润预测等，企业的投资者、债权人也同样需要。

三、管理会计和财务会计在企业管理中的结合

从会计职能角度看，财务会计和管理会计是相互渗透的。所谓会计职能，就是会计在经济管理中所具有的功能，是会计本质的外在表现形式。财务会计的职能是核算和监督，而管理会计的职能是计划、控制、决策。核算是为企业决策、计划奠定基础，而监督则是为企业整个经济活动过程中的合理性、合法性和有效性进行的控制。同时，决策、计划和控制更为企业的核算和监督提供了依据。二者是相互联系、相互合作的关系。

目前，现代管理会计和财务会计开始出现一体化趋势，管理会计和财务会计拥有许多相同的原始数据，借助计算机和系统管理思想，人们试图建立集中存储数据、共享数据资源、统一提供财务会计与管理会计数据的信息系统。

本章小结

现代管理会计是企业管理系统的一个子系统，是企业组织决策管理与控制支出系统的重要组成部分。现代管理会计是企业会计适应社会经济环境的变迁对企业管理的要求而不断发展和完善的产物，管理会计学是一门随着管理理论、管理环境及管理人员的需要的变化而不断发展的学科。

案例分析

在新诚公司的例会上，总经理对公司近期的生产、采购及销售工作提出了如下意见：第一，由于激烈的市场竞争，公司的销售业绩正在下滑。初步估计，如果产品价格降低10%，同时广告支出增加10万元，销售量就会增加20%。因此，需要销售部门对降低价格与增加广告支出及提高销售量的关系做出准确测算。第二，A项目原定开销是100万元，但是现在项目刚进行一半，开销已经超过70万元，按照这种情况估计到最终完成需要150万元。因此，需要A项目负责人提交一份报告，解释一下到底是哪些环节的成本超出了预算，同时提交及时的进度报告，这样在成本超支之前，也许能采取一定的措施来控制成本。第三，公司打算购进机器人操作的制造设备，这项投资涉及的金额较大，公司打算融资，而且要考虑公司的员工招聘、培训这样的长期问题。所以，采购部要把机器人操作生产线的设备寿命期内的税后现金流量的预计增加额及资本成本进行准确测算，并提交相关报告以便在董事会上讨论。

讨论：
1. 总经理提出的 3 个问题涉及的是管理会计的哪些职能？
2. 如何理解"管理会计是向企业管理当局提供信息服务的决策管理支持系统"？

课后训练

思考题

1. 试述管理会计的发展阶段及其成因。
2. 结合管理会计的职能谈谈现代管理会计的内容。
3. 管理会计的基本假设与基本原则之间存在什么样的关系？
4. 管理会计在企业中居于哪种地位？
5. 管理会计与财务会计有哪些区别与联系？

第二篇 现代管理会计

第二章 成本性态分析

学习目标

通过本章的学习,要求了解成本按习性的分类;掌握混合成本的各种分解方法,能灵活运用多种方法对混合成本进行分解,并掌握这些方法的特点与适用范围;了解、掌握管理会计的另一个重要概念——贡献毛益。

微课

技能要求

能够结合实际进行成本性态分析,采用历史成本分析法、技术鉴定法、直接分析法对混合成本进行分解。

案例导入

王明在某风景胜地经营着一家南山农家乐,在经营的第1年,由于在该市独此一家,凭借着独特的定位,经营状况非常理想。但从第2年开始,情况发生了变化,该市陆续增加了三四家类似定位的农家乐,甚至有一家就开在南山的旁边。此时,南山的经营出现了较大的困难,客流量逐步下降,经营陷入困境。

王明对竞争对手与自己农庄的经营状况做了仔细的调查,得出如下结论:为赢得更多的客流以达到提高经营效益的目的,南山必须在价格和服务质量上有质的提高。于是王明召集农庄的管理人员开始一起讨论筹划改革方案。从价格来看还有一定的下降空间,但由于农庄初始投资大,固定成本比较高,价格空间的大小主要取决于公司的变动成本水平;在提高服务质量方面,需要增加设施和服务品种,这种投入增加的多少也取决于价格与变动成本之间的差额。因此,王明开始着手安排农庄的会计人员进行详细的成本分析,深入了解农庄当期的成本构成,以不断获得竞争优势。

思考:如果你是农庄的会计人员,将如何利用所学的会计知识帮助王明对农庄的成本进行分析,并找到切实有效的解决办法?

第一节　成本及其分类

成本是企业在生产经营过程中发生的各项耗费,是对象化了的费用,是综合反映企业生产经营绩效的一项重要经济指标。

一、成本按经济用途分类

财务会计中广泛采用的成本分类方法,是按经济用途将其划分为生产成本和期间费用。

(一) 生产成本

生产成本也称制造成本,是指为生产(制造)产品或提供劳务而发生的支出,根据其具体的经济用途可分为直接人工、直接材料和制造费用3个子成本项目。

(1) 直接人工是指在生产过程中直接对制造对象施以影响以改变其性质或形态所耗费的人工成本,核算上即为生产工人的工资。

(2) 直接材料是指在生产过程中直接用以构成产品主要实体的各种材料成本。这里所指的材料是构成其产品的各种物资,包括外购半成品,而不仅仅指各种天然的、初级的原材料。例如,汽车制造厂所用的汽车轮胎购自橡胶厂,对橡胶厂而言,轮胎是产成品;对汽车制造厂来说,轮胎只不过是汽车这一产品的原材料之一。

(3) 制造费用是指为制造产品或提供劳务而发生的各项间接费用。从核算角度讲,制造费用包括直接人工、直接材料之外的,为制造产品或提供劳务而发生的,无法直接归属某一产品的全部支出。

(二) 期间费用

期间费用也称期间成本或非制造成本,通常可分为销售费用、管理费用和财务费用。

(1) 销售费用是指为销售产品而发生的各项成本,如专职销售人员的工资、津贴和差旅费,专门销售机构固定资产的折旧费、保险费、广告费和运输费等。

(2) 管理费用是指制造成本和销售成本以外的所有办公和管理费用,如董事会经费、行政管理人员的工资、办公费、行政管理部门固定资产的折旧费及相应的保险费和财产税等。

(3) 财务费用是指企业为了筹集生产经营所需资金而发生的费用,如利息支出、汇兑损益和金融机构手续费等。

成本按其经济用途划分形成的传统成本构成内容如图2-1所示。

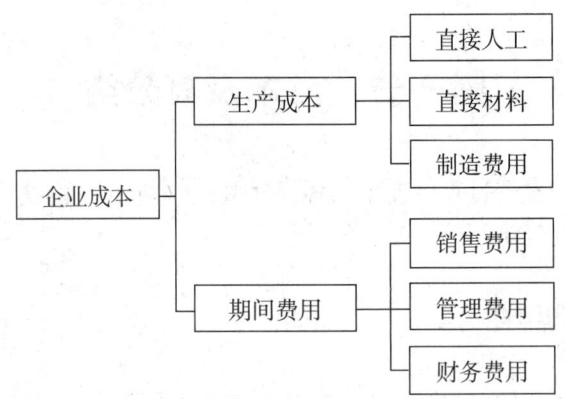

图 2-1　传统成本构成内容

二、成本按性态分类

成本性态也称成本习性,是指成本的变动与业务量、产量或销量之间的依存关系。成本性态是管理会计学中最基本、最重要的成本分类标志。研究成本性态主要是出于两个方面的需要:一是成本控制的需要;二是计划编制工作的需要。进行成本性态分析,有助于企业从数量上具体掌握成本与业务量之间的规律性关系,为充分挖掘内部潜力、实现最优管理、提高经济效益提供有价值的资料。它是采用变动成本法的前提条件,为进行成本—业务量—利润之间相互依存关系的分析提供了方便,同时,它也是管理会计对企业经济活动进行规划和控制的先决条件。

成本按其性态可分为固定成本、变动成本和混合成本 3 类。

(1) 固定成本是指在一定时期和一定业务量范围内,总额不受业务量的变动影响而保持不变的成本,即在相关范围内,无论业务量是增加还是减少,该成本总额总是保持在同一水平。例如,按直线法计提的固定资产折旧费、租金、管理人员工资、财产保险费等均属于固定成本,这些费用一般都是固定发生的,不受当期业务量变化的影响。

(2) 变动成本是指在一定时期和一定业务量范围内,总额随业务量的变动而成正比例变动的成本。直接人工、直接材料都属于变动成本。

(3) 混合成本是指随着业务量的增减变动,其总额虽然也相应地发生变化,但变动的幅度并不同业务量的变动保持严格的正比例关系的成本。混合成本同时包含了固定成本与变动成本两种因素。它通常有一个初始量,类似于固定成本,在这个基础上,业务量增加了,成本总额也相应增加,类似于变动成本。例如,保管费、运输设备的维护保养费等,都是带有混合成本性质的费用。

三、成本的其他分类

(一) 成本按可控性分类

成本的可控性是指责任单位对其成本的发生可以控制,即在事前预计并落实责任,在事中施加影响及在事后进行考核。按费用的发生能否为责任中心所控制,成本可以分为可控成本与不可控成本。

(1) 可控成本是指责任中心对成本的发生能予以控制的成本。可控成本对各责任中心来说是可以控制的,因而必须对其负责。例如,生产部门对材料的消耗是可以控制的,所以材料的耗用成本是生产部门的可控成本;材料的价格由供应部门所控制,所以材料的价格成本是供应部门的可控成本。

(2) 不可控成本是指责任中心不能控制该成本的发生,因而也不予负责的成本。例如,生产部门无法控制材料采购成本的发生,因而对生产部门来说,材料采购成本是不可控成本。

可控成本与不可控成本都是相对的,对一个部门来说是可控的,对另一个部门来说就是不可控的。但对于整个企业来说,所发生的一切费用都是可控的,只是这种可控性需要分解落实到具体部门。

这种分类的目的在于分清单位或部门责任,明确其相应的责任成本,便于评价和考核其工作业绩,促使可控成本不断降低。

(二) 成本按可追踪性分类

成本按可追踪性可分为直接成本和间接成本两类。

(1) 直接成本是指不需要通过复杂的分配方法,能够直接追踪到产品的成本,如产品成本中的直接材料成本、直接人工成本。

(2) 间接成本是指不能直接计入,而需先进行归集,然后再按照一定标准分配计入各种产品成本的费用。例如,为多种产品生产提供辅助的供电车间工人的工资、厂房的折旧等,对于各种产品来说就属于间接成本。

这种分类有助于确定将成本归集于或分配于其计算对象,而且对于以后的成本系统,尤其是作业成本法有着重要意义。

(三) 成本按可盘存性分类

成本的可盘存性是指在一定期间发生的成本是否计入产品成本,并构成期末资产递延到下期的性质。按此标志可将成本分为可盘存的产品成本与不可盘存的期间成本两类。

(1) 可盘存的产品成本是指同产品的生产有直接联系的成本。如果产品已在当期销售,则已销售部分产品的成本属于当期销售成本,应列入利润表,体现当期损益;如果产品尚未销售,则应把这部分产品成本列入资产负债表,作为流动资产的组成部分结转下期。

(2) 不可盘存的期间成本是指和企业生产经营活动持续期的长短成比例的成本,其效益会随着时间的推移而消逝,不能结转下期,而应在当期作为销售收入的扣减项目列入利润表,体现当期损益。

这种分类对于存货计价和分期损益的确定具有极其重要的意义。

(四) 成本按发生时态分类

成本按发生时态可分为历史成本和未来成本两类。

（1）历史成本是指以前时期已经发生或本期刚刚发生过的成本，企业对外报表所提供的财务信息一般都以历史成本为基础，以保证其可靠性。与财务会计不同，管理会计对历史成本的处理无须非常谨慎，应用范围也更广。它不用担心如何对外报告和公布这些成本，而应以历史成本为基础，探索现在和将来的某种成本的走向，通过分析历史成本去预测未来成本。

（2）未来成本是指以后将要发生的成本，它往往是由某一经营活动引起的，在未来某一个时期或某几个时期可能发生的成本，如估算成本、计划成本、预算成本和标准成本等。未来成本在管理会计中有着更为重要的意义，因为管理会计要向企业决策者提供预测和决策所需的会计信息，就是要让决策者事先知道该如何控制未来成本。

区分历史成本和未来成本有助于合理组织事前成本的决策、事中成本的控制和事后成本的计算、分析和考核。

（五）成本按相关性分类

按费用的发生是否与所决策的问题相关联，成本可以划分为相关成本和无关成本。

（1）相关成本是指与特定决策方案的制定和实施相关的成本，是根据具体的决策类型和决策行为发生变化的成本。只有方案被采用时，相关成本才会转化为实际决策执行过程中的成本。例如，当决定是否接受一批订货时，生产该批订货所需发生的各种成本即为相关成本。相关成本包括增量成本、专属成本、可避免成本等，从成本的相关性角度考虑，以上这些成本正是造成各方案优劣的主要因素，在决策分析中必须认真加以估计、比较，以选择最优方案。

（2）无关成本是指与决策无关的、不受决策方案影响的成本，包括过去已经发生的成本和其他与决策不相关的成本。例如，接受特殊订货时，原有的固定成本就属于非相关成本，因为即使不接受这批特殊订货，这些固定成本也照样发生。无关成本不随决策的产生而产生，也不随决策的改变而改变，对决策没有影响力。

这种分类有利于分清影响可供选择方案效益的相关因素和无关因素，有助于成本预测和成本决策。

关于相关成本和无关成本的具体内容将在第六章中详细讨论。

第二节　成本性态及其分析

一、固定成本分析

（一）固定成本的特点

（1）在相关范围内，固定成本总额保持不变，不受业务量变动的影响。其成本模型为：

$$y = a$$

式中，a 为固定成本总额。

(2) 在相关范围内,单位固定成本与业务量成反比例变动。其成本模型为:
$$y = a/x$$
式中,x 为业务量。

例 2-1 某公司由于扩大设备生产规模的需要,从租赁公司租赁了一条生产线,租金为每月 30 万元,其最大生产能力为每月 500 台。当该公司每月生产的设备在 500 台以内时,不管其业务量(产量)如何变化,生产线的租金总成本是不变的。对该公司来说,生产线的租金就是生产设备的一项固定成本。那么其生产线的固定成本(月租金总成本)a、业务量(设备生产量)x 和每台设备负担的固定成本 a/x 之间的关系如表 2-1 所示。

表 2-1 固定成本与业务量的关系

业务量(台)	固定成本(元)	每台设备负担的固定成本(元)
100	300 000	3 000
200	300 000	1 500
300	300 000	1 000
400	300 000	750
500	300 000	600

由表 2-1 可以看出,当产量在 500 台以内时,固定成本是不变的,而单位产品成本中所包含的固定成本则随着产量的增加而降低,如图 2-2 和图 2-3 所示。在固定总额不变的条件下,增加产量可以降低单位产品成本中的固定成本,这正是规模生产带来的好处。

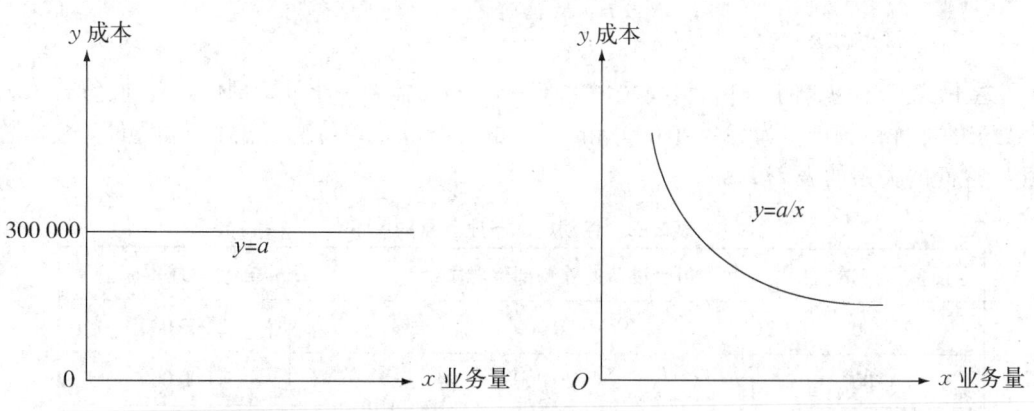

图 2-2 固定成本总额与业务量的关系　　图 2-3 单位固定成本与业务量的关系

(二) 固定成本的分类

在实际工作中,为加强对固定成本的管理和控制,可按其是否受企业短期决策行为的影响,进一步细分为约束性固定成本和酌量性固定成本两类,其意义在于寻求降低固定成本的正确途径。

(1) 约束性固定成本又称经营能力成本,是指与企业生产经营能力的形成及正常维护相联系的有关固定成本,包括厂房和机器设备的折旧费、财产税、保险费、管理人员工资等内容。这些成本是维持企业生产经营能力所必须负担的最低成本,具有极大的约束性,如果稍加消减,势必影响企业的盈利能力和长远目标,因此,约束性固定成本属于经营能力成本。降低此项成本,应通过经济、合理地利用企业的生产能力,提高产品产量,降低其单位成本来实现。

(2) 酌量性固定成本又称选择性、随意性固定成本,是指通过管理当局的决策行为可以改变其数额的固定成本,包括研究开发费、广告费、职工培训费等内容。这些成本的数额一般在每个会计年度开始前,通过斟酌计划期间财务状况和经营的需要而确定。因此,降低酌量性固定成本,还可以从精打细算、厉行节约、减少开支总额入手。

拓展提高

思考:企业要降低固定成本,应从约束性固定成本还是酌量性固定成本入手?

二、变动成本分析

(一) 变动成本的特点

(1) 在相关范围内,变动成本总额与业务量成正比例变动。其成本模型为:

$$y = bx$$

式中,b 为单位变动成本;x 为业务量。

(2) 在相关范围内,单位变动成本保持不变。其成本模型为:

$$y = b$$

例 2-2 承[例 2-1],该公司每生产一台设备,需要一个外购部件。目前,符合该公司要求的部件市场价格为每台 20 000 元。设备的月产量 x、单位变动成本 b 和零件的成本总额 bx 之间的关系如表 2-2 所示。

表 2-2 变动成本与业务量的关系

设备月产量(台)	每台设备的外购部件成本(元)	外购部件总成本(元)
100	20 000	2 000 000
200	20 000	4 000 000
300	20 000	6 000 000
400	20 000	8 000 000
500	20 000	10 000 000

由表 2-2 可以看出,在一定的范围内,变动成本总额 bx 随业务量水平 x 的变动而成正比例变动;单位变动成本 b 则不随业务量水平 x 的变动而变动,即总是保持固定不变。变动成本总额和单位变动成本的成本模型如图 2-4 和图 2-5 所示。

第二章 成本性态分析

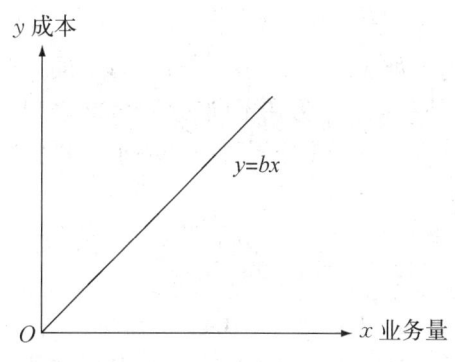

图 2-4 变动成本总额与业务量的关系

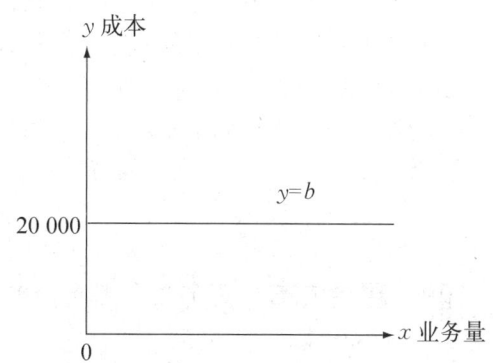

图 2-5 单位变动成本与业务量的关系

（二）变动成本的分类

根据发生的原因不同,变动成本可分为酌量性变动成本和技术性变动成本。

（1）酌量性变动成本是指通过企业管理当局的决策行动可以改变其支出数额的变动成本。例如,在保证质量符合要求的前提下,企业可以从不同供货渠道购买到不同价格的某种材料,消耗该材料的成本就属于酌量性变动成本。这类成本的显著特点是其单位成本的发生额可由企业最高管理层决定。降低此类成本,可以通过采取科学决策、降低材料采购成本、优化劳动组合及严格控制开支等手段来实现。

（2）技术性变动成本也称约束性变动成本,是指由技术或实务关系决定的变动成本。企业管理当局的决策无法改变其数额。这类成本的实质是利用生产能力进行生产所必然发生的成本,若企业不生产产品,其技术性变动成本就是 0。例如,生产成本中主要受到设计方案影响的、单耗相对稳定的外购零部件成本等都属于这类成本。若想降低此类变动成本,必须通过改进设计、改进工艺技术、提高材料综合利用率、提高劳动生产率及避免浪费、降低单耗等手段来实现。

无论是酌量性变动成本还是技术性变动成本,对特定产品而言,其单位量是确定的,其总量均随产品产量(或销量)的变动而成正比例变动。

三、相关范围对成本性态的影响

综上所述,无论是固定成本还是变动成本,其特性都是在一定条件下才会呈现出来的。管理会计将这种不会改变固定成本、变动成本性态的有关期间和业务量的特定变动范围称为相关范围。在相关范围内,不管时间多久,业务量增减变动幅度多大,固定成本总额的不变性和变动成本总额的正比例变动性都将存在。而一旦超出相关范围的约束,就没有所谓的固定成本和变动成本了。

例如,某厂有一个装配车间,年折旧费是 10 000 元,年生产能力是 10 000 台产品。当年的产量在 0~10 000 台时,固定成本总额保持在 10 000 元的水平。假若该产品需要量发生了变化,超出了 10 000 台,即在 10 001~20 000 台,此时原装配车间无法完成这个产量,因而厂方就必须再建一个装配车间。因此当相关范围发生变化时,企业的固定成本水平就会提高。

值得注意的是,相关范围具有相对性、暂时性、可转化性的特点。例如,机器设备的折旧费,在采用直线法计提时,就是固定成本;采用工作量法计提时,就是变动成本。

又如,销售人员的工资在不同的管理政策下,就有可能表现为不同的特性。可见同一时期内同一成本项目在不同企业之间,或者同一企业、同一成本项目在不同时期,可能表现为不同的特性,即同一个成本项目的特性不是一成不变的。因而在分析每一个成本项目的特性时,要从实际情况出发得出结论。

四、混合成本及其分类

混合成本是介于固定成本和变动成本之间,既随业务量变动又不成正比例变动的那部分成本。

混合成本与业务量之间的关系比较复杂,按照混合成本变动趋势的不同,又可分为半变动成本、半固定成本、延期变动成本和曲线式混合成本 4 类。

(一)半变动成本

半变动成本是指在初始量(类似于固定成本)的基础上,其总额随业务量变化成正比例变化的成本。这类混合成本是由明显的固定和变动两部分成本合成。它的固定部分是不受业务量影响的技术基数成本;变动部分则是在基数成本的基础上随业务量的增长而成正比例增长的成本。例如,企业的电话费用就是由按固定数额计收的月租费用和按通话时间及计价标准计算的通话费用两部分组成的,属于混合成本。其成本模型如图 2-6 所示。

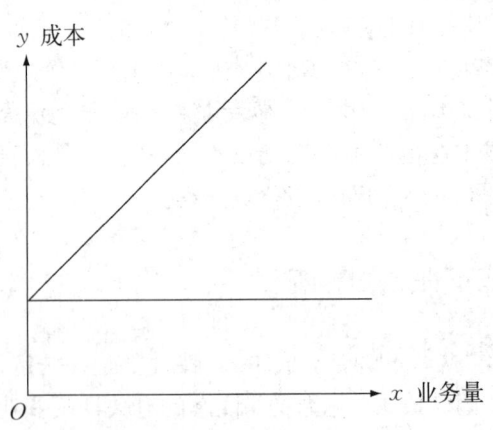

图 2-6 半变动成本模型

例 2-3 A 企业将一项专利使用权转让给 B 企业,转让合同规定使用费的支付方式为:先一次性支付使用费 10 万元,到期再按 B 企业的销售总额的 3% 支付。则 B 企业应支付的使用费总额为:

使用费总额=10 万元+销售总额×3%

该使用费就是半变动成本。

(二) 半固定成本

半固定成本是指成本总额随业务量的变动呈阶梯式变动的成本。其特点是：其成本在一定业务量范围内是固定的，具有固定成本的特征；但当业务量超过一定范围时，则成本总额会随着业务量增加呈跳跃式增加到一个新的水平，然后在业务量增长的一定限度内又保持不变，直到另一次新的跳跃为止。其成本模型如图 2-7 所示。

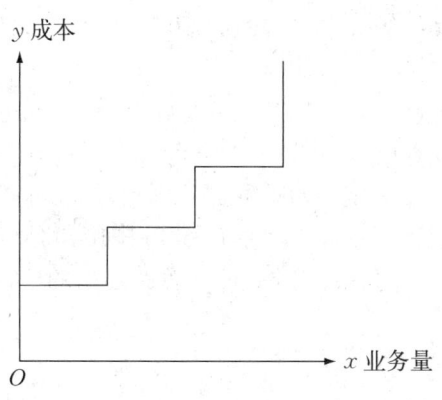

图 2-7　半固定成本模型

例 2-4　某商贸公司采购部需聘用一批采购员，当采购量在 300 万元之内时，需要 2 个采购员，若每人工资 1 500 元，则工资总额为 3 000 元。当采购量超过 300 万元但低于 500 万元时，就需要再增加 1 个采购员，工资即增加 1 500 元。当采购量超过 500 万元而未达到 700 万元时，还需要再增加 1 个采购员，工资需再增加 1 500 元，以此类推。

(三) 延期变动成本

延期变动成本又称低坡式混合成本，这类成本在一定的业务量范围内其总额保持固定不变，一旦突破这个业务量限度，其超额部分的成本就相当于变动成本。例如，在正常工作时间的情况下，企业支付给职工的工资是固定的，但当加班后，就要根据加班时间的长短按比例支付加班工资和津贴。这部分加班工资和津贴则呈现变动成本的性质。其成本模型如图 2-8 所示。

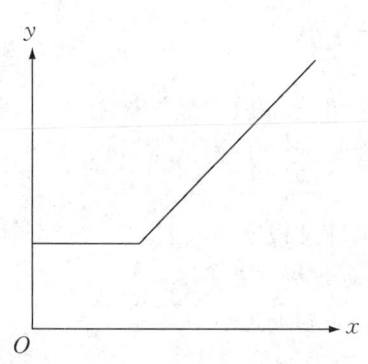

图 2-8　延期变动成本模型

例 2-5 某企业有固定搬运工人 10 名,工资总额 3 000 元。当产量超过 3 000 件时,就需雇用临时工。临时工采用计件工资制,单位工资为每件 1 元,则该企业搬运工资的成本为延期变动成本。

(四) 曲线式混合成本

曲线式混合成本是指在一定初始基数的基础上,其成本总额随业务量的变动而变动,但不存在线性关系而呈抛物线状的成本。按照曲线斜率的变动趋势不同,可以进一步分为递减曲线成本和递增曲线成本。

(1) 递减曲线成本是指在一定初始基数的基础上,其成本随业务量的增加而增加,但其增长幅度递减的成本。其成本模型如图 2-9 所示。

(2) 递增曲线成本是指在一定初始基数的基础上,其成本随业务量的增加而呈更大幅度递增的成本。例如,各种违约金、累计计件工资等,其成本随业务量的增加而增加,但是两者不成正比例关系,而呈非线性关系,成本的上升率是递增的。其成本模型如图 2-10 所示。

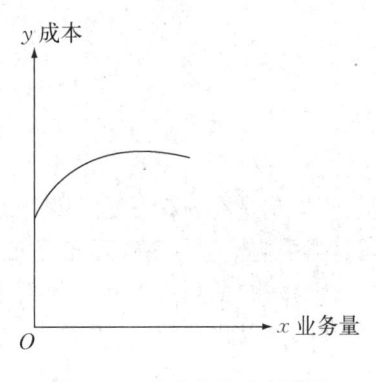

图 2-9　递减曲线成本模型

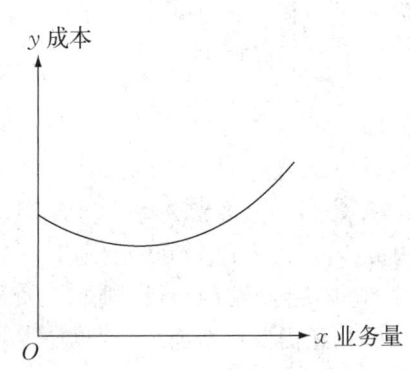

图 2-10　递增曲线成本模型

上述任何一种混合成本都可以直接或间接地用直线方程 $y=a+bx$ 去模拟,其中,a 表示混合成本中的固定部分,bx 表示混合成本中的变动部分。在下一节"成本性态分析的程序和方法"中对混合成本进行分解,就是设法求出参数 a 和 b 的值,并建立成本性态模型 $y=a+bx$。

五、总成本公式及模型

混合成本经过分解之后,企业全部成本最终被划分为变动成本和固定成本两类,因此,企业的总成本可以用下列公式描述:

总成本 = 固定成本 + 变动成本
　　　 = 固定成本 + 单位变动成本 × 业务量

也可以描述为:

$$y = a + bx$$

其性态模型如图 2-11 所示。

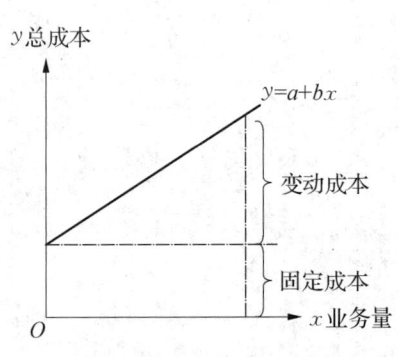

图 2-11　总成本性态模型

第三节 成本性态分析的程序和方法

一、成本性态分析的意义

(1) 成本性态分析是采用变动成本计算法的前提条件。

变动成本计算法在计算企业各期间的损益时必须首先将企业一定时期发生的所有成本划分为固定成本和变动成本两大类,再将与产量变动成正比例变动的生产成本作为产品成本,并据以确定已销产品的单位成本,以及作为期末存货的基础;而将与产量变动无关的所有固定成本作为期间成本处理,全额从当期的销售收入中扣除。由此可见,进行成本性态分析,正确区分变动成本与固定成本,是进行变动成本计算的基础。

(2) 成本性态分析为进行成本—产量—利润之间相互依存关系的分析提供了方便。

成本—产量—利润相互依存关系的分析作为管理会计的基础分析方法,在分析中需要使用反映成本性态的成本函数(即反映成本性态的方程式),对过去的数据进行分析、研究,从而相对准确地将成本分解为固定成本和变动成本两大类。

(3) 成本性态分析是正确制定经营决策的基础。

要做出正确的短期经营决策必须区分相关成本和非相关成本。在相关范围内,固定成本不随产量的变动而变动,在短期经营决策中大多属于非相关成本,而变动成本在大多数情况下属于相关成本,所以,正确进行短期经营决策的关键是将成本按其性态划分为固定成本与变动成本。

(4) 成本性态分析是正确评价企业各部门工作业绩的基础。

变动成本与固定成本具有不同的成本性态。在一般情况下,变动成本的高低,可反映出生产部门和供应部门工作业绩的好坏。例如,在直接材料、直接人工和变动性制造费用方面,如有所节约或超支,就可视为其业绩好坏的反映,这样就便于分清各部门的经济责任。而固定成本的高低一般不是基层生产单位所能控制的,通常应由管理部门负责,可以通过制定费用预算加以控制。因此,采用科学的成本分析方法和正确的成本控制方法,也有利于正确评价各部门的工作业绩。

二、成本性态分析的基本假设

(一) 相关范围假设

由于相关范围的存在,成本性态具有暂时性,因此在研究成本性态分析时,必须假定固定成本和变动成本总是处在相关范围之中,即假定时间和业务量因素总是在不改变成本性态的范围内变动。

(二) 一元线性假设

成本性态分析的关键是建立反映成本与业务量之间关系的数学函数。在管理会计中一

一般采用简便易行的方法,即假定总成本只是一种业务量的函数,同时,假定总成本可以近似地用一元线性方程来描述,即:

$$y = a + bx$$

式中,a 为固定成本总额,即真正意义上的固定成本与混合成本中的固定部分之和;bx 为变动成本总额,即真正意义上的变动成本与混合成本中的变动部分之和。

三、成本性态分析的程序和方法

(一) 成本性态分析的程序

成本性态分析的程序是指完成成本性态分析任务所经过的步骤,共有以下两种程序。

1. 多步骤分析程序

在该程序下,首先对总成本按性态进行分类,将其分为包括混合成本在内的 3 个部分,然后进行混合成本分解,即按照一定技术方法将混合成本区分为固定部分和变动部分,再分别归入固定成本和变动成本之中,最后建立有关成本模型。

2. 单步骤分析程序

在该程序下,不需要按成本性态分类和进行混合成本的分解,而是按一定方法将全部成本直接一次性地区分为固定成本总额和变动成本总额两部分,并建立有关成本模型。这种程序不考虑混合成本的根据是:按照一元线性假定,无论是总成本还是混合成本都是一个业务量 x 的函数,因此,按多步骤分析程序和合并为单步骤分析程序的分析结果应当是相同的。

(二) 成本性态分析的方法

1. 技术鉴定法

技术鉴定法又称工程技术法,是指利用经济工程项目财务评价技术方法所测定的企业正常生产过程中投入与产出的关系,分析确定在实际业务量基础上其固定成本和变动成本水平,并揭示其变动规律的一种方法。它适用于投入量与产出量关系比较稳定的新企业及其主要成本的测算。此法应用起来比较复杂,需要花费较多的时间和费用。

2. 直接分析法

直接分析法是指在掌握有关项目成本性态的基础上,在成本发生时对每项成本的具体内容进行直接分析,使其分别归属于固定成本或变动成本的一种方法。此法在很大程度上属于定性分析,凡具有一定会计知识和业务能力的人都能掌握,属于典型的单步骤分析程序,适用于管理会计基础工作开展较好的企业。但由于此法要求掌握大量第一手资料,实际分析的工作量太大,因此,不适于规模较大企业的成本性态分析。

3. 历史成本分析法

历史成本分析法是指在占有若干期相关的成本(y)和业务量(x)历史资料的基础上,运用一定数学方法对其进行数据处理,从而确定常数 a 和 b 的数值,以完成成本性态分析任务的一种定量分析的方法。这里的成本 y 是分析对象,既可以代表总成本,又可以代表某项混

第二章 成本性态分析

合成本。由于分析对象 y 的不同，a 可以分别代表固定成本总额或混合成本中的固定部分；b 则可分别表示单位变动成本或混合成本中的变动部分的单位额。

该方法要求企业资料齐全，成本数据与业务量的资料要同期配套，具备相关性，并以企业的历史成本与未来成本具有相似性为前提。因此，此法适用于生产条件较为稳定、成本水平波动不大及有关历史资料比较完备的企业。历史资料分析法包括高低点法、散布图法和回归直线法3种具体应用形式。

（1）高低点法又叫两点法，是指通过观察一定相关范围内的各期业务量与相关成本所构成的所有坐标点，从中选出高低两点坐标，并据此来推算固定成本总额（或混合成本中的固定部分）a 和单位变动成本（或混合成本中变动部分的单位额）b 的一种成本性态分析方法。此法的基本原理是解析几何中的两点法。其具体步骤如下：

① 在各期业务量与相关成本坐标中，以业务量为基础找出最高点和最低点，即（$x_{高}$，$y_{高}$）和（$x_{低}$，$y_{低}$）。

② 确定混合成本中的单位变动成本 b，即：

$$b = \frac{y_{高} - y_{低}}{x_{高} - x_{低}}$$

③ 确定混合成本中的固定成本 a。将高点或低点坐标值和 b 值代入直线方程 $y = a + bx$ 中，计算固定成本 a，得：

$$a = y_{高} - bx_{高}$$
$$a = y_{低} - bx_{低}$$

④ 将求得的 a、b 代入直线方程 $y = a + bx$ 中，便得到混合成本分解的模型。

例 2-6 某企业某年份1—6月份各月业务量和混合成本资料如表2-3所示。要求利用高低点法进行混合成本分解。

表2-3 某企业某项混合成本资料

月 份	产品 x（件）	混合成本 y（元）
1	6	110
2	8	115
3	4	85
4	7	105
5	9	120
6	5	100

① 根据已知资料找出最高点（$x_{高}$，$y_{高}$）和最低点（$x_{低}$，$y_{低}$），即（9,120），（4,85）。

② 平均单位变动成本：$b = \dfrac{y_{高} - y_{低}}{x_{高} - x_{低}} = \dfrac{120 - 85}{9 - 4} = 7$（元/件）

③ 固定成本：$a = y_{高} - bx_{高} = 120 - 7 \times 9 = 57$（元）或 $a = y_{低} - bx_{低} = 85 - 7 \times 4 = 57$（元）

④ 该项混合成本形态模型：$y = 57 + 7x$

假定7月份预计产品是6件，则该企业7月份的成本预计为：$y = 57 + 7 \times 6 = 99$（元）

 **拓展提高**

思考：在运用高低点法时如何选高点和低点呢？是根据 x 还是根据 y？

高低点法简便易行，便于理解，但由于它只是利用诸多历史资料中的两组数据作为计算分析的依据来分解混合成本，误差会比较大，很可能使得确立起来的成本模型不具有代表性，因此这种方法主要适用于企业的生产经营活动比较正常，且混合成本增减变动趋势平缓的企业。

（2）散布图法是指在坐标轴上，以横轴代表业务量，以纵轴代表成本，然后将过去已发生的混合成本数据逐一在坐标轴中标明，历史成本数据已经形成若干成本点，散布在坐标系中，再通过目测，在各个成本点之间画一条反映成本变动趋势的直线，据此推算出固定成本和单位变动成本的一种方法。其具体步骤如下：

① 将各期业务量和相应成本的历史资料标注在平面直角坐标图上。
② 目测画一条直线，使其尽可能通过或接近所有的坐标点。
③ 在纵坐标上读出该直线的截距值，即固定成本总额 a。
④ 在直线上任取一点 p，假设其坐标值为 (x_i, y_i)。将它们代入下式计算单位变动成本 b，即：

$$b = \frac{y_i - a}{x_i}$$

⑤ 将 a, b 值代入 $y = a + bx$ 中，得出一般混合成本模型。

 例 2-7 以表 2-3 的资料，用散布图法进行混合成本分解。

① 将 1—6 月份各月业务量和混合成本资料分别标在坐标纸上，形成散布图，如图 2-12 所示。

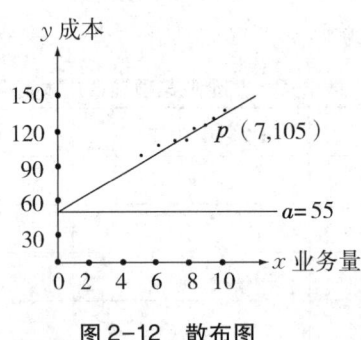

图 2-12 散布图

② 通过目测，画一条直线，尽可能反映各坐标点。
③ 读出直线截距资料 $a = 55$（元）。
④ 在直线上任取一点 $p(7, 105)$，则：$b = \dfrac{y_i - a}{x_i} = \dfrac{(105-55)}{7} = 7.14$（元/件）
⑤ 该项混合成本的性态模型：$y = a + bx = 55 + 7.14x$

散布图法在计算确定反映成本变动趋势的直线时，能够考虑所提供的全部历史资料，因而较高低点法更为科学，计算结果也较高低点法更为精确，而且用图形反映比较形象直观，易于理解。但由于反映成本变动趋势的直线用目测方法画出，带有一定的主观随意性，不同的人得出不同的结论,从而影响计算的客观性。运用时可以根据需要与其他方法结合应用。

（3）回归直线法是根据过去若干期业务量和成本的数据,运用最小二乘法原理建立反映业务量和成本之间关系的回归直线方程,并计算成本中的固定成本（或混合成本中的固定成本部分）a 和单位变动成本（或混合成本中的变动部分的单位额）b 的一种成本性态分析方法。其具体步骤如下：

① 根据历史资料列表,求 n、$\sum x$、$\sum y$、$\sum xy$、$\sum x^2$ 和 $\sum y^2$ 的值。

② 按下式计算相关系数 r,并据此判断 y 与 x 之间是否存在必要的内在联系。

$$r = \frac{n\sum xy - \sum x \cdot \sum y}{\sqrt{[n\sum x^2 - (\sum x)^2][n\sum y^2 - (\sum y)^2]}}$$

相关系数 r 的取值范围一般在 0 与 ±1 之间,它可说明 x 与 y 之间的密切程度：当 $r=-1$ 时,说明 x 与 y 之间完全负相关；当 $r=0$ 时,说明 x 与 y 之间不存在任何联系,为零相关,即 $y \neq a+bx$；当 $r=+1$ 时,说明 x 与 y 之间完全正相关,即 $y=a+bx$；当 $r \rightarrow +1$ 时,说明 x 与 y 之间基本正相关,可近似地写成 $y=a+bx$ 的形式。

③ 按照下列公式求 a 和 b 值：

$$a = \frac{\sum y - b\sum x}{n} \quad 或 \quad a = \frac{\sum x^2 \cdot \sum y - \sum x \cdot \sum xy}{n\sum x^2 - (\sum x)^2}$$

$$b = \frac{n\sum xy - \sum x \cdot \sum y}{n\sum x^2 - (\sum x)^2}$$

④ 将 a 和 b 值代入 $y=a+bx$ 中,得出一般成本性态模型。

 例 2-8 以表 2-3 的资料,用回归直线法进行混合成本分解。

① 对已知资料进行加工,计算过程如表 2-4 所示。

表 2-4 加工计算

月 份	x	y	xy	x^2	y^2
1	6	110	660	36	12 100
2	8	115	920	64	13 225
3	4	85	340	16	7 225
4	7	105	735	49	11 025
5	9	120	1 080	81	14 400
6	5	100	500	25	10 000
$n=6$	$\sum x = 39$	$\sum y = 635$	$\sum xy = 4 235$	$\sum x^2 = 271$	$\sum y^2 = 67 975$

② 求相关系数,即：

$$r = \frac{n\sum xy - \sum x \cdot \sum y}{\sqrt{[n\sum x^2 - (\sum x)^2][n\sum y^2 - (\sum y)^2]}}$$

$$=\frac{6×4\ 235-39×635}{\sqrt{(6×271-39^2)×(6×67\ 975-635^2)}}=0.93$$

0.93接近于1,所以 x、y 具有线性关系。

③ 将加工的资料代入公式,即:

$$b=\frac{n\sum xy-\sum x\cdot\sum y}{n\sum x^2-(\sum x)^2}=\frac{6×4\ 235-39×635}{6×271-39^2}=6.14$$

$$a=\frac{\sum y-b\sum x}{n}=\frac{635-6.14×39}{6}=65.92$$

④ 该项混合成本的性态模型:$y=a+bx=65.92+6.14x$

回归分析法利用了微分极值原理,因此计算结果较高低点法和散布图法更为准确,但工作量大,计算麻烦,不过随着电子计算机在我国的日益普及,这种方法将会得到广泛应用。

第四节 贡献毛益

一、贡献毛益的概念

贡献毛益是管理会计学中研究变动成本法常用的一个概念,通常被称为边际贡献。它是指产品销售收入超过变动成本的金额。贡献毛益有两种表现形式:一种是贡献毛益总额(Tcm),它是从产品的销售收入总额中减去各种产品的变动成本后的余额,其经济内容体现在计算企业的营业净利润中能做出多大贡献;另一种是单位贡献毛益(cm),即每种产品的销售单价减去该种产品的单位变动成本,其性质是反映某种产品的盈利能力。其计算公式为:

贡献毛益总额(Tcm)=销售收入总额-变动成本总额=$px-bx=(p-b)x$

式中,p 为价格;x 为销售量。

单位贡献毛益(cm)=销售价格-单位变动成本=$p-b$

二、贡献毛益率与变动成本率

把贡献毛益这一绝对数指标转化为相对数指标,可以有贡献毛益率和变动成本率两个相对指标。

(一) 贡献毛益率

贡献毛益率(cmR),是指贡献毛益总额占销售收入总额或单位贡献毛益占单位销售收入的百分比。它是一个相对数指标,表示每百元销售收入所能提供的贡献毛益额。该指标是判断产品盈利能力大小的主要依据,通常情况下,贡献毛益率的大小和产品创利能力成正比。其计算公式为：

$$\text{cmR} = \frac{Tcm}{px} \times 100\%$$

$$\text{cmR} = \frac{cm}{p} \times 100\%$$

(二) 变动成本率

变动成本率(bR)，是指变动成本总额占销售收入总额或单位变动成本占单价的百分比。其计算公式为：

$$\text{bR} = \frac{px}{bx} \times 100\%$$

或

$$\text{bR} = \frac{b}{p} \times 100\%$$

变动成本率是一个与贡献毛益率存在互补性质的指标。企业变动成本率越高，贡献毛益率就越低；反之，企业变动成本率越低，则贡献毛益率越高。其计算公式为：

$$\text{cmR} + \text{bR} = 1$$

例 2-9 永利公司只生产一种产品，单价为 30 元/个，单位变动成本为 18 元/个，固定成本为 40 000 元，2021 年预计销售数量为 6 000 件。计算下列指标。

(1) 计算单位贡献毛益、贡献毛益率和变动成本率，并验证贡献毛益率和变动成本率之间的关系。

(2) 计算贡献毛益总额。

(1) 单位贡献毛益 $= p - b = 30 - 18 = 12$ (元)

贡献毛益率 $(\text{cmR}) = \frac{p-b}{p} \times 100\% = \frac{12}{30} \times 100\% = 40\%$

变动成本率 $(\text{bR}) = \frac{b}{p} \times 100\% = \frac{18}{30} \times 100\% = 60\%$

贡献毛益率 (cmR) + 变动成本率 $(\text{bR}) = 40\% + 60\% = 1$

(2) 贡献毛益总额 $(Tcm) = cm \cdot x = 12 \times 6\,000 = 72\,000$ (元)

本章小结

在实际工作中，成本主要是按照经济用途和成本性态分类。成本性态是指成本总额与业务量(如产量、人工工时等)水平之间的依存关系，可分为变动成本、固定成本和混合成本。成本性态的分析方法主要有历史成本分析法(包括高低点法、散布图法、回归直线法)、技术鉴定法和直接分析法，这些方法各有优缺点和适用范围，企业可以根据实际经营情况进行选择。贡献毛益包括贡献毛益总额、单位贡献毛益、贡献毛益率和变动成本率。

案例分析

A 公司是一家生产轮胎的企业，目前年产量 120 000 个(已达到最大生产能力)，单价 500 元/个。随着轿车市场的繁荣，轮胎需求量扩大，A 公司目前的产量已不能满足订单需求,因此,该公司计划新增一个生产车间,车间配置两条生产线,与原有生产线相同。

结合历史资料,公司得出的相关数据如下:

① 购置一条轮胎生产线的成本为 550 万元,该生产线每年的最大产量为 30 000 个,估计该生产线的使用寿命为 5 年,期末无残值。

② 采用计时工资制,工资率为每小时 6 元,生产一个轮胎预计需要 25 个工时。

③ 预计每个轮胎的单位材料成本为 200 元。

④ 生产车间厂房的每月租金为 40 000 元。

⑤ 为了生产管理的需要,该公司拟聘用一位车间主管,月薪 10 000 元。

⑥ 为了进行会计核算还需要聘请一位会计,月薪 5 000 元。

⑦ 每月的设备维修费用预计 5 000 元。

⑧ 预计每个轮胎的质检费用为 30 元,其他变动制造费用为 45 元/个。

讨论:

1. A 公司生产轮胎的单位变动成本是多少?
2. 每月的固定成本是多少?
3. 若该公司轮胎的年产量分别为 120 000 个、140 000 个和 160 000 个,则全年的总成本分别为多少?在上述 3 种产量下,轮胎的单位成本分别为多少?

课后训练

一、思考题

1. 成本主要有哪些分类方法?
2. 什么是成本性态?成本按其性态可以分为几类?
3. 什么是固定成本?固定成本的主要特点是什么?
4. 什么是变动成本?变动成本的主要特点是什么?
5. 什么是混合成本?简述混合成本的类型。
6. 为什么要对混合成本进行分解?怎样分解?
7. 试比较各种混合成本分解方法的优缺点和适用性。

二、业务练习题

1. 某工厂本年 12 个月中最高产量与最低产量的生产成本数据如下表所示。

项 目	最高点(8月)	最低点(5月)
产量(台)	80 000	50 000
生产成本(元)	201 250	156 250

上述生产总成本包括变动成本、固定成本两大类。其中最低点总成本 156 250 元中的成本组成情况为变动成本总额 75 000 元,固定成本总额 81 250 元。

要求:写出该厂的混合成本分解公式,并预测:①最高点(8月)生产成本中的变动成本和固定成本额;②下年 1 月份的生产总成本,假设下年 1 月份产量为 60 000 件。

2. 假设某公司过去 6 个月的维修费历史数据如下表所示。

月　份	机器工作（小时）	维修费（元）
1	4 500	3 500
2	6 700	4 600
3	4 800	3 650
4	6 600	4 550
5	7 200	4 850
6	7 900	5 200

要求：

（1）采用高低点法将该厂维修费用的混合成本进行分解。

（2）采用回归分析法将该厂维修费用的混合成本进行分解。

第三章
变动成本法

 **学习目标**

通过本章的学习,了解变动成本法的理论依据及变动成本法和全部成本法的具体应用;掌握采用变动成本法和全部成本法计算损益的过程;通过对变动成本法和全部成本法的比较,理解变动成本法的优点及局限性。

微课

技能要求

能够结合实际运用变动成本法确认成本和损益,掌握变动成本法与完全成本法的结合应用。

案例导入

华强工艺制品公司近年来由于市场竞争激烈,造成产品库存积压严重,面临停工停产的边缘。2012年年初,公司选拔出新领导王经理挽救危局。王经理上任以后,狠抓销售,千方百计扩大市场份额,同时加强产品成本管理,多项成本指标都比上年有所下降。经过1个月的努力,在销售价格不变的基础上,产品销量提高了,库存也开始下降了,公司上下都很满意。2月初,王经理满怀信心地让财务科长送来最新的财务报表,令他吃惊的是,1月份的利润不仅没有像预期的那样有明显提高,反而比上年12月份的利润还要低。

思考:

1. 你是否也认为会计部门弄错了,为什么?
2. 如果会计部门没有错,那么问题出在哪里?
3. 王经理应采取什么措施防止这种情况再次发生?
4. 公司经理需要了解会计吗?

第一节 变动成本法概述

一、变动成本法和完全成本法的概念

变动成本法起源于20世纪30年代的美国,并在第二次世界大战以后,得到重视和大力推广。此方法先后被美国及其他西方国家的企业经营管理者应用于企业内部管理方面,形

成了一种成本计算制度,构成了管理会计的一项重要内容。

变动成本法又称直接成本计算法,是指在计算产品生产成本时,只包括在生产过程中所消耗的直接材料、直接人工和变动制造费用,而不包括固定制造费用,把固定制造费用视作期间成本,全额一笔直接列入本期收益表内,作为贡献毛益的扣除项目的成本计算方法。

变动成本法出现以后,为了加以区别,人们就把传统财务会计计算产品成本的制造成本法称为完全成本法。

完全成本法又称吸收成本法,就是在计算产品生产成本时,把直接材料、直接人工、变动制造费用与固定制造费用全部计入其成本的成本计算方法。

二、变动成本法的理论依据

变动成本法改变了完全成本法中把固定制造费用在本期销货与存货之间进行分配的做法,而将其全部由当期负担。其理论根据是:固定制造费用主要是为企业提供一定的生产经营条件而发生的,这些生产经营条件一旦形成,不管其实际利用程度如何,有关费用照样发生,它们与产品的实际产量没有直接联系,既不会因产量的提高而增加,也不会因产量的下降而减少。它们实质上与特定会计期间相联系,和企业生产经营期的长短成比例,并随时间的推移而消逝。其效益不应递延到下一个会计期间,而应在其发生的当期,全额列入损益表,作为该期销售收入的一个扣减项目。

完全成本法则强调成本补偿的一致性。该方法认为,只要与产品的生产有关的成本都应该作为产品成本;固定制造费用是在生产领域中发生的,与生产直接相关。从成本补偿的角度讲,其与直接材料、直接人工和变动制造费用的支出并无区别,所以应该作为产品成本,从产品销售收入中得到补偿。

由此可知,变动成本法和完全成本法的不同之处只有一点,即前者将固定制造费用作为期间成本处理,后者则将固定制造费用计入产品成本中。虽然这两种成本计算方法的不同之处仅此一点,影响的恰恰是传统财务会计中涉及的企业财务状况和经营成果这两个最敏感的问题,即产品存货的估价和损益的确定。

 **知识链接**

变动成本法的产生与发展

美籍英国会计学家哈里斯于1936年提出变动成本法后,当时并没有受到广泛关注。直到20世纪50年代,管理会计体系正式形成以后,变动成本法作为管理会计中预测、决策和预算控制的工具才受到人们的普遍重视,在欧美各国的企业内部管理中得到广泛运用。截至目前,西方国家仍主要采用变动成本法。

第二节　变动成本法与完全成本法的比较

一、应用的前提条件不同

应用变动成本法要求首先进行成本性态分析,把全部成本分为变动成本和固定成本两部分。其中,对于生产成本要按生产量分为变动生产成本和固定生产成本;对于销售和管理费用要按销量分为变动销售和管理费用与固定销售和管理费用。

应用完全成本法要求首先把全部成本按其发生的领域或经济用途(经济职能)分为生产成本和非生产成本。凡在生产领域中为生产产品发生的成本就归于生产成本,发生在流通领域和服务领域且由于组织日常销售或进行日常行政管理而发生的成本则归于非生产成本。

二、产品成本及期间成本的构成不同

在变动成本法下,产品成本只包括变动生产成本,固定成本和非生产成本则全部作为期间成本处理。

在完全成本法下,产品成本则包括全部生产成本,只有非生产成本作为期间成本处理。

上述两点区别如表 3-1 所示。

表 3-1　变动成本法和完全成本法在应用的前提条件和成本构成内容方面的区别

项　目	变动成本法	完全成本法
应用的前提条件	以成本性态分析为基础	以成本按用途分类为基础
成本划分的类别	变动成本 固定成本	生产成本 非生产成本
产品成本包含内容	直接材料 直接人工 变动制造费用	基本生产成本 辅助生产成本 制造费用
期间成本包含内容	变动非生产成本: 变动销售费用 变动管理费用 固定成本: 固定制造费用 固定销售费用 固定管理费用	销售费用 管理费用 财务费用

例 3-1　假设某企业月初没有在产品和产成品存货。当月某种产品共生产 50 件,销售 40 件,月末结存 10 件。该种产品的制造成本资料和非制造成本资料如表 3-2 所示。

第三章 变动成本法

表 3-2　成本和费用资料　　　　单位:元

成本项目	单位产品成本	总成本
直接材料	200	10 000
直接人工	60	3 000
变动制造费用	20	1 000
固定制造费用		2 000
管理费用		4 000
销售费用		3 000
合　计		23 000

如果采用变动成本法,则单位产品成本为 280 元(＝200+60+20);如果采用完全成本法,则单位产品成本为 320 元(＝200+60+20+2 000÷50)。

由于变动成本法将固定制造费用处理为期间成本,所以单位产品成本较之完全成本法下要低。当然,变动成本法下的期间成本较之完全成本法下就高了。

变动成本法下的期间成本为 9 000 元(＝2 000+3 000+4 000),完全成本法下则为 7 000 元(＝3 000+4 000)。

产品成本构成内容上的区别,是变动成本法与完全成本法的主要区别,两种方法其他方面的区别均由此而生。

三、销售成本和存货成本的水平不同

在变动成本法下固定生产成本作为期间费用处理,直接计入当期利润表,不会转化为销货成本和存货成本。而在全部成本法下固定生产成本计入产品成本,并要求在存货和销货之间进行分配,使一部分固定生产成本被期末存货吸收递延至下期,另一部分固定生产成本作为销货成本计入当期利润表。显然这导致了两种成本计算法确定的期末存货成本和当期销货成本水平的不同。

例 3-2　仍以表 3-2 的资料为例。试分别按变动成本法和完全成本法计算确定期末存货成本和本期销货成本。计算结果如表 3-3 所示。

表 3-3　期末存货成本和销货成本计算　　　　单位:元

项　目	变动成本法	完全成本法
期初存货成本	0	0
本期产品成本	14 000(＝50×280)	16 000(＝50×320)
可供销售产品成本	14 000	16 000
单位产品成本	280	320
期末存货量	10	10
期末存货成本	2 800	3 200
本期销货成本	11 200	12 800

由表3-3可见,按变动成本法计算的期末存货成本比按完全成本法计算的期末存货成本少400元(=3 200-2 800),而按变动成本法计算的本期销货成本则比按完全成本法计算的本期销货成本少1 600元(=12 800-11 200)。之所以产生这个差异,原因在于变动成本法下的本期产品成本不包括固定生产成本2 000元,而完全成本法下的本期产品成本则包含固定生产成本2 000元(每单位产品分摊40元)。这样,按变动成本法计算的期末存货成本就比按完全成本法计算的期末存货成本少400元,按变动成本法计算的本期销货成本就比按完全成本法计算的本期销货成本少1 600元。

四、损益确定程序不同

在完全成本法下,损益按职能模式确定收益计算程序;在变动成本法下,损益按贡献模式确定收益计算程序。

(一) 销货成本的计算公式不同

从理论上来讲,无论是变动成本法还是完全成本法,都可以按以下公式计算销货成本,即:

$$\frac{本期销货}{成本} = \frac{期初存货}{成本} + \frac{本期发生的产品}{生产成本} - \frac{期末存货}{成本}$$

采用上式,就意味着必须先计算出期末存货成本,才能计算本期销货成本。

但是由于采用变动成本法下的销货成本全部是由变动生产成本构成的,所以在变动成本法下,可以在不计算期末存货成本的情况下,直接按下列公式计算出销货成本,即:

$$本期销货成本 = 单位变动生产成本 \times 本期销售量$$

(二) 营业利润的计算公式不同

1. 完全成本法下的损益确定程序

沿用[例3-2]的资料。首先,确定销售毛利总额,即:

销售毛利总额 = 销售收入总额 - 已销产品生产成本总额
            = 40×600-(0+50×320-10×320) = 11 200(元)

其次,确定税前利润,即:

税前利润 = 销售毛利总额 - 销售费用 - 管理费用
        = 11 200-3 000-4 000 = 4 200(元)

2. 变动成本法下的损益确定程序

首先,计算贡献毛益总额,即:

贡献毛益总额 = 销售收入总额 - 已销产品变动生产成本 - 变动期间成本
            = 40×600-40×280-40×25 = 11 800(元)

其次,确定税前利润,即:

税前利润 = 贡献毛益总额 - 固定性制造费用 - 固定性管理和销售费用
        = 11 800-2 000-4 000-2 000 = 3 800(元)

（三）收益计算的结果不同

例 3-3 仍以表 3-2、表 3-3 的数据和所设条件为资料，再假设每件产品售价为 600 元，销售费用中有变动性费用，即每销售一件 25 元。分别采用变动成本法和完全成本法计算出当期税前利润，如表 3-4 所示。

表 3-4 收益计算　　　　　　　　　　　　　　　　　　　　单位：元

产品成本计算法 损益计算过程	变动成本法	完全成本法
销售收入 40 件×600 元	24 000	24 000
销售成本：		
期初存货成本	0	0
当期产品成本	14 000（=50×280）	16 000（=50×320）
期末存货成本	2 800（=10×280）	3 200（=10×320）
销售成本	11 200（=40×280）	12 800（=40×320）
贡献毛益（生产阶段）或毛利	12 800	11 200
管理费用		4 000
销售费用		3 000
变动销售费用 40 件×25 元	1 000	
贡献毛益（全部）	11 800	
固定成本：		
固定性制造费用	2 000	
固定性管理和销售费用	6 000	
小计	8 000	
税前利润	3 800	4 200

从表 3-4 可以看出，不同成本计算法下所计算出的税前利润也不同。采用变动成本法时为 3 800 元，采用完全成本法时则为 4 200 元，相差 400 元。

这 400 元（=2 000÷50×10）正是完全成本法所确认的应由期末存货成本负担的固定性制造费用部分，而在变动成本法下，这 400 元全部作为期间成本进入了当期损益（从当期的销售收入中扣除）。

为了较全面地说明变动成本法与完全成本法对损益的影响，再列举以下两种情况进行分析。

1. 连续各期产量相同而销量不同

例 3-4 假设某企业从事单一产品生产，连续 3 年的产量均为 500 件，而 3 年的销售量分别为 500 件、400 件和 600 件，单位产品售价为 120 元，管理费用与销售费用年度总额为16 000元,且全部为固定成本。与产品成本计算有关的数据:单位产品变动成本(包括直接材料、直接人工和变动制造费用)为50元,固定制造费用为10 000元(完全成本法下每件产品分摊20元,即10 000÷500)。

根据上述资料,当分别采用变动成本法与完全成本法时,所计算的税前利润如表3-5所示。

表3-5 损益计算　　　　　　　　　　　　　　　　单位:元

年份 / 损益计算	第一年	第二年	第三年	合计
完全成本法下				
销售收入	60 000	48 000	72 000	180 000
销售成本:				
期初存货成本	0	0	7 000	
当期产品成本	35 000	35 000	35 000	105 000
可供销售产品成本	35 000	35 000	42 000	
期末存货成本	0	7 000	0	
销售成本	35 000	28 000	42 000	105 000
毛利	25 000	20 000	30 000	75 000
管理费用和销售费用	16 000	16 000	16 000	48 000
税前利润	9 000	4 000	14 000	27 000
变动成本法下				
销售收入	60 000	48 000	72 000	180 000
销售成本	25 000	20 000	30 000	75 000
贡献毛益	35 000	28 000	42 000	105 000
固定成本:				
固定制造费用	10 000	10 000	10 000	30 000
管理费用和销售费用	16 000	16 000	16 000	48 000
小计	26 000	26 000	26 000	78 000
税前利润	9 000	2 000	16 000	27 000

从表3-5中可以看出,由产量与销量的相互关系所导致的两种成本法下税前利润的变化规律如下:

第一年,产量等于销量(均为500件),两种成本计算法下的税前利润均为9 000元。这是因为在完全成本法下,没有期末存货,当期固定制造费用都随着销售成本计入了当期损益。而变动成本法下,当期固定制造费用作为期间成本理所当然地计入了当期损益。

第二年,产量(500件)大于销量(400件),按完全成本法计算的利润比变动成本法多

第三章 变动成本法

了2 000元。这是因为在完全成本法下,只有已实现销售的产品所负担的固定制造费用8 000元(=10 000÷500×400)计入了当年损益,余下的2 000元固定制造费用则作为存货成本的一部分列入了资产负债表,转入了下期。而变动成本法下,当期固定制造费用作为期间成本全部计入了当期损益。

第三年,产量(500件)小于销量(600件),按完全成本法计算的利润比变动成本法少了2 000元。这是因为在完全成本法下,第二年期末存货(即第三年的期初存货)中的2 000元固定制造费用随着存货的销售计入了第三年的销售成本中,从而导致税前利润少了2 000元。而变动成本法下计入第三年损益的固定制造费用仍为10 000元。

综上所述,在各期产量相同的前提下,变动成本法与完全成本法对各期损益计算的影响,依照产量与销量之间的相互关系,可以归纳为以下3种变化规律:

(1) 当产量等于销量时,两种成本法下计算的损益完全相同。表3-5中的第一年就属于这种情况。

(2) 当产量大于销量时,按变动成本法计算的损益小于按完全成本法所计算的损益。表3-5中的第二年就属于这种情况。

(3) 当产量小于销量时,按变动成本法计算的损益大于按完全成本法所计算的损益。表3-5中的第三年就属于这种情况。

从表3-5中"合计"一栏可以看出,两种成本法下税前利润的3年合计数是相同的。也就是说,从较长时期来看,由各期产量与销量之间的关系所决定的两种成本法下税前利润的差异可以相互抵销,这也从另一个角度说明变动成本法主要适用于短期决策。

2. 连续各期销量相同而产量不同

例3-5 假设某企业从事单一产品生产,连续3年的销量均为500件,而3年的产量分别为600件、500件和400件。其他条件与[例3-4]相同。

在变动成本法下,单位产品成本仍为50元。但在完全成本法下,由于各期产量变了,所以单位产品所负担的固定制造费用的份额也就变了。具体来说,第一年的单位产品成本为66.67元(=50+10 000÷600);第二年的单位产品成本为70元(=50+10 000÷500);第三年的单位产品成本则为75元(=50+10 000÷400)。

根据以上资料,当分别采用变动成本法和完全成本法时,所计算出的税前利润如表3-6所示。

表3-6 损益计算　　　　　　　　　　　　　　　　单位:元

年　份 损益计算	第一年	第二年	第三年	合　计
变动成本法下					
销售收入	60 000	60 000	60 000	180 000
销售成本	25 000	25 000	25 000	75 000
贡献毛益	35 000	35 000	35 000	105 000
固定成本:				

续表

年份 损益计算	第一年	第二年	第三年	合计
变动成本法下				
固定性制造费用	10 000	10 000	10 000	30 000
管理费用和销售费用	16 000	16 000	16 000	48 000
小计	26 000	26 000	26 000	78 000
税前利润	9 000	9 000	9 000	27 000
完全成本法下				
销售收入	60 000	60 000	60 000	180 000
销售成本：				
期初存货成本	0	6 667	7 000	
当期产品成本	40 002	35 000	30 000	105 002
可供销售产品成本	40 002	41 667	37 000	
期末存货成本	6 667	7 000	0	
销售成本	33 335	34 667	37 000	105 002
毛利	26 665	25 333	23 000	74 998
管理费用和销售费用	16 000	16 000	16 000	48 000
税前利润	10 665	9 333	7 000	26 998

从表3-6中可以看出，如果各年的销量相同，则按变动成本法所计算的各年税前利润就相等，均为9 000元。这是因为，在变动成本法下，各年的固定制造费用均作为期间成本全部计入了当期损益。而各年销量(500件)相同、各年销售收入(60 000元)相同，各年的单位变动成本(50元)和固定成本(10 000元+16 000元)也没有变化，所以各年的税前利润就完全一致。而在完全成本法下，固定制造费用需要在所生产的产品中分摊。若各年产量不同，单位产品分摊的固定成本就不同。在本例中，第二年的产量虽然等于销量，按完全成本法计算的税前利润却比按变动成本法计算的税前利润多了333元。这是因为第二年的期初产成品存货(100件)带入本期的固定制造费用为1 667元[=(10 000÷600)×100]，而期末产成品存货(100件)将本期的固定制造费用2 000元[=(10 000÷500)×100]转到了下期；由已实现销售的产品所负担的固定制造费用净减少333元(=2 000-1 667)所致。

由此可知，在不考虑其他附加条件的情况下，变动成本法与完全成本法对各期损益计算的影响，依照产量与销量之间的相互关系，可以归纳为以下一般规律：

(1) 当完全成本法下期初存货带入本期的固定制造费用等于期末存货转入下期的固定制造费用时，两种成本法下计算的损益完全相同。表3-5中的第一年就属于这种情况。

(2) 当完全成本法下期末存货转入下期的固定制造费用大于期初存货带入本期的固定

制造费用时,按完全成本法计算的损益大于按变动成本法所计算的损益。表3-5中的第二年与表3-6中的第一年就属于这种情况。

(3) 当完全成本法下期初存货带入本期的固定制造费用大于期末存货转入下期的固定制造费用时,按变动成本法计算的损益大于按完全成本法所计算的损益。表3-5中的第三年与表3-6中的第三年均属于这种情况。

两种方法的利润差异规律可用计算公式表示为:

$$\text{采用完全成本法计算与采用变动成本法计算的分期营业利润差额} = \text{期末存货中单位固定制造费用} \times \text{期末存货量} - \text{期初存货中单位固定制造费用} \times \text{期初存货量}$$

五、所提供的信息用途不同

典型的完全成本法形成于19世纪,它是适应企业内部事后将间接成本分配给各种产品,反映生产产品发生的全部资金消耗,确定产品实际成本和损益,满足对外提供报表的需要而产生的。它提供的信息能够揭示外界公认的成本与产品在质的方面的归属关系,提供的成本信息有助于促进企业扩大再生产,能刺激增产的积极性。

变动成本法是为满足面向未来决策,强化企业内部管理的要求而产生的。由于它能够提供科学反映成本与业务量之间、利润与销量之间有关变量变化规律的信息,因而有助于加强成本管理,强化预测、决策、计划、控制和绩效考核职能。

第三节　变动成本法的优缺点及其在实践中的应用

一、变动成本法的优点

变动成本法实际上是针对传统的完全成本法所进行的一项改革。在适应企业内部管理方面,它有着完全成本法不可比拟的优点。

(一) 更符合"费用与收益相配比"这一公认的会计原则的要求

采用变动成本法,不把固定生产成本作为产品成本的组成部分,而是把它作为处于准备状态、与生产并无直接关系的、随着时间推移而丧失效用的期间成本,将它与本期的收益相结合,由当期的损益负担。采用这种方法计算的各期税前利润避免了在完全成本法下由于各期产量增减而产生的影响,使损益水平更加客观真实。因而较之完全成本法,它更符合"费用与收益相结合"的原则,有利于正确反映和评定企业的经营业绩。

(二) 可以为企业改善经营管理、提高经济效益提供有用的管理信息

采用变动成本法,能提供单位变动生产成本、固定生产成本总额、边际贡献总额等信息。这些信息能使企业深入进行本量利分析和产品的盈利能力分析,帮助管理当局预测前景、规划未来和正确地进行短期经营决策,从而改善经营管理,提高企业经济效益。

(三) 能够促使管理当局重视销售环节,防止盲目生产

采用完全成本法,有时会出现销售量下降利润反而增长的情况,容易助长只重生产不重销售的倾向(见章末案例分析)。而在变动成本法下,企业的营业利润是单价、成本和销售量这3个要素的函数,即 $F=px-bx-a$,当单价 p、单位变动成本 b、固定成本 a 为确定值时,销售量 x 就成为影响营业利润 F 的唯一因素,营业利润 F 的变动趋势应该与销量的变动趋势相联系:当某期销售量比上期增长时,该期按变动成本法确定的营业利润会比上期增加;当某期销售量比上期下降时,该期按变动成本法确定的营业利润会比上期下降;当两期销售量相等时,利润相等。这一规律只有在变动成本法下才能得到充分体现。在变动成本法下,营业利润真正成了反映企业销售量多少的"晴雨表",有助于促使企业管理当局注意研究市场动态,搞好销售工作,防止盲目扩大生产。

(四) 便于分清各部门的经济责任,有利于进行成本控制与业绩评价

一般来说,变动生产成本的高低,最能反映出生产部门和供应部门的工作业绩,同时,变动成本的升降,责任也归属于这些部门。例如,在直接材料、直接人工和变动制造费用方面如有增减会立即从产品的变动生产成本指标上反映出来,可以通过制定标准成本和建立弹性预算对其进行日常控制;而固定生产成本的高低,其责任主要归属于企业各级管理部门,这可以通过制定费用预算的办法控制。

(五) 能够简化产品成本计算,避免固定成本分摊中的主观随意性

在变动成本法下,把固定生产成本列作期间成本从边际贡献中一笔扣除,可以节省许多间接费用的分配手续,同时避免了间接费用分摊中的主观随意性。

二、变动成本法的缺点

(一) 不符合传统成本的概念要求

按传统的成本概念,产品成本不仅包括变动生产成本,也应包括固定生产成本,因为它们都是生产产品所必须发生的。而变动成本法计算的产品成本仅包含变动生产成本,显然不符合传统成本概念的要求。故变动成本法目前还不能用于对外编制财务报表。

(二) 不适应长期决策的需要

变动成本法计算的单位变动生产成本和固定生产成本总额只在短期和相关业务量范围内保持稳定,而从长期来看,企业外部环境及内部因素则肯定会发生变化,因此不适应长期决策的需要。

(三) 变动成本法在新的技术经济条件下将失去实际意义

随着生产自动化和生产技术密集程度的提高,企业产品中制造费用的比重将越来越大,直接材料与直接人工所占的比重将越来越小。在新的制造环境下变动成本法的计算将失去

第三章　变动成本法

实际意义,而且在适时制生产系统下的"零存货"将自动消除完全成本计算法下利润和销售脱节的现象。(有关内容详见第十一章)

三、变动成本法的应用

(一) 应用设想

综上所述,完全成本法虽有很多缺点,但符合传统的成本概念,企业还必须按完全成本法对外报送财务报表;变动成本法虽有很多优点,但只适用于企业内部,满足内部管理需要。企业成本核算如何既能满足内部管理需要,又能兼顾对外报告的要求?对此有两种方案:一种是设两套账,分别按完全成本法和变动成本法进行成本核算,即实行"双轨制";另一种是将两种方法有机结合,在一套账上进行核算,同时满足内外两方面的需求,即实行所谓的"单轨制"。

显然,上述的"单轨制"既可为内部管理提供诸如变动成本和固定成本等有用信息,又可以满足对外编制财务报表的要求,同时与"双轨制"相比还可以避免核算人员的重复劳动,因而是一种理想的方案。

(二) "单轨制"下变动成本法的应用程序

1. 将日常核算建立在变动成本法的基础之上

首先,以成本性态分析为前提条件,将发生的制造费用项目划分为固定成本和变动成本两类,为用不同的账户分别核算变动成本和固定成本奠定基础;其次,对生产成本和产成品均按变动成本核算,同时取消制造费用账户,另设变动制造费用和固定制造费用两个账户,以分别核算生产过程中发生的各种变动制造费用和固定制造费用,其他账户按会计制度的要求进行设置,同时要求按照变动成本法计算营业利润。

2. 期末调整

期末将固定制造费用的本期发生额按本期在产品、已销产品和期末库存产品的数量比例进行分配和结转,使生产成本、销售成本和期末库存产成品都按完全成本法反映,以满足期末编制会计报表的需要。此外,还需要利用采用完全成本法计算与采用变动成本法计算的分期营业利润差额计算公式确定两种方法的营业利润差额,最后将变动成本法下的营业利润调整为完全成本法下的营业利润。其计算公式为:

$$\begin{matrix}某期完全成本法\\下的营业利润\end{matrix} = \begin{matrix}该期变动成本法\\下的营业利润\end{matrix} + \begin{matrix}该期两种成本法下的\\营业利润的差额\end{matrix}$$

第四节　贡献法分部报表

现代企业的生产经营组织极为复杂,经营的业务范围又很广泛,因此,必须将其划分为若干分部来进行业务的控制和业绩的考核,才能保证企业实现较好的整体经营成果。为此,有必要编制分部形式的有关会计报表,特别是利润表,以反映和评价各个分部对企业经营成果的影响。

一、分部的概念

所谓分部,是指企业内部具有一定经营权的部门、单位,也可以是各种不同的产品或销售地区等。总之,凡是有必要并可能将其作为归集某类收入、成本、收益,并分析、评价其经营效果的对象,都可以视为一个分部。

所谓贡献法分部报表,就是变动成本法下反映和评价各分部对企业经营成果所做贡献的会计报表。

二、分部直接成本和共同成本

分部直接成本一般包括分部的直接变动成本和直接固定成本。共同成本是指各个分部共同受益的固定成本。按不同的受益对象将固定成本分为直接固定成本和共同固定成本,是正确编制贡献法分部报表的基础。如果缺乏区分的客观依据,则宁可视之为共同固定成本,而不应主观地将其分摊于各受益分部,否则,就会歪曲有关分部的经济效果,而得出错误的结论。

三、分部贡献

在评价各分部的经济效果时,并不采用实现的贡献毛益,而是采用分部贡献这个指标。所谓分部贡献,就是分部的贡献毛益总额减去其直接固定成本后的余额。它反映各分部分担共同成本的能力和贡献。

四、贡献法分部报表的形式和编制方法

贡献法分部报表的编制方法主要有以下两种形式。

(一) 按不同的分部方法同时编制若干平行的分部报表

企业如果有若干部门或单位产销相同的各种产品,或者以多种产品向若干不同的地区销售,一般就可以分别以部门(或单位)产品和销售地区为分部,同时编制若干平行的分部报表,以便从不同的角度分析和评价各个分部的经济效果。这种方法实际上是按水平方向进行报表编制。

(二) 按不同的分部层次编制自上而下的分部报表

规模较大的现代企业由于其所经营的业务极为复杂广泛,因此常常根据专业分工的原则实行分权经营,即设置若干具有较大经营自主权的事业部,分别由它们组织某一类产品的生产和销售。在此情况下,作为归集成本、收入和评价经济效果的分部就有不同的层次。例如,对企业来说,其分部为各事业部;对各事业部来说,其分部则为各种产品;对各种产品而

第三章 变动成本法

言,又可以分为各个不同的销售地区。为此,有必要自上而下地编制各层次的分部报表,以具体反映分析和评价各层次、各分部的经济效果及其与企业整体经营成果的关系。

编制这种分部报表的主要问题是,必须根据具体资料将上一层次分部的直接固定成本进一步分解为其所属下一层次各分部的直接固定成本和共同固定成本,并据以计算和反映各分部的分部贡献。

 例 3-6 某企业编制的各层次分部利润表如表3-7至表3-9所示。

表3-7 企业以所属事业部为分部(第一层次)　　　　　　　　　　单位:元

项目	企业合计	甲部	乙部
销售收入	12 500 000	7 000 000	5 500 000
减:变动成本	6 500 000	3 500 000	3 000 000
贡献毛益	6 000 000	3 500 000	2 500 000
减:直接固定成本	2 500 000	1 350 000	1 150 000
事业部分部贡献	3 500 000	2 150 000	1 350 000
减:共同固定成本	2 380 000		
营业利润	1 120 000		

表3-8 事业部甲以产品为分部(第二层次)　　　　　　　　　　单位:元

项目	企业合计	A产品	B产品
销售收入	7 000 000	4 500 000	2 500 000
减:变动成本	3 500 000	2 300 000	1 200 000
贡献毛益	3 500 000	2 200 000	1 300 000
减:直接固定成本	450 000	270 000	180 000
产品分部贡献	3 050 000	1 930 000	1 120 000
减:共同固定成本	900 000		
甲部分部贡献	2 150 000		

表3-9 产品A以销售地区为分部(第三层次)　　　　　　　　　　单位:元

项目	企业合计	外销	内销
销售收入	4 500 000	3 000 000	1 500 000
减:变动成本	2 300 000	1 533 000	767 000
贡献毛益	2 200 000	1 467 000	733 000
减:直接固定成本	180 000	170 000	10 000
地区分部贡献	2 020 000	1 297 000	723 000
减:共同固定成本	90 000		
A产品分部贡献	1 930 000		

本章小结

变动成本法和完全成本法各有其优缺点、适用性和局限性。但从某种意义上讲,它们的优缺点正好可以相互弥补。变动成本法不适合编制对外财务报表时采用,而完全成本法适合;变动成本法可以提供企业经营管理需要的各类有用信息,有利于短期决策,而完全成本法却无法提供这类信息。因此,这两种成本计算方法应该相互结合、相互补充,成为一种以变动成本计算法为基础的统一的成本计算体系。

案例分析

某集团公司只生产一种产品,属下甲、乙两家子公司2016年生产、销售情况如下:甲公司生产10 000件,销售8 000件;乙公司生产30 000件,销售6 000件。两个子公司的产品售价、单位变动成本、固定制造费用和销售及管理费用均为35元、10元、120 000元和80 000元。2016年两家子公司期初存货均为0,存货采用先进先出法计价。按完全成本法编制的利润表如下表所示。

利润表(按完全成本法编制)　　　　单位:元

摘　要	甲公司	乙公司
销售收入	280 000	210 000
减:销售成本		
期初存货	0	0
(加)本期生产成本	220 000	420 000
(减)期末存货	44 000	336 000
销售成本总额	176 000	84 000
销售毛利	104 000	126 000
减:销售及管理费用	80 000	80 000
利润	24 000	46 000

对此,集团公司老总十分困惑。假如你是该集团公司的财务经理,应如何向领导解释?

讨论:

1. 请在考虑存货的情况下,用变动成本法重新编制两家子公司的损益表。
2. 依据计算结果做出解释,并提出适当建议。

课后训练

一、思考题

1. 什么是变动成本法和完全成本法?
2. 在变动成本法下将固定制造费用列作期间成本的理由是什么?
3. 两种成本计算法对分期利润的影响有哪些规律?
4. 完全成本法和变动成本法各有哪些优缺点?

第三章 变动成本法

5. 为什么要以变动成本法为基础编制分部会计报告?

二、业务练习题

1. 某厂生产甲产品,销售单价为10元/件,单位变动生产成本为4元/件,固定制造费用总额为24 000元,销售及管理费用为6 000元,存货按先进先出法计价,最近3年的产销资料如下表所示。

项目 年度	第一年	第二年	第三年
期初存货量(件)	0	0	2 000
本期生产量(件)	6 000	8 000	4 000
本期销量(件)	6 000	6 000	6 000
期末存货量(件)	0	2 000	0

要求:

(1) 分别按两种方法计算单位产品成本。

(2) 分别按两种方法计算期末存货成本。

(3) 分别按两种方法计算期初存货成本。

(4) 分别按两种方法计算各年税前利润,编制利润表,并说明两种方法下利润产生差异的原因。

2. 某彩电生产企业连续2年亏损,2016年亏损30万元,若2017年不能扭亏,银行将不再提供贷款。该厂彩电售价为2 500元/台,2016年生产和销售500台,生产能力只利用了一半。产品单位变动成本为1 000元/台,全年固定制造费用为80万元,固定销售和管理费用为25万元。财务经理建议满负荷生产以降低单位产品中的固定成本,这样即使不扩大销售、不提价也可以"扭亏为盈",以应付目前贷款所需。然后追加8万元设备技改资金以提高产品质量;追加4万元广告宣传费和3万元销售奖励以扩大销售,真正做到扭亏为盈。

要求:

(1) 财务经理的建议如何?按这个建议2017年将实现多少利润?

(2) 2016年为什么会亏损30万元?追加资金后,销量达到多少才能真正实现盈利?

第四章
本量利分析

学习目标

通过本章的学习,了解本量利分析的概念、内容;掌握保本点和保利点的计算过程;通过分析成本、销售量、价格、利润之间的数量关系,将保本点和保利点计算方法应用到企业经营过程中。

技能要求

能够结合实际运用本量利分析方法,根据企业的发展目标确定成本、销售数量、价格和利润,掌握本量利分析的应用。

微课

案例导入

某人大学毕业和他人合伙创业,他们在一个乡镇开了一个加油站。加油站所使用场地每月的租金是1 500元;购买安装加油机器等相关设备花费20万元,预计能用5年,目前只能加汽油,汽油平均售价为7元/升,进价为6.5元/升;每月人员工资是3 200元。经理非常关心加油站的经营情况。

思考:这个加油站的汽油月销售量达到多少才不会使加油站亏损?

第一节 本量利分析的基本原理

一、本量利分析的概念

本量利分析是成本—业务量—利润三者依存关系分析的简称,也称CVP分析。它是在变动成本法的基础上,以数量化的会计模型与图形来揭示固定成本、变动成本、销售量、销售单价、销售收入、利润等变量间的内在规律性联系,为会计预测、决策和规划提供必要财务信息的一种技术方法。

早在1904年,美国就已经出现了有关最原始的本量利关系图的文字记载。1922年,美国哥伦比亚大学的一位会计学教授提出了完整的保本分析理论。20世纪50年代以后,本量利分析技术在西方会计实践中得到广泛应用,其理论日渐完善,成为现代管理会计学的重要组成部分。

目前,无论在西方还是在我国,本量利分析的应用都十分广泛。分析原理可用于保本预测和目标销售量的预测、生产决策、不确定分析、经营风险分析、全面预算、成本控制和责任会计。

 **知识链接**

本量利分析采用数学方法的原理

经济数学方法是现代化管理强有力的工具。其显著特点是：它跳出了纯数学抽象理论研究的框框，去涉及诸多经济现象，通过数学方法得以解决，使自然科学"社会化"，社会科学"自然化"，用测量、计算、数学模型的方法描述社会现象，使社会科学研究取得了长足的发展。本量利分析方法采用数学的方法，揭示事物的数量关系、数量特征和数量变化，进而确定事物的本质及其发展规律，从而使结论具有可靠性、精确性和科学性。

二、本量利分析的前提

（一）本量利分析的前提条件

本量利分析所涉及的许多模型是基于以下假设而确立的。

1. 成本性态分析假设

本量利分析必须在成本性态分析已经完成的基础上进行，即假定分析所涉及的成本因素已经区分为变动成本和固定成本两类，相关的成本性态模型已经形成。

2. 相关范围及线性假设

假定在一定时期和一定的产销业务量范围内，成本水平始终保持不变，即固定成本总额和单位变动成本均保持不变性的特点，使成本函数表现为线性方程（$y=a+bx$）；同时，相关范围内，单价也不因业务量的变化而改变，使得销售收入函数也是一个直线方程（$y=px$）。此外，总成本函数和收入函数均以同一产销业务量为自变量。

这一假定排除了在时间和业务量变动的情况下，各生产要素（原材料、工资等）价格、技术条件、工作效率、生产率及市场条件变化的可能性。

3. 产销平衡和品种结构不变假设

假定企业只安排一种产品的生产，那么生产出来的产品在市场上都可以找到买主，自动实现产销平衡；对生产多种产品的企业，在总产销量（价值形式）发生变化时，各种产品的销售额在全部产品总销售额中所占比重不变。这种假设可使分析人员将注意力集中于单价、成本及业务量对营业利润的影响上。

4. 变动成本法假设

假定产品成本是按变动成本法计算的，即产品成本中只包括变动生产成本（直接材料、直接人工、变动制造费用），而所有的固定成本（包括固定制造费用在内）均作为期间费用处理，并按贡献式损益程序确定营业利润。

5. 目标利润假设

在西方会计中，分析中所用的利润，通常是指息税前利润。我国财务会计中涉及的利润指标主要有息税前利润、营业利润、利润总额和净利润等指标,因为息税前利润与成本、业务量关系密切,所以在本书分析中,除了特殊说明外,利润指标均指息税前利润。为了简化分析过程,当利润指标因素为自变量时,都是假定有关利润指标是经过预测而确定的利润目标,即目标利润。

(二) 本量利分析假设的意义

有了上述假定,就可以有效利用简单的数学模型和图形来揭示成本、业务量和利润等诸因素之间的规律性联系,并灵活运用以解决有关问题。同时,这些假定也告诫人们,在实际工作中运用本量利分析,是有前提条件的,不能盲目照搬分析的现成结论。应该看到企业的经营条件、产品的市场价格、各项生产要素、产品品种结构、技术条件等因素是经常变化的。当运用分析的基本原理时,应根据变化了的条件及时调整修正分析结论,克服分析的局限性。

三、本量利分析的基本关系式

在上述基本假定的前提下,本量利分析主要考虑的相关因素包括固定成本总额、单位变动成本、销售量、单价、销售收入和营业利润等。这些因素之间的关系可用计算公式表达为:

营业利润=销售收入-销售成本

=销售收入-(固定成本+变动成本)

=单价×销售量-单位变动成本×销售量-固定成本

=(单价-单位变动成本)×销售量-固定成本

=贡献毛益总额-固定成本

=单位贡献毛益×销售量-固定成本

=贡献毛益率×销售收入-固定成本

上式用字母表示,即 $F=(p-b)x-a$,常被称为基本关系式。

(一) 贡献毛益的表现形式和性质

在第二章已经介绍过,贡献毛益是指产品的销售收入与相应的变动成本之间的差额(记作 Tcm),也称边际贡献。贡献毛益的表现形式主要有贡献毛益总额、单位贡献毛益和贡献毛益率3种。

贡献毛益虽然不是企业的营业利润,但它与企业营业利润的形成有着密切的关系。因为贡献毛益首先用于补偿企业的固定成本,只有当贡献毛益补偿固定成本还有剩余时,企业才会实现盈利,否则就可能出现亏损。所以,贡献毛益是一个反映盈利能力的指标,或是一个反映能为营业利润做多大贡献的指标。

(二) 综合贡献毛益率

在实际经济生活中,绝大多数企业都不止生产一种产品,而是生产多种品种的产品。因此,从企业整体出发考虑产品的盈利能力时需要计算所有产品综合的贡献毛益率。综合贡献毛益率是指多品种贡献毛益之和占多品种销售收入之和的百分比。也可以以各品种产品的贡献毛益率为基础,用各产品的预计销售比重(即产品销售结构)作为权数进行加权计算

求得,反映企业多产品综合创利能力的平均贡献毛益率。因此,综合贡献毛益又称加权平均贡献毛益。其计算公式为:

综合边际贡献率＝各种产品边际贡献合计÷各种产品销售收入合计×100%

$\qquad$ ＝∑各种产品的边际贡献率×(各种产品的销售额÷全部产品预计销售收入合计)

$\qquad$ ＝∑各种产品的边际贡献率×该产品的销售比重

例 4-1 长安公司生产 A、B、C 三种产品,固定成本总额为 6 600 元,其他资料如表 4-1 所示。计算该公司 3 种产品的综合保本销售额。

表 4-1 3 种产品预计销售量、单价、单位变动成本的情况

项　　目	A 产品	B 产品	C 产品
产销量(件)	900	900	600
销售单价(元/件)	20	10	5
单位变动成本(元/件)	15	6	2

解法一:
① 计算该公司 3 种产品的销售收入总额。
销售收入总额＝900×20＋900×10＋600×5＝30 000(元)
② 计算该公司 3 种产品的贡献毛益总额。
贡献毛益总额＝(20－15)×900＋(10－6)×900＋(5－2)×600＝9 900(元)
则:
综合边际贡献率＝贡献毛益总额÷销售收入总额×100%＝9 900÷30 000＝33%

解法二:
① 计算 3 种产品的边际贡献率。
A 产品边际贡献率＝($p-b$)÷p×100%＝(20－15)÷20×100%＝25%
B 产品边际贡献率＝($p-b$)÷p×100%＝(10－6)÷10×100%＝40%
C 产品边际贡献率＝($p-b$)÷p×100%＝(5－2)÷5×100%＝60%
② 计算 3 种产品的预计销售收入总额及销售结构。
销售收入总额＝900×20＋900×10＋600×5＝30 000(元)
A 产品的销售比重＝900×20÷30 000×100%＝60%
B 产品的销售比重＝900×10÷30 000×100%＝30%
C 产品的销售比重＝1－60%－30%＝10%
则:
综合边际贡献率＝∑各种产品的边际贡献率×该产品的销售比重
$\qquad$ ＝25%×60%＋40%×30%＋60%×10%＝33%

四、本量利分析的基本内容

本量利分析在实际工作中有比较广泛的用途,主要包括以下几点:

（1）保本分析。保本分析是本量利分析的基础，为企业经营管理提供重要信息，也是企业安全经营的前提。具体包括单一品种和多品种的保本分析。

（2）保利分析。保利分析是在销售单价、成本水平不变的情况下，分析销售数量变动对利润的影响，进而确定目标利润，进行利润规划。具体包括单一品种和多品种的保利分析。

（3）各因素变动对本量利分析的影响。这是在保本、保利分析的基础上进一步分析销售单价、单位变动成本、固定成本总额等相关因素变动对保本点、保利点、经营安全程度以及利润的影响。

第二节 单一品种的本量利分析

一、保本点分析

保本是一个用于概括企业在一定时期内收支相等、不盈不亏、利润为零的专门术语。当企业恰好处于收支相等、不盈不亏、利润为零的特殊情况时，可称企业达到保本状态。

保本分析是研究当企业恰好处于保本状态时的一种定量分析方法。它是分析的核心内容之一，也是确定企业经营安全程度和进行保利分析的基础，又称盈亏平衡分析、损益两平分析、两平分析等。保本分析的内容包括确立保本点、评价企业经营安全程度和保本状态的判定。

（一）保本点的含义

保本点是指能使企业达到保本状态时的业务量的总称（记作 BEP），即在该业务量水平下，企业的收入正好等于全部成本。超过这个业务量水平，企业就有盈利；反之，低于这个业务量水平，就会发生亏损。在我国，保本点又称盈亏临界点、盈亏平衡点、损益两平点、够本点等。

（二）保本点的表现形式

单一品种的保本点有两种表现形式：一种是保本点销售量，简称保本量；一种是保本点销售额，简称保本额。它们都是标志企业达到保本状态的销售业务量指标。在以平面直角坐标系为基础的单一品种保本图上，保本点是由保本量和保本额的坐标值决定的。在单一品种条件下，确定保本点就是计算保本量和保本额数值或确定其位置的过程。

（三）单一品种保本点的确定方法

在单一品种条件下确定保本点主要有 3 种方法，即图解法、基本等式法和贡献毛益法。

1. 图解法

图解法是指通过绘制保本图来确定保本点位置的一种方法。典型的保本图需要绘制在平面直角坐标系中。

图解法的基本原理是当总收入等于总成本时，企业恰好保本，在平面直角坐标系内画出

销售收入线和销售总成本线,若两条线相交,其交点就是保本点。其具体步骤如下:

(1) 在单一品种情况下,将 xy 平面直角坐标系的横轴 Ox 作为销售量轴,纵轴 Oy 作为销售收入和总成本轴。

(2) 在 xOy 坐标系上,以单价 p 为斜率,过原点 O 画一条直线 $y=px$,即销售收入线。

(3) 根据固定成本的水平在 y 轴上标出截距 a,以单位变动成本 b 为斜率,过坐标点 (O,a) 画一条直线 $y=a+bx$,即总成本线。

当单价 p 大于单位变动成本 b 时,销售收入线与总成本线相交于 BEP 点,其坐标为 (x_0, y_0),则 BEP 点为保本点,其中,x_0 为保本量,y_0 为保本额,如图 4-1 所示。

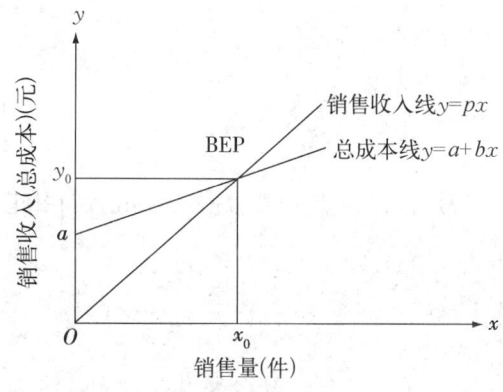

图 4-1 保本图解法

此法的优点在于形象、直观、通俗易懂,但由于手工绘图的局限性,保本量和保本额需要在坐标轴上读出来,因此结果不会十分准确。

2. 基本等式法

基本等式法又称方程式法,是指在基本关系式的基础上,根据保本点的定义,先求出保本量,再推算保本额的一种方法。其原理是当利润为零时,企业恰好保本。其计算公式为:

$$保本量(x_0) = \frac{固定成本}{单价-单位变动成本} = \frac{a}{p-b}$$

$$保本额(y_0) = 单价 \times 保本量 = p \cdot x_0$$

此法能克服图解法的缺点,但必须先计算保本量,才能进一步算出保本额。

例 4-2 假设某企业只生产、销售一种产品,该产品售价为 80 元/件,单位变动成本为 30 元/件,固定成本为 30 000 元,销售量为 1 000 件。按基本等式法计算保本点。

保本量=30 000÷(80-30)=600(件)

保本额=80×600=48 000(元)

3. 贡献毛益法

贡献毛益法是指利用贡献毛益与业务量、利润之间的关系计算保本量和保本额的一种方法。其原理是当贡献毛益等于固定成本时,企业恰好保本。其计算公式为:

$$保本量(x_0) = \frac{固定成本}{单位贡献毛益}$$

$$= \frac{a}{cm}$$

$$保本额(y_0) = 单价 \times 保本量$$

$$= \frac{固定成本}{贡献毛益率} = \frac{a}{cmR}$$

$$= \frac{固定成本}{1-变动成本率} = \frac{a}{1-bR}$$

此法不受计算顺序的限制,可以同时算出保本量和保本额。

例 4-3 承[例 4-2],按贡献毛益法计算保本点。

单位贡献毛益＝80－30＝50(元)

贡献毛益率＝50÷80×100%＝62.5%

保本量＝30 000÷50＝600(件)

保本额＝30 000÷62.5%＝48 000(元)

4. 保本作业率

保本作业率又叫危险率,是指保本点业务量占实际或预计销售业务量的百分比(记作 dR)。其计算公式为:

$$保本作业率(dR) = \frac{保本量}{实际或预计销售量} \times 100\% = \frac{x_0}{x_1} \times 100\%$$

$$= \frac{保本额}{实际或预计销售额} = \frac{y_0}{y_1} \times 100\%$$

(四) 企业经营安全程度评价

安全边际是根据实际或预计的销售业务量(包括销售量和销售额两种形式,分别记作 x_1 和 y_1)与保本业务量(包括保本量和保本额两种形式)的差量确定的定量指标。有绝对量和相对量两种表现形式,其中,绝对量包括安全边际量(记作 MS 量)和安全边际额(记作 MS 额),相对量为安全边际率(记作 MSR)。其计算公式分别为:

$$安全边际量(MS 量) = 实际或预计销售量 - 保本量$$

$$= x_1 - x_0$$

$$安全边际额(MS 额) = 实际或预计销售额 - 保本额$$

$$= y_1 - y_0$$

$$安全边际率(MSR) = \frac{安全边际量}{实际或预计销售量} \times 100\%$$

$$= \frac{MS 量}{x_1} \times 100\%$$

$$= \frac{安全边际额}{实际或预计销售额} \times 100\%$$

$$= \frac{MS 额}{y_1} \times 100\%$$

安全边际量与安全边际额的关系为:

$$安全边际额(MS 额) = 单价 \times 安全边际量$$

第四章 本量利分析

$$=p \cdot \text{MS 量}$$

安全边际指标都是正指标,数值越大,企业经营安全程度越高,所以安全边际和安全边际率可用来评价企业经营的安全程度。西方国家评价企业经营安全程度的一般标准如表4-2所示。

表4-2 企业经营安全性评价标准

安全边际率	10%以下	10%~20%	20%~30%	30%~40%	40%以上
安全程度	危险	值得注意	较安全	安全	很安全

 例4-4 仍沿用[例4-2]提供的资料,若企业预计销售量是1 000件,则:

安全边际销售量=1 000-600=400(件)

安全边际销售额=80×400=32 000(元)

安全边际率=400÷1 000×100%=40%

因为安全边际率为40%,所以可以判定该企业的经营状况为安全。

安全边际能够为企业带来利润。盈亏临界点的销售额除了弥补产品自身的变动成本外,刚好能够弥补企业的固定成本,不能给企业带来利润。只有超过盈亏临界点的销售额,才能在扣除变动成本后,不必再弥补固定成本,而是直接形成企业的税前利润。也就是说,企业的利润是由处于安全边际量范围内的产品创造的,其金额就是安全边际量范围内产品的边际贡献总额。即

$$\text{利润} = \text{安全边际量} \times \text{单位边际贡献}$$

$$= \text{安全边际额} \times \text{边际贡献率}$$

根据安全边际与利润之间的关系,还可以得到下面公式:

$$\text{利润率} = \text{安全边际率} \times \text{边际贡献率}$$

安全边际率与保本作业率的关系用计算公式表示为:

$$\text{安全边际率} + \text{保本作业率} = 1$$

保本作业率是一个反指标,数值越小,说明企业经营的安全程度越高。目前,某些西方国家评价企业经营安全程度不用安全边际率,而用保本作业率。

 例4-5 承[例4-4],计算该企业保本作业率。

$$\text{保本作业率} = \frac{600}{1\,000} \times 100\% = 60\%$$

安全边际率+保本作业率=40%+60%=1

(五)保本状态的判定

从完整的意义上看,在一定时期内,若某企业不盈不亏、收支相等、利润为零、贡献毛益等于固定成本、安全边际各项指标均为0、保本作业率为100%,则可以判定该企业一定处于保本状态。

二、保利分析

(一)保利分析的意义

保本分析以企业利润为零、不盈不亏为前提,如此可简化本量利分析过程。但从现实角

度看,企业处于现代市场经济激烈的竞争中,如果仅以不亏本和维持简单再生产为满足,那么企业将无法生存和发展。合理合法取得盈利,既符合社会主义生产目的,又是获得经济效益的具体体现,因此企业应当理直气壮地追求盈利,不能实现盈利是不正常的。只有在考虑到盈利存在的条件下,才能充分揭示成本、业务量和利润之间的正常关系。

由于现实中的成本、业务量和利润诸因素之间往往存在着错综复杂的制约关系,为简化保利分析,在研究任何一个因素时,总是假设其他因素已知或不变,因此,保利分析实质上是逐一描述业务量、成本、单价、利润等因素相对其他因素而存在的定量关系的过程。

(二)保利点的含义及计算

1. 保利点的含义

所谓保利点,是指在单价和成本水平确定的情况下,为确保预先确定的目标利润(记作 TP)能够实现,而应达到的销售量和销售额的统称。为此,保利点也称实现目标利润的业务量,具体包括实现目标利润销售量(简称为保利量,记 x')和实现目标利润销售额(简称为保利额,记作 y')两项指标。

2. 保利点的计算

根据分析的基本公式,保利点的计算公式为:

$$保利量(x') = \frac{固定成本+目标利润}{单价-单位变动成本} = \frac{a+TP}{p-b}$$

$$= \frac{固定成本+目标利润}{单位边际贡献} = \frac{a+TP}{cm}$$

$$保利额(y') = 单价 \times 保利量 = p \cdot x'$$

$$= \frac{固定成本+目标利润}{贡献毛益率} = \frac{a+TP}{cmR}$$

$$= \frac{固定成本+目标利润}{1-变动成本率} = \frac{a+TP}{1-bR}$$

例 4-6 仍用[例 4-2]的资料,假设 2021 年目标利润为 20 000 元,价格和成本保持上年水平不变。计算该年的保利点。

$$保利量 = \frac{30\ 000+20\ 000}{80-30} = 1\ 000(件)$$

$$保利额 = \frac{30\ 000+20\ 000}{62.5\%} = 80\ 000(元)$$

(三)保净利点的含义及计算

1. 保净利点的含义

保净利点又称实现目标净利润的业务量。目标净利润也称税后目标利润(记作 TTP),是企业在一定时期缴纳所得税后实现的利润目标。它是利润规划中的一个重要指标,代表着所有者权益,只有税后利润,才是企业可能实现支配的利润,可以用于分红、发放股利、增加盈余公积和形成企业留存收益。企业管理者应重视这一指标的计算与分析。

第四章 本量利分析

保净利点也包括实现目标净利润销售量(简称保净利量,记作 x'')和实现目标净利润销售额(简称保净利额,记作 y'')两种形式。在计算保净利点过程中,除了需要考虑目标净利润外,还必须考虑所得税因素(记作 tR)。

2. 保净利点的计算

保净利点的具体计算公式为:

$$保净利量(x'') = \frac{固定成本 + \dfrac{目标净利润}{1-所得税率}}{单价-单位变动成本}$$

$$= \frac{a + \dfrac{TTP}{1-tR}}{p-b}$$

$$保净利额(y'') = \frac{固定成本 + \dfrac{目标净利润}{1-所得税率}}{边际贡献率}$$

$$= \frac{a + \dfrac{TTP}{1-tR}}{cmR}$$

例 4-7 仍用[例 4-2]所提供的资料,假定 2021 年目标净利润为 18 000 元,所得税税率为 25%,价格和成本水平保持不变。计算该年的保净利点。

$$保净利量 = \frac{30\,000 + 18\,000 \div (1-25\%)}{80-30} = 1\,080(件)$$

$$保净利额 = \frac{30\,000 + 18\,000 \div (1-25\%)}{62.5\%} = 86\,400(元)$$

第三节 多品种的本量利分析

以上所讨论的本量利分析,是在假定企业生产并销售单一品种条件下进行的。但在实际经济生活中,绝大多数企业都不只生产经营一种产品。在这种情况下,前面介绍的单一品种下的本量利模型就无法直接运用,因为不同品种的销售量无法直接相加,同时,以销售量为 x 轴的保本图和本量利关系图也不能用于反映多品种的本量利关系。这就需要进一步研究适用于多品种条件下的本量利分析方法和模型。

一、保本分析

多品种生产条件下,由于不同品种的销售量无法直接相加,因此应选用能反映各种产品销售的货币指标,即只能计算综合保本额。多品种保本点的计算通常有加权平均法、联合单位法、分算法、主要品种法和顺序法等。

(一) 加权平均法的应用

加权平均法是指在掌握每种产品本身的贡献毛益率(cmR)的基础上,按各种产品销售额占全部产品总销售额的比重(W_i)进行加权平均,据以计算综合贡献毛益率,进而计算多品种保本额和保利额的一种方法。其公式如下:

$$\text{综合边际贡献率(cmR')} = \sum(\text{某种产品的边际贡献率} \times \text{该产品的销售额比重})$$

$$= \sum(cmR_i \times W_i)$$

$$\text{综合保本额} = \frac{\text{固定成本}}{\text{综合边际贡献率}} = \frac{a}{cmR'}$$

各产品的保本额 = 综合保本额 × 各产品销售额比重

各产品的保本量 = 各产品的保本额 ÷ 各产品销售单价

在加权平均法下,不仅可以计算综合贡献毛益率,据此确定企业综合保本额,而且还可以在此基础上按销售比重将其分解,计算出每一种产品的保本额,进而计算每一种产品的保本量。

 **例 4-8** 某企业生产 A、B、C 三种产品,有关资料如表 4-3 所示,用加权平均法计算综合贡献毛益率,并求出企业综合保本额及各种产品的保本点。

表 4-3 资料

项 目	销售量	单 价	单位变动成本	销售收入(元)	单位贡献毛益	贡献毛益率	固定成本(元)
A	100 000(件)	10(元/件)	8.5(元/件)	1 000 000	1.5	15%	—
B	25 000(台)	20(元/台)	16(元/台)	500 000	4	20%	—
C	10 000(套)	50(元/套)	25(元/套)	500 000	25	50%	—
合 计	—	—	—	2 000 000	—	—	300 000

$$A 产品的销售比重 = \frac{1\,000\,000}{2\,000\,000} \times 100\% = 50\%$$

$$B 产品的销售比重 = \frac{500\,000}{2\,000\,000} \times 100\% = 25\%$$

$$C 产品的销售比重 = \frac{500\,000}{2\,000\,000} \times 100\% = 25\%$$

综合贡献毛益率 = 15%×50% + 20%×25% + 50%×25% = 25%

$$综合保本额 = \frac{300\,000}{25\%} = 1\,200\,000(元)$$

A 产品保本额 = 1 200 000×50% = 600 000(元)

B 产品保本额 = 1 200 000×25% = 300 000(元)

C 产品保本额 = 1 200 000×25% = 300 000(元)

A 产品保本量 = 600 000÷10 = 60 000(件)

B 产品保本量 = 300 000÷20 = 15 000(台)

C 产品保本量＝300 000÷50＝6 000(套)

从以上计算可以看出,销售额比重会影响到综合贡献毛益率水平,因而销售额比重(品种结构因素)必然构成影响多品种关系的另一要素。所以,在其他条件不变的前提下,提高贡献毛益率高的产品的销售比重,降低贡献毛益率低的产品的销售比重,就会提高综合贡献毛益率水平,从而达到降低综合保本额和保利额的目的。

(二) 其他方法的特点及其应用

1. 联合单位法

联合单位法是指在事先掌握多品种之间客观存在的相对稳定产销实物量比例的基础上,确定每一联合单位的单价和单位变动成本,进行多品种分析的一种方法。

如果企业生产的多种产品之间的实物量之间存在着较稳定的数量关系,而且所有产品的销路都很好,那么就可以用联合单位代表按实物量比例构成的一组产品。例如,企业生产的 A、B、C 三种产品的销量比为 1∶2∶3,则一个联合单位就相当于一个 A、两个 B 和三个 C 的集合,其中 A 产品为标准产品。在联合单位销量比的基础上,可进一步计算出每一联合单位的联合单价和联合单位变动成本,进而可以按单一品种的分析法计算联合保本量和联合保利量。其计算公式为:

$$联合保本量 = \frac{固定成本}{联合单价 - 联合单位变动成本}$$

$$联合保利量 = \frac{固定成本 + 目标利润}{联合单价 - 联合单位变动成本}$$

上式中,联合单价等于一个联合单位的全部收入;联合单位变动成本等于一个联合单位的全部变动成本。在联合单位法下,保利分析与保本分析的计算原理相同,只需将两式的分子改为固定成本加目标利润即可。

在此基础上,可计算每种产品的保本量和保利量,其计算公式为:

$$某产品保本量 = 联合保本量 \times 该产品销量比$$

$$某产品保利量 = 联合保利量 \times 该产品销量比$$

例 4-9 承[例 4-8],用联合单位法进行保本分析。

确定产品产销比 A∶B∶C＝10∶2.5∶1

联合单价＝10×10＋20×2.5＋50×1＝200(元)

联合单位变动成本＝8.5×10＋16×2.5＋25×1＝150(元)

联合保本量＝$\frac{300\ 000}{200-150}$＝6 000(联合单位)

计算各种产品保本量:

A 产品保本量＝6 000×10＝60 000(件)

B 产品保本量＝6 000×2.5＝15 000(台)

C 产品保本量＝6 000×1＝6 000(套)

计算各种产品保本额:

A 产品保本额＝10×60 000＝600 000(元)

B 产品保本额=20×15 000=300 000(元)

C 产品保本额=50×6 000=300 000(元)

2. 分算法

分算法是指在一定的条件下,将全部固定成本按一定标准在各种产品之间进行分配,然后再对每一个品种分别进行分析的方法。

有的企业虽然组织多品种产品生产,但由于生产技术的缘故而采用封闭式生产方式。在这种情况下,区分产品的专属固定成本不成问题,共同固定成本也可选择一定标准(如销售额、贡献毛益、重量等)分配给各种产品。鉴于固定成本需要由贡献毛益来补偿,故按照各种产品之间的贡献毛益比重分配固定成本更为合理。

例4-10 按[例4-8]所提供的资料,假定该企业的固定成本按各产品的贡献毛益比重分配。用分算法进行保本分析。

$$固定成本分配率=\frac{300\,000}{500\,000}=0.6$$

固定成本的分配:

分配给 A 产品固定成本=150 000×0.6=90 000(元)

分配给 B 产品固定成本=100 000×0.6=60 000(元)

分配给 C 产品固定成本=250 000×0.6=150 000(元)

计算各种产品保本量:

A 产品保本量=90 000÷(10-8.5)=60 000(件)

B 产品保本量=60 000÷(20-16)=15 000(台)

C 产品保本量=150 000÷(50-25)=6 000(套)

计算各种产品保本额:

A 产品保本额=10×60 000=600 000(元)

B 产品保本额=20×15 000=300 000(元)

C 产品保本额=50×6 000=300 000(元)

这种方法可以提供各种产品的保本点资料,故受基层管理部门重视,但在选择固定成本的标准时,容易出现问题,尤其是当品种较多时更麻烦。

3. 主要品种法

如果企业生产经营的多种产品中有一种是主要产品,它提供的贡献毛益额占企业的贡献毛益总额比重很大,且又代表企业的产品专业方向,有发展前途。而其他产品贡献毛益额较小,或为不足轻重的副产品,或发展余地不大,则可按该主要产品的有关数据进行分析,视同于单一品种。

这种方法的理论依据是,既然主要品种是企业经营的重点,那么,由其承担企业的全部固定成本也是合情合理的。尽管这样做会形成一定计算误差,但影响不会太大。

例4-11 某企业生产3种产品,有关资料如表4-4所示。确定主要品种,并按主要品种法计算保本额。

第四章　本量利分析

表 4-4　资料　　　　　　　　　　　　　　　　　　　　　单位:万元

品　种	销售收入 金额	销售收入 比重	贡献毛益 金额	贡献毛益 比重	贡献毛益率
A	2 250	22.5%	900	90%	40%
B	100	1%	80	8%	80%
C	7 650	76.5%	20	2%	0.26%
合　计	10 000	100%	1 000	100%	—

注:企业固定成本 400 万元。

依上表所示,如果按贡献毛益率的大小,则 B 产品较大,应为主要品种;若按销售额的大小,则 C 产品占较大比重,应为主要品种;但不如按贡献毛益的大小确定主要产品更为科学,因为只有贡献毛益才是补偿固定成本的资金来源。因此,该企业的主要品种应确定为 A 产品。

$$保本额 = \frac{400}{40\%} = 1\ 000(万元)$$

显然,该企业只要销售 1 000 万元的 A 产品,就可以实现保本。

4. 顺序法

顺序法是指按照事先规定的品种顺序,依次用各种产品的贡献毛益补偿全厂的固定成本,进而完成分析任务的一种方法。

该法通常要以事先掌握的各种产品贡献毛益和销售收入计划为前提,并按各产品贡献毛益率的高低确定品种的销售顺序。

由于人们对风险的态度不同,在确定品种顺序时会选择截然不同的两种标准:一种是乐观的排列,即假定各品种的销售顺序是按其贡献毛益率由高到低排列的,贡献毛益率高的产品先销售,低的后售出;另一种是悲观的排列,即假定销售顺序恰恰与乐观排列相反。

在顺序法下,多品种分析的任务可分别采用列表法和图示法两种方式完成。

二、保利分析

下面主要以加权平均贡献率法进行多品种的保利分析,根据保利点的含义和本量利分析的基本公式,多品种保利分析的计算公式为:

$$综合保利额 = \frac{固定成本 + 目标利润}{综合边际贡献率} = \frac{a + TP}{cmR'}$$

$$各产品的保利额 = 综合保利额 \times 各产品销售额比重$$

$$各产品的保利量 = 各产品的保利额 \div 各产品销售单价$$

例 4-12　以[例 4-8]资料为例,若该企业目标利润为 100 000 元,则该企业的综合保利额和 A、B、C 三种产品的保利额、保利量为多少?

$$综合保利额 = \frac{300\ 000 + 100\ 000}{25\%} = 1\ 600\ 000(元)$$

A 产品保利额=1 600 000×50%=800 000(元)
B 产品保利额=1 600 000×25%=400 000(元)
C 产品保利额=1 200 000×25%=400 000(元)
A 产品保本量=800 000÷10=80 000(件)
B 产品保本量=400 000÷20=20 000(台)
C 产品保本量=400 000÷50=8 000(套)

第四节　相关因素变动对本量利影响分析

一、有关因素变动对保本点、保利点的影响

为了简化因素变动分析,在研究某一项因素变动对本量利的影响时,往往假定其他因素不变。

(一) 单因素变动的影响

1. 单价因素单独变动

在其他因素不变时,单价变动会引起贡献毛益和贡献毛益率的同方向变化,使得保本业务量和保利业务量计算公式的分母发生变动,从而改变保本点和保利点。

当单价上升时,单位贡献毛益和贡献毛益率同时上升,相应的保本点和保利点就会降低,使得经营状况向安全方向发展;单价下降时情况刚好相反。

例 4-13　假设某企业只生产销售一种产品,产品单价为 10 元/件,单位变动成本为 6 元,固定成本为 30 000 元,销售量为 12 000 件,假定产品单价下降 10%。计算单价单独变动后的保本点和保利点。

$$单价变动后的保本量 = \frac{30\ 000}{10\times(1-10\%)-6} = 10\ 000(件)$$

$$单价变动后的保本额 = \frac{30\ 000}{1-6\div[10\times(1-10\%)]} = 90\ 000(元)$$

$$单价变动后的保利量 = \frac{30\ 000+20\ 000}{10\times(1-10\%)-6} = 16\ 666.67(件)$$

$$单价变动后的保利额 = \frac{30\ 000+20\ 000}{1-6\div[10\times(1-10\%)]} = 150\ 000(元)$$

由本例可见,单价的下降会使保本点和保利点业务量增加,从而增加了企业经营的不安全程度。

可见,从保本点、保利点降低的角度,提高单价对提升企业利润是有好处的;但是从另一方面看,提高单价可能会带来产品市场占有率的下降。因此,分析单价变动对保本点、保利点的影响时要辩证地看待。

2. 单位变动成本因素单独变动

单位变动成本的变动,会引起单位贡献毛益和贡献毛益率向相反方向变化,因而使得保本点和保利点向着单价变动影响的相反方向变化。即单位变动成本上升,会增加保本点和保利点,使企业的经营状况向不安全的方向发展;单位变动成本下降时,情况则相反。

例 4-14 仍以[例 4-13]所提供的资料为例,假定单位变动成本下降 2 元。计算单位变动成本单独变动后的保本点和保利点。

$$\frac{单位变动成本变动}{后的保本量} = \frac{30\,000}{10-(6-2)} = 5\,000(件)$$

$$\frac{单位变动成本变动}{后的保本额} = \frac{30\,000}{1-(6-2)\div 10} = 50\,000(元)$$

$$\frac{单位变动成本变动}{后的保利量} = \frac{30\,000+20\,000}{10-(6-2)} = 8\,333.33(件)$$

$$\frac{单位变动成本变动}{后的保利额} = \frac{30\,000+20\,000}{1-(6-2)\div 10} = 83\,333.33(元)$$

由本例可见,单位变动成本的降低,降低了保本点和保利点业务量,使企业经营状况更安全。

3. 固定成本因素单独变动

固定成本的变动会改变保本点和保利点公式的分子,固定成本增加会使保本点和保利点提高,使企业的经营向不利方向发展;反之则相反。

例 4-15 仍用[例 4-13]所提供的资料,假定固定成本增加 10 000 元。计算固定成本单独变动后的保本点和保利点。

$$\frac{固定成本变动}{后的保本量} = \frac{30\,000+10\,000}{10-6} = 10\,000(件)$$

$$\frac{固定成本变动}{后的保本额} = \frac{30\,000+10\,000}{1-6\div 10} = 100\,000(元)$$

$$\frac{固定成本变动}{后的保利量} = \frac{30\,000+10\,000+20\,000}{10-6} = 15\,000(件)$$

$$\frac{固定成本变动}{后的保利额} = \frac{30\,000+10\,000+20\,000}{1-6\div 10} = 150\,000(元)$$

由本例可见,固定成本的上升会使保本点和保利点业务量增加,从而增加了企业经营的不安全程度。

4. 品种结构单独变动

企业进行多品种生产时,品种结构的变化会影响综合边际贡献率,从而改变保本点和保利点。当品种结构中边际贡献率高的产品的比重提高时,会提高综合边际贡献率,相应的保本点和保利点也就下降了。

5. 目标利润因素单独变动

通过比较保本点和保利点的计算公式,可以发现只有保利点公式中包括目标利润因素,因此可以断定目标利润的变动只能影响保利点,而不会影响保本点。其他因素不变的情况下,保利点和目标利润呈同方向变动,提高目标利润,保利点上升;降低目标利润,保利点下降。

6. 销售量因素单独变动

由于保本点和保利点本身就是业务量指标,因此销售量的变动只会影响营业利润,对保本点和保利点的计算都不会产生影响。

（二）各因素同时变动的影响

现实经济活动中,市场环境瞬息万变,影响本量利分析的若干个因素有时会同时改变,前面讨论的单因素变动这种静态平衡是不可能维持长久的。企业必须要考虑各因素之间的关系,以便掌握其中的规律,用于指导实践。

二、有关因素变动对安全边际的影响

（一）单价因素单独变动

由于单价变动会引起保本点向相反方向变化,因而在销售业务量既定的条件下,会使安全边际向同方向变动。

（二）单位变动成本因素单独变动

单位变动成本的变动会导致保本点同方向变化,从而在销售业务量既定的条件下,会使安全边际向反方向变动。

（三）固定成本因素单独变动

固定成本变动使保本点向相同方向变化,从而使安全边际向相反方向变化。

（四）预计销售量因素单独变动

预计销售量变动,会使安全边际向同方向变化。

（五）品种结构单独变动

企业进行多品种生产时,品种结构的变化会影响综合边际贡献率,也会影响安全边际。当品种结构中边际贡献率高的产品的比重提高时,会提高综合边际贡献率,相应的综合保本点会下降,因此在综合销售额不变的情况下安全边际额会随着边际贡献率高的产品的销售比重的变动同方向变动;反之,将随着边际贡献率低的产品的销售比重的变动呈反方向变动。

三、有关因素变动对利润的影响

根据本量利分析的基本公式,单价、单位变动成本、固定成本和销售量的变动都会影响

第四章 本量利分析

利润。

（1）单价的变动可通过改变销售收入从正方向影响利润，即在不考虑其他因素时，单价提高，利润增加；反之亦然。

（2）单位变动成本的变动可通过改变变动成本总额从反方向影响利润。在不考虑其他因素时，变动成本降低，利润增加；反之亦然。

（3）固定成本的变动会从反方向直接改变利润。

（4）销售量的变动可通过改变贡献毛益总额而从正方向影响利润。

本章小结

本量利分析是为会计预测、决策和规划提供必要的财务信息的一种技术方法。本量利分析基本关系式是研究本量利因素间关系的基本出发点。贡献毛益是指产品的销售收入与相应的变动成本的差额，它是本量利分析中的一个十分重要的概念。保本分析是研究当企业恰好处于保本状态时的本量利分析的方法，关键是判定保本状态和确定保本点。因素变动对保本点和保利点的影响，扩展了本量利分析的范围和意义。多品种条件下的本量利分析有多种形式：加权平均法和其他方法。加权平均法的关键是计算综合的贡献毛益率，这体现了品种结构对保本点和保利点的影响。

案例分析

河北华兴企业打算生产一种新产品，假定该产品的产销量一致，不考虑期间费用。第一年企业进入试经营，根据同行业产品的市场销售情况，产品的产销量暂定为 1 000 件，产品的单位售价为 100 元/件，产品生产过程中每件产品消耗的成本为 50 元，生产新产品使用的厂房、设备成本总额为 30 000 元，经过一年的经营获得营业利润 20 000 元。

河北华兴企业经营的第一年就获得了盈利，这使经营者更加充满信心，于是决定再投入厂房、设备 200 000 元进行正式生产经营。

讨论：

1. 在新的生产规模下企业的产销量为多少件时才能够实现试营期的利润？
2. 请简要说明企业在追加投资后应该制订什么样的经营计划才能够使企业盈利。
3. 当市场上的商品价格发生上浮 10% 的变动时，企业采取什么措施才能保证在不影响企业盈利的情况下使采购人员和销售人员顺利完成工作？

课后训练

一、思考题

1. 本量利分析的前提是什么？
2. 贡献毛益指标有哪几种形式？如何计算？
3. 贡献毛益率这一指标有什么作用？它和变动成本率的关系是什么？

4. 多品种条件下的本量利分析方法有哪些?

5. 安全边际的意义是什么?

二、业务练习题

1. 某公司 2020 年销售收入为 180 000 元,销售成本为 160 000 元,其中固定成本 88 000 元。若 2021 年计划增加广告费 3 200 元,产品单价仍为 40 元/件。

要求:

(1) 预测 2021 年该公司的保本点。

(2) 若 2021 年计划实现目标利润 52 800 元,则目标销售额应为多少?

2. 某公司产销一种产品,2020 年有关资料如下表所示。

单位售价(元)	20
单位变动成本:	
直接材料(元)	4
直接人工(元)	7
变动制造费用(元)	3
单位贡献毛益(元)	6

要求:

(1) 若每月销售额为 25 000 元时可以保本,计算当年固定成本总额。

(2) 若 2021 年单位直接人工增加 3 元,在其他条件不变的情况下,要维持目前的贡献毛益率,2021 年单位售价应达到多少元?

3. 某公司在计划期内产销甲、乙、丙、丁 4 种产品,其固定成本总额为 24 000 元。有关资料如下表所示。

品　名	甲产品	乙产品	丙产品	丁产品
销售量(台)	40	80	20	60
销售单价(元/台)	900	2 000	1 000	3 000
单元变动成本(元/台)	720	1 800	600	2 100

要求:

(1) 计算该企业计划期内的综合保本销售额。

(2) 计算该企业计划期内 4 种产品各自的保本销售额。

第五章
预测分析

学习目标

通过本章的学习,了解预测分析的概念、特点、基本程序及其主要内容;了解销售预测的各种方法的特点及适用范围;掌握定性和定量两类预测分析方法的特征;熟练掌握平滑指数法和修正的时间序列回归法的应用;重点掌握目标利润的预测方法;熟悉成本预测和资金需用量预测的主要方法。

技能要求

能够结合实际采用适当的预测分析方法依据预测分析的步骤,对企业经营过程中发生的事项进行科学预测。

案例导入

美国杜邦公司十分注重市场调查和预测,公司在某一项产品正在"走红"尚未走下坡路时,就开始投入大量人、财、物进行市场调查和预测,为研发新产品、推陈出新提供相关信息,这也是该公司历经200多年至今不衰的原因。正如日本索尼公司总裁盛田昭夫所言:企业应主动淘汰现有产品,因为你不这么做,市场也会这么做。可见预测分析对企业经营决策有多么重要的影响。

思考:预测在企业经营管理中的重要作用是什么?它和经营决策有什么关系?

第一节 预测分析概述

一、预测分析的意义

预测是指根据反映客观事物的资料信息,用科学的方法预计、推断事物发展的必然性或可能性的过程。其特点是根据过去和现在预计未来,由已知推断未知。预测的范围很广,包括对自然现象的预测、对经济发展的预测等。经济发展的预测又包括宏观经济预测和微观经济预测等,其中微观经济预测是从现代企业的立场出发,以企业经营活动为对象展开的预测。

管理会计中的预测分析,是指按照一定原则和程序,运用专门方法进行经营预测的过程。所谓经营预测,是指企业根据现有的经济条件和掌握的历史资料及客观事物的内在联系,对生产经营活动的未来发展趋势和状况进行的预计和测算。经济预测是企业管理的重要职能,是决策的基础,它能为决策提供科学的依据,是企业增强竞争力的重要影响因素,是改善企业经营管理的重要措施,有助于企业提高应变能力。

二、预测分析的特征

预测分析具有以下特征。

(一) 依据的客观性

预测分析是以客观、准确的历史资料和合乎实际的经验为依据所进行的分析,而不是毫无根据、纯主观的臆测。

(二) 时间的相对性

预测分析事先应明确规定某项预测对象的时间期限。预测分析的时间越短,受到不确定因素的影响越小,预测结果越准确;反之,预测分析的时间越长,受不确定因素的影响就越大,则预测结果的精确性就要相对差一些。

(三) 结论的可检验性

预测分析应考虑到可能发生的误差,且能够通过对误差的检验进行反馈,调整预测程序和方法,尽量减少误差。

(四) 方法的灵活性

预测分析可灵活采用多种方法,在选择预测方法时,应事先进行(测试)试点,选择那些简便易行、成本低、效率高的一种或几种方法配套使用,才能达到事半功倍的效果。

三、预测分析的内容

预测分析的内容包括销售预测、利润预测、成本预测和资金预测4个方面。

(一) 销售预测

销售预测是其他各项预测的前提,有广义和狭义之分。广义的销售预测包括市场调查和销售量预测;狭义的销售预测专指销售量预测。市场调查是指通过了解与特定产品有关的供销环境和各类市场的情况,做出该产品有无现实市场或潜在市场及市场大小的结论的过程,它是销售量预测的基础。销售量预测又叫产品需求量预测,是根据市场调查所得到的有关资料,通过对有关因素的分析研究,预计和测算特定产品在一定时期内的市场销售量水平及变化趋势,进而预测本企业产品未来销售量的过程。

(二) 利润预测

利润预测是指在销售预测的基础上,根据企业未来发展目标和其他相关资料,预计企业

第五章 预测分析

未来应达到和可望实现的利润水平及其变动趋势的过程。其主要内容包括实现利润的测算,目标利润的预测,经营杠杆系数在利润预测中的应用,利润敏感性分析,风险条件下的利润分析。本章主要介绍目标利润的预测和经营杠杆系数在利润预测中的应用两部分内容。

(三) 成本预测

成本预测是指根据企业未来发展目标和有关资料,运用专门方法预计企业未来成本水平及发展趋势的过程。其主要内容包括全部成本预测、单项成本预测、设计成本预测、生产成本预测、目标成本预测、成本变动趋势预测和决策成本预测。本章主要介绍目标成本预测和成本变动趋势预测两部分内容。

(四) 资金预测

资金预测是指在销售预测、利润预测和成本预测的基础上,根据企业未来经营发展目标并考虑影响资金的各项因素,运用一定方法预计、推测企业未来一定时期内或一定项目所需要的资金数额、来源渠道、运用方向及其效果的过程。广义资金预测包括全部资金需用量及其来源预测、现金流量预测、资金分布预测和资金运用效果预测。狭义的资金预测是指资金需用量预测,具体包括固定资产项目投资需用量预测、流动资金需用量预测和追加资金需用量预测。本章只介绍追加资金需要量预测。

四、预测分析的步骤

预测分析一般可按以下步骤进行。

(一) 确定预测对象

要做好预测分析,必须首先确定预测对象,即确定预测分析的内容、范围、目的和要求,进而有针对性地做好各阶段的预测工作。

(二) 搜集整理资料

确定预测对象后,应搜集尽可能多的相关经济信息,同时对所搜集的大量资料进行整理、归纳,找出与预测对象有关的各因素之间的相互依存关系。

(三) 选择预测方法

针对不同的预测对象和内容,选择不同的预测方法,建立数学模型,对资料进行处理、计算和科学分析,以及进行定量和定性分析。

(四) 分析判断

按选择的预测方法对所预测的对象进行实际预测,求得预测的结果。

(五) 检查验证

将本期实际发生数与前期预测数进行比较,计算并分析差异,以便在本期预测中加以改进。

(六) 修正预测值

一些根据数学模型计算出来的预测值可能没有将非计量因素考虑进去,这就需要对其进行修正和补充,使其更接近实际。

(七) 报告预测结论

最后,要以一定形式通过一定程序将修正后的预测结果向企业的有关领导报告。

五、预测分析的方法

预测分析的方法很多,一般可分为定量分析法和定性分析法两大类。

(一) 定量分析法

定量分析法又称数量分析法,是指运用现代数学方法对有关数据资料进行加工处理,据以建立能够反映有关变量之间规律性联系的各类预测模型的方法体系。此类方法适用于历史资料齐备的企业。定量分析法又分为趋势外推分析法和因果预测分析法。

1. 趋势外推分析法

趋势外推分析法又称时间序列分析法,即根据某项指标过去的、按时间顺序排列的历史数据,运用一定数学方法进行计算,借以预测未来发展趋势的方法。其包括算术平均法、移动平均法、趋势平均法、加权平均法、平滑指数法和修正的时间序列回归分析法等具体方法。

2. 因果预测分析法

因果预测分析法是指从某项指标与其他指标的相互联系中进行分析,把它们之间的规律性联系作为预测依据的方法。其包括分析法、投入产出法、回归分析法和经济计量法等具体方法。

(二) 定性分析法

定性分析法又称非数量分析法、判断分析法或集合意见法,是指由熟悉情况和业务的专家根据个人的经验进行分析判断,得出初步预测意见,然后再通过一定形式(如座谈会等)进行综合分析,最后作为预测未来状况和发展趋势主要依据的方法体系。该类方法一般是在缺乏完备的历史资料或有关因素之间缺乏明显的数量关系、难以进行定量分析的前提下采用。

定量分析法与定性分析法在实际应用中并非相互排斥,而是相互补充、相辅相成的。定量分析法较精确,但很多非计量因素无法考虑进去,如国家经济政策发生重大变动、市场上出现强大的竞争对手等。而定性分析法虽可将这些非计量因素考虑进去,但却带有一定的主观随意性。因此,在实际工作中,应根据具体情况将两类分析法有机地结合起来加以应用,才能提高预测分析结果的准确性和可信性。

第二节　销售预测分析

一、销售预测概述

在现代市场经济条件下,企业实行"以销定产",其各项经营活动和产品的销售是密切相关的。因而,在企业预测系统中,销售预测处于先导地位,它对于指导利润预测、成本预测和资金预测,进行长短期决策,安排经营计划,组织生产等都起着重要作用。

销售预测的方法包括用于市场调查的方法和用于销售量预测的方法。用于市场调查的方法主要有全面调查法、典型调查法和抽样调查法等。用于销售量预测的方法主要有趋势外推分析法、因果预测分析法、判断分析法和产品寿命周期推断法等,其中前两种方法属于定量分析法,后两种属于定性分析法。本节主要介绍销售量的预测方法。

二、销售的定性预测

销售的定性预测法主要包括判断分析法和产品寿命周期推断法。

（一）判断分析法

判断分析法又包括以下3种方法。

1. 推销员判断法

推销员判断法是由企业的推销人员根据他们的调查,将各个或各类顾客对特定预测对象的销售预测值填入卡片或表格,然后由销售部门经理对此进行综合分析以完成预测销售任务的一种方法。

这种方法费时短、耗费小,比较实用。在市场发生新变化的情况下,运用这种方法也能很快对预测结果进行修正。

为了减少判断的片面性,企业往往组织多人对同一产品或市场进行预测判断,再将这些数据加以平均处理,因而这种方法也称意见汇集法。

2. 综合判断法

综合判断法是由企业召集有关经营管理人员,以及各地经销商负责人集中开会,由他们根据各自的经验和有关资料对特定产品的未来销售量进行分析判断,分别提出预测意见,然后进行讨论和综合平衡,最终做出结论的一种方法。

此法能够集思广益,快捷实用。

3. 专家判断法

专家判断法是由专家根据他们的经验和判断能力对特定产品的未来销售量进行判断和预测的一种方法,主要有以下3种形式。

（1）专家个人意见集合法。此法是就企业产品销售的未来趋势先征求专家个人的意见,然后再加以综合,确定预测值。

(2) 专家小组法。此法是将专家分成小组,运用专家们的集体智慧,进行判断预测的一种方法。

(3) 德尔菲法。此法是通过函询方式向若干专家分别征求意见,各专家在互不沟通的情况下,根据自己的观点和方法进行预测,然后由企业把各专家意见汇集在一起,采用不记名方式反馈给各位专家,请他们参考别人的意见修正自己原来的判断,如此反复数次,最终确定预测结果。

(二) 产品寿命周期推断法

产品寿命周期推断法,是利用产品销售量在不同寿命周期阶段上的变化趋势进行销售预测的一种定性分析方法,它是对其他预测分析方法的补充。

产品寿命周期一般包括萌芽期、成长期、成熟期和衰退期。在产品寿命周期的不同阶段,销售量的发展趋势是不同的,判断产品所处的寿命周期阶段,通常采用计算销售增长率的办法。一般来讲,萌芽期增长率不稳定,成长期增长率最大,成熟期增长率稳定,衰退期增长率小于0。了解产品寿命周期各阶段销售量的特点,还可以指导预测方法的正确选用。

三、销售的定量预测

销售的定量预测法包括趋势外推分析法和因果预测分析法。

(一) 趋势外推分析法

趋势外推分析法主要包括平均分析法和修正的时间序列回归法。

1. 平均分析法

平均分析法是指根据所掌握的特定预测对象若干时期的销售量历史资料,按照一定方法进行处理,计算其平均值,以确定未来销售量的一种方法。其具体包括算术平均法、移动平均法、趋势平均法、加权平均法和平滑指数法等。

(1) 算术平均法。

算术平均法又称简单平均法,是以过去若干时期(n 期)的销售量的算术平均数作为销售预测数的一种预测方法。其计算公式为:

$$\text{销售量预测数}(\overline{Q_n+1}) = \frac{\text{各期销售数量之和}}{\text{期数}} = \frac{\sum Q_t}{n}$$

这种方法的优点是计算公式比较简单,缺点是把不同的差异平均化,没有考虑远近期销售业务量的变动对预测期销售量影响的程度不同,可能造成预测结果产生较大误差。

此法只适用于对销售业务量比较稳定的产品进行预测。

例 5-1 某公司2020年1—9月份产品的销售量资料如表5-1所示。用算术平均法预测10月份的销售量。

第五章 预测分析

表 5-1 资料　　　　　　　　　　　　单位:千克

月　份(Q_t)	1	2	3	4	5	6	7	8	9
销售量(Q_t)	550	560	540	570	600	580	620	610	630

$$销售量预测数=\frac{550+560+540+570+600+580+620+610+630}{9}$$
$$=584.44(千克)$$

（2）移动平均法。

移动平均法是从 n 期的时间数列销售量中所选取一组 m 期（假设 $m<n/2$，且数值固定不变）的数据作为观察期数据，求其算术平均数，并不断向后移动，连续计算观测值平均数，以最后一组平均数作为未来销售量预测数的一种方法。其计算公式为：

$$销售量预测数(\overline{Q})=最后 m 期算术平均销售量$$
$$=\frac{最后移动期销售量之和}{m}$$

为使预测值更能反映销售量变化的趋势，可以对上述计算结果按趋势值进行修正。其计算公式为：

$$销售量预测数(\overline{Q})=最后 m 期算术平均销售量+趋势值 b$$
$$趋势值 b=最后移动期平均值-上一个移动期的平均值$$

此法的计算过程也比较简单，但由于只选用了 n 期数据中的部分数据作为计算依据，因而代表性较差。

该法适用于对销售量略有波动的产品进行预测。

例 5-2　按[例 5-1]所提供的资料，用移动平均法预测 10 月份的销售量（假设观察期为 3 期）。

利用最后 3 期资料，求得：

$$10 月份销售量预测数=\frac{620+610+630}{3}=620(千克)$$

例 5-3　按[例 5-1]所提供的资料，用修正的移动平均法预测 10 月份的销售量（设观察期为 3 期）。

从[例 5-2]中已知最后移动期的平均值为 620 千克，得出：

$$上一个移动期的平均值=\frac{580+620+610}{3}=603.33(千克)$$

则：$b=620-603.33=16.67(千克)$

10 月份销售量预测数=620+16.67=636.67(千克)

（3）趋势平均法。

趋势平均法是指在按移动平均法计算 n 期时间序列移动平均值的基础上，进一步计算趋势值的移动平均值，进而利用特定基期销售量移动平均值和趋势值移动平均值来预测销售量的一种方法。其计算公式为：

$$\frac{销售量}{预测数} = \frac{基期销售量}{移动平均值} + \frac{基期趋势值}{移动平均值} \times \frac{基期与预测期}{的时间间隔}$$

$$\frac{某一期的}{趋势值} = \frac{该期销售量}{移动平均值} - \frac{上期销售量}{移动平均值}$$

$$\frac{基期趋势值}{移动平均值} = \frac{最后一个移动期趋势值之和}{趋势值移动时期数}$$

$$\frac{基期与预测期}{的时间间隔} = \frac{销售量移动时期数m+趋势值移动时期数s}{2}$$

$$\frac{基期的}{序数值} = \frac{时间序列}{期数} n - \frac{销售量移动时期数m+趋势值移动时期数s-2}{2}$$

式中,销售量移动时期数 m 和趋势值移动时期数 s 均应为奇数。

此法既吸收了移动平均法的优点,同时又考虑了趋势值的移动平均数,预测精度略高于移动平均法,但计算过程比较麻烦。该法适用于对各期销售量变动趋势比较明显的产品进行预测。

例 5-4 按[例 5-1]所提供的资料,用趋势平均法预测 10 月份的销售量(假设销售量的移动期 m 为 5,趋势平均值移动期 s 为 3,时间序列数 n 为 9)。

根据题意整理的资料如表 5-2 所示。

表 5-2 趋势平均法计算

时间(t)	销售量观测值(Q_t)	5期移动平均值($\overline{Q_t}$)	变动趋势值(b_t)	趋势值3期移动平均值($\overline{b_t}$)
1	550			
2	560			
3	540	564		
4	570	570	+6	
5	600	582	+12	10.67
6	580	596	+14	12.67
7	620	608	+12	
8	610			
9	630			

基期的序数值 $= 9 - \frac{5+3-2}{2} = 6$

基期为第 6 期,基期销售量移动平均值为 596,基期趋势移动平均值为 12.67。

基期与预测期的时间间隔 $= \frac{5+3}{2} = 4$

10 月份销售量预测数 $= 596 + 12.67 \times 4 = 646.68$(千克)

(4)加权平均法。

加权平均法是对过去各期的销售量按近大远小的原则确定其权数,并据以计算加权平均销售量的方法。其计算公式为:

$$销售量预测数(\bar{Q}) = \frac{\sum(某期销售量 \times 该期权数)}{各期权数之和}$$

$$= \frac{\sum Q_t W_t}{\sum W_t}$$

加权平均法的关键是按照时间序列单调递增的特点,事先合理地确定各期权数的数值,可以采用以下两种方法。

① 根据销售量资料的时间序列的自然数 1,2,3,4,…,n 的顺序作为确定各期权数值的依据,即让某期的权数值等于该期的时间序列值,如第 1 期的权数等于 1,第 2 期的权数等于 2,…,第 n 期的权数等于 n,依次类推。

② 将各期权数设定为一组单调递增的小数,即让时间序列中任何一期的权数值都比前一期的权数值大,且满足 $\sum W_t = 1(0<W_t<1)$ 的条件,则上式可改写为:

$$销售量预测数(\bar{Q}) = \sum(Q_t W_t)$$

加权平均法既可以考虑全部 n 期时间序列的观测资料,又可以将距离预测期不同的观测数按照其对未来影响的不同程度用近大远小的权数进行修正,因此比较科学。但由于人为确定权数的方法不统一,尤其是采用第二种方法,可能出现因人而异的预测结果。

在加权平均法基础上,还可采取不断向后推移观察期的方式计算移动加权平均数进行预测。

例 5-5 仍用[例 5-1]所提供的资料,用移动加权平均法预测 10 月份的销售量(观察期为 3 期)。

若令 $W_1=1, W_2=2, W_3=3$,得:

10 月份销售量预测数 $= \dfrac{620 \times 1 + 610 \times 2 + 630 \times 3}{1+2+3} = 621.67$(千克)

或令 $W_1=0.2, W_2=0.3, W_3=0.5$,即 $\sum W = 1$,则:

10 月份销售量预测数 $= 620 \times 0.2 + 610 \times 0.3 + 630 \times 0.5 = 622$(千克)

(5) 平滑指数法。

平滑指数法又称指数平滑法,是在前期销售量的预测数和实际数的基础上,利用事先确定的平滑指数(用 a 表示)预测未来销售量的一种方法。从本质上看,平滑指数法也是一种特殊的加权平均法。其计算公式为:

$$销售量预测数(\bar{Q}_t) = 平滑指数 \times 前期实际销售量 + (1-平滑指数) \times 前期预测销售量$$

平滑指数 a 的取值范围一般在 0.3~0.7 之间,平滑指数越大,则近期实际数对预测期结果的影响越大;平滑指数越小,则近期实际数对预测结果的影响越小。所以,采用较大的平滑指数,则使此法的平均数能反映观察值新近的变化趋势;若采用较小的平滑指数,则使此法的平均数能反映观察值变动的长期趋势。因此,在一般情况下,如果销售量波动较大或要求进行短期销售量预测,则可考虑选择较大的平滑指数;如果销售量波动较小或要求进行长期销售量预测,则应考虑选择较小的平滑指数。

例 5-6 仍用[例 5-1]所提供的资料,9 月份实际销售量为 630 千克,原来预测 9 月份的销售量为 608 千克,平滑指数 $a=0.4$。用平滑指数法预测 10 月份的销售量。

10 月份销售量预测数 $=0.4\times630+(1-0.4)\times608=616.8$(千克)

2. 修正的时间序列回归法

修正的时间序列回归法是通过分析一段时期内销售量与时间的函数关系,来建立回归模型,并据此进行预测的方法。

一般的回归直线法原理已在前面介绍过,将此方法用于销售预测时,预测模型为:

$$Q=1+bt$$

回归系数 a、b 的计算公式为:

$$a=\frac{\sum Q-b\sum t}{n}$$

$$b=\frac{n\sum tQ-\sum t\cdot\sum Q}{M\sum t^2-(\sum t)^2}$$

由于时间变量具有单调递增和间隔均匀的特点,据此可以对 t 值进行修正,使 $\sum t=0$,以简化回归系数的计算公式。

当实际观测次数 n 为奇数时,将 0 置于所有观测期的中央,其余上下各期的 t 值均以 ±1 的级差增减,则各观测期的时间变量 t 应分别为: $\cdots,-3,-2,-1,0,1,2,3,\cdots$。

当实际观测次数 n 为偶数时,将 -1 与 +1 置于所有观测期的当中上下两期,其余上下各期 t 值均以 ±2 的级差增减,则各观测期的时间变量 t 值应为: $\cdots,-5,-3,-1,1,3,5,\cdots$。

当 $\sum t=0$ 时,回归系数的计算公式可简化为:

$$a=\frac{\sum Q}{N}$$

$$b=\frac{\sum tQ}{\sum t^2}$$

例 5-7 仍用[例 5-1]所提供的资料,用修正的时间序列回归法预测 10 月份的销售量。

因为本例观测期=9,为奇数,所以令第 5 期的 t 值为 0,上下均以 ±1 的级差增减。根据题中所给资料列表,如表 5-3 所示。

表 5-3 资料计算

月 份	Q	t	tQ	t^2
1	550	-4	-2 200	16
2	560	-3	-1 680	9
3	540	-2	-1 080	4
4	570	-1	-570	1

续　表

月　份	Q	t	tQ	t^2
5	600	0	0	0
6	580	1	580	1
7	620	2	1 240	4
8	610	3	1 830	9
9	630	4	2 520	16
$n=9$	$\sum Q=5\ 260$	$\sum t=0$	$\sum tQ=640$	$\sum t^2=60$

将表中数据代入回归系数的计算公式,可求得:

$$a=\frac{\sum Q}{N}=\frac{5\ 260}{9}\approx 584.44$$

$$b=\frac{\sum tQ}{\sum t^2}=\frac{640}{60}\approx 10.67$$

则:$Q=584.44+10.67t$。

因为,10月份的 t 值$=4+1=5$,所以10月份的销售量预测数$=584.44+10.67\times 5=637.79$(千克)。

(二)因果预测分析法

因果预测分析法中,主要介绍回归直线分析法。

在因果预测分析法下,用于建立预测模型的回归分析法同趋势外推法所采用的修正的时间序列回归法不同,因为自变量 x 不一定是等差数列,所以无法进行修正。

例 5-8　某企业通过调查发现,某种商品的销售量与当地居民人均月收入有关。本地区连续6年的历史资料如表5-4所示。预计2021年居民人均月收入为4 500元。用回归直线分析法预测2021年的销售量。

表 5-4　资料

年　度	2015	2016	2017	2018	2019	2020
居民人均月收入(元)	3 200	3 350	3 500	3 650	3 800	3 850
商品销量(吨)	10	11	12	14	15	16

根据所给资料,列表计算如表5-5所示。

表 5-5　资料计算

年　份	居民人均月收入 x	商品销售量 y	xy	x^2	y^2
2015	3 200	10	32 000	10 240 000	100
2016	3 350	11	36 850	11 222 500	121

续　表

年　份	居民人均月收入 x	商品销售量 y	xy	x^2	y^2
2017	3 500	12	42 000	12 250 000	144
2018	3 650	14	51 100	13 322 500	196
2019	3 800	15	57 000	14 440 000	225
2020	3 850	16	61 600	14 822 500	256
n=6	$\sum x = 21\,350$	$\sum y = 78$	$\sum xy = 280\,550$	$\sum x^2 = 76\,297\,500$	$\sum y^2 = 1\,042$

根据公式计算：

$$r = \frac{n\sum xy - \sum x \cdot \sum y}{\sqrt{[n\sum x^2 - (\sum x)^2] \cdot [n\sum y^2 - (\sum y)^2]}}$$

$$= \frac{6 \times 280\,550 - 21\,350 \times 78}{\sqrt{(6 \times 76\,297\,500 - 21\,350^2) \times (6 \times 1\,042 - 78^2)}} = 0.949$$

因为相关系数趋近于1，表明 x 与 y 之间基本正相关，可以建立回归模型。

$$b = \frac{n\sum xy - \sum x \cdot \sum y}{n\sum x^2 - (\sum x)^2} = \frac{6 \times 280\,550 - 21\,350 \times 78}{6 \times 76\,297\,500 - 21\,350^2} = 0.009$$

$$a = \frac{\sum y - b\sum x}{n} = \frac{78 - 0.009 \times 21\,350}{6} = -19.025$$

y=−19.025+0.009x

预计2021年居民人均月收入为4 500元，所以，2021年该商品的预测销售量为−19.025+0.009×4 500=21.475(吨)。

第三节　利润预测分析

利润预测是指按照企业经营目标的要求，通过对影响企业利润高低的业务量、成本、价格等因素的综合分析与计算，对企业未来一定期间可能达到的利润水平及变动趋势进行的预测。

一、目标利润及其预测分析

（一）目标利润的含义

目标利润是指企业在未来一段时间内，经过努力应该达到的最优化利润控制目标，它是企业未来经营必须考虑的重要战略目标之一。企业应本着既先进又合理的原则制定目标利润。

(二) 目标利润的预测分析过程

目标利润的预测分析过程主要包括以下 4 个步骤。

1. 选择确定特定利润率标准

选择确定利润率的标准,必须注意结合 3 个方面去考虑:第一,从可供选择的利润率指标的计算口径上看,主要包括销售利润率、产值利润率和资金利润率;第二,从可供选择的利润率指标的时间特征上看,主要包括近期平均利润率、历史最高水平利润率和上级指令性利润率;第三,从可供选择的利润率指标的空间特征上看,主要包括国际、全国、同行业、本地区和本企业的利润率。

2. 计算目标利润基数

目标利润基数可分别按以下方法计算。

(1) 按销售利润率计算。其计算公式为:

$$目标利润基数 = 预定的销售利润率 \times 预计产品销售额$$

(2) 按产值利润率计算。其计算公式为:

$$目标利润基数 = 预定的产值利润率 \times 预计总产值$$

(3) 按资金利润率计算。其计算公式为:

$$目标利润基数 = 预定的资金利润率 \times 预计资金平均占用额$$

3. 确定目标利润修正值

目标利润修正值是对目标利润基数的调整额,可按以下程序确定:

根据事先预计的销售量、成本、价格水平测算可望实现的利润额,将之与目标利润基数进行比较。按本量利分析的原理分项测算为实现目标利润基数而应采取的各项措施,即分别计算各因素的期望值,并分析其可能性。若期望与可能相差较大,则适当修改目标利润,确定目标利润修正值。

4. 确定最终目标利润并分解落实

最终确定的目标利润的计算公式为:

$$最终目标利润 = 目标利润基数 + 目标利润修正值$$

目标利润一经确定就应立即纳入预算执行体系,层层分解落实,以此作为采取相应措施的依据。

例 5-9 某企业只经营一种产品,单价 10 元/件,单位变动成本 6 元/件,固定成本总额 12 000 元,2020 年实现销售 10 000 件,利润 28 000 元。企业按同行业先进的资金利润率预测 2021 年企业的目标利润基数,资金利润率为 20%,预计企业资金占用额为 170 000 元。对该企业进行目标利润预测分析。

2021 年目标利润 = 170 000×20% = 34 000(元)

按本量利分析原理,可计算出 2021 年为实现 34 000 元利润应采取的各种单项措施(在考虑某一因素变动时,假定其他因素不变)。

$$\text{实现目标利润的销售量} = \frac{\text{固定成本总额} + \text{目标利润}}{\text{单价} - \text{单位变动成本}}$$

$$= \frac{12\ 000 + 34\ 000}{10 - 6} = 11\ 500(件)$$

$$\begin{aligned}&\text{实现目标利润的销售量}\\&\qquad\text{需增加的数额}\end{aligned}=11\,500-10\,000=1\,500(\text{件})$$

$$\text{销售量增长率}=\frac{1\,500}{10\,000}\times 100\%=15\%$$

$$\begin{aligned}&\text{实现目标利润的}\\&\quad\text{单位变动成本}\end{aligned}=\text{单价}-\frac{\text{固定成本总额}+\text{目标利润}}{\text{销售量}}$$

$$=10-\frac{12\,000+34\,000}{10\,000}=5.4(\text{元}/\text{件})$$

$$\begin{aligned}&\text{实现目标利润单位变动成本}\\&\qquad\text{需降低的数额}\end{aligned}=6-5.4=0.6(\text{元}/\text{件})$$

$$\text{单位变动成本降低率}=\frac{0.6}{6}\times 100\%=10\%$$

$$\begin{aligned}&\text{实现目标利润的}\\&\quad\text{固定成本}\end{aligned}=(\text{单价}-\text{单位变动成本})\times\text{销售量}-\text{目标利润}$$

$$=(10-6)\times 10\,000-34\,000=6\,000(\text{元})$$

$$\begin{aligned}&\text{实现目标利润固定成本}\\&\qquad\text{需降低的数额}\end{aligned}=12\,000-6\,000=6\,000(\text{元})$$

$$\text{固定成本降低率}=\frac{6\,000}{12\,000}\times 100\%=50\%$$

$$\begin{aligned}&\text{实现目标利润的}\\&\quad\text{单价}\end{aligned}=\frac{\text{固定成本总额}+\text{目标利润}}{\text{销售量}}+\text{单位变动成本}$$

$$=\frac{12\,000+34\,000}{10\,000}+6=10.6(\text{元}/\text{件})$$

$$\begin{aligned}&\text{实现目标利润单价}\\&\quad\text{需提高的数额}\end{aligned}=10.6-10=0.6(\text{元}/\text{件})$$

$$\text{单价增长率}=\frac{0.6}{10}\times 100\%=6\%$$

上述单项措施中,只要有一项能够实现,就可以完成目标利润。但由于种种原因,假定该企业无法实现上述任何一项单项措施,那么,企业还必须考虑采取综合措施。

假定提出以下措施。

为提高产品质量,追加3%的单位变动成本投入,可使售价提高4%,则:

$$\begin{aligned}&\text{实现目标利润}\\&\text{销售量期望值}\end{aligned}=\frac{12\,000+34\,000}{10\times(1+4\%)-6\times(1+3\%)}=10\,901(\text{件})$$

假定该产品价格弹性较大,价格降低8%,可使市场容量增长15%。若企业生产能力尚有潜力,可以满足市场需要,则:

$$\begin{aligned}&\text{实现目标利润}\\&\text{销售量期望值}\end{aligned}=\frac{12\,000+34\,000}{10\times(1-8\%)-6}=14\,375(\text{件})$$

在市场容量不变的情况下,若追加2 000元固定成本投入,可以提高自动化水平。提高人工效率,降低材料消耗,则:

$$\begin{aligned}&\text{实现目标利润单位}\\&\text{变动成本期望值}\end{aligned}=10-\frac{(12\,000+2\,000)+34\,000}{10\,000}=5.2(\text{元}/\text{件})$$

第五章 预测分析

假定上述综合措施所要求的条件仍无法实现,经反复测算比较,企业确定的目标利润基数与可能利润的测算数之间仍有一段差距(假定为4 000元),目标太高,难以实现,可将目标利润修正值定为-4 000元,则:

最终确定的目标利润预测值=34 000-4 000=30 000(元)

(三) 目标利润的敏感性分析

当影响目标利润的各项因素随着市场经济调整而发生变化的时候,目标利润就会因影响目标利润的各项因素的变化而发生变化。仍依[例5-9]。

(1) 当单价比原来的10元/件上涨10%时,则:

实现目标利润=(10+10×10%)×10 000-6×10 000-12 000=38 000(元)

(38 000-28 000)÷28 000=35.71%

由此可见,当单价提高10%时,目标利润提高35.71%。

(2) 当单位变动成本比原来的6元/件上涨10%时,则:

实现目标利润=(10-6+6×10%)×10 000-120 000=22 000(元)

(22 000-28 000)÷28 000=-21.43%

由此可见,当单位变动成本提高10%时,目标利润降低21.43%。

(3) 当销售数量比原来的10 000件上涨10%时,则:

实现目标利润=(10-6)×(10 000+10 000×10%)-12 000=32 000(元)

(32 000-28 000)÷28 000=14.29%

由此可见,当销售数量提高10%时,目标利润提高14.29%。

(4) 当固定成本比原来的12 000元上涨10%时,则:

实现目标利润=(10-6)×10 000-(12 000+12 000×10%)=268 000(元)

(26 800-28 000)÷28 000=-4.29%

由此可见,当固定成本提高10%时,目标利润降低4.29%。

二、经营杠杆系数在利润预测中的应用

(一) 经营杠杆效应的含义

在其他因素不变的条件下,销售业务量一定程度的变动会使利润以更大的幅度变动,这种利润变化率大于业务量变动率的现象被称为企业具有经营杠杆效应。

产生经营杠杆效应的原因在于:当产销量变化时,因固定成本的存在而使得单位固定成本成反比例变动,从而使单位利润相对变化,导致利润的变动率总是大于产销量的变动率。

(二) 经营杠杆系数及其计算

衡量经营杠杆力度的指标是经营杠杆系数(DOL),即某种产品利润变动率是其产销量变动率的倍数。其计算公式为:

$$经营杠杆系数 = \frac{利润变动率}{产销量变动率}$$

> **知识链接**
>
> **经营杠杆系数计算方法的运用条件**
>
> 经营杠杆系数=利润变动率÷产销量变动率。它是目标利润预测分析中使用的理论公式。
>
> 经营杠杆系数=基期贡献毛益÷基期利润。它是目标利润预测分析中使用的简化公式。
>
> 应用理论公式要求已知2期的利润和产销量指标,应用简化公式要求已知基期的贡献毛益和利润指标。两种计算方法得出的结论是一致的,但要注意各自运用的条件。

例5-10 某企业连续2年的有关资料如表5-6所示。计算2020年的经营杠杆系数。

表5-6 资料　　　　　　　　单位:元

项　目	2019年	2020年
单位贡献毛益	50	50
销售量	10 000	12 000
贡献毛益	500 000	600 000
固定成本	400 000	400 000
利润	100 000	200 000

$$产销量变动率=\frac{12\,000-10\,000}{10\,000}=20\%$$

$$利润变动率=\frac{200\,000-100\,000}{100\,000}=100\%$$

$$经营杠杆系数=\frac{100\%}{20\%}=5$$

按以上计算公式计算经营杠杆系数,要求同时掌握产销量变动前后两期的有关资料,在预测分析中往往无法直接应用。为了满足事先预测的需要,在实践中需要按以下简化公式计算经营杠杆系数:

$$经营杠杆系数=\frac{基期贡献毛益}{基期利润}=\frac{cm \cdot x}{p}$$

例5-11 仍用[例5-10]所提供的资料,计算2020年的经营杠杆系数,预测2021年的经营杠杆系数。

$$2020年的经营杠杆系数=\frac{500\,000}{100\,000}=5$$

$$2021年的经营杠杆系数=\frac{600\,000}{200\,000}=3$$

(三) 经营杠杆系数的变动规律

(1) 只要固定成本不等于0,经营杠杆系数恒大于1。
(2) 产销量的变动与经营杠杆系数的变动方向相反。
(3) 成本指标的变动与经营杠杆系数的变动方向相同。
(4) 单价的变动与经营杠杆系数的变动方向相反。
(5) 在同一产销量水平上,经营杠杆系数越大,利润变动幅度就越大,从而风险也就越大。

(四) 经营杠杆系数在利润预测中的应用

1. 预测产销量变动对利润的影响

其计算公式为:

$$未来利润变动率 = 产销量变动率 \times 经营杠杆系数$$

$$预测利润额 = 基期利润 \times (1 + 产销量变动率 \times 经营杠杆系数)$$

例 5-12 2019年利润为200 000元,2020年的经营杠杆系数为2,假定2020年的销售量变动率为5%。预测在销售量变动后2020年的利润变动率和利润额。

2020年利润变动率=5%×2=10%

2020年预测利润额=200 000×(1+5%×2)=220 000(元)

2. 预测为实现目标利润应采取的调整产销量措施

其计算公式为:

$$销售量变动率 = \frac{目标利润 - 基期利润}{基期利润 \times 经营杠杆系数} \times 100\%$$

$$= \frac{目标利润变动率}{经营杠杆系数}$$

例 5-13 2019年利润为200 000元,2020年经营杠杆系数为2,目标利润为240 000元。计算为实现目标利润的销售量变动率。

$$销售量变动率 = \frac{240\,000 - 200\,000}{200\,000 \times 2} \times 100\% = 10\%$$

三、其他常用利润预测方法

(一) 本量利分析预测法

本量利分析预测法是根据本量利分析方法提供的有关产品销售数量、销售价格、变动成本和固定成本等因素同利润之间的相互关系来预测利润。其计算公式为:

目标利润=预计产品产销数量×(预计单位产品售价-预计单位产品变动成本)-预计固定成本总额

例 5-14 某企业生产一种新型产品，预计计划期销售 3 600 台，预计销售单价 600 元/台，预计单位变动成本 360 元/台，固定成本总额 540 000 元。计算该企业计划期的目标利润。

目标利润＝3 600×(600－360)－540 000＝324 000(元)

（二）利润增长率预测法

利润增长率预测法是根据有关产品基期的实际利润和过去若干期平均利润增长幅度确定企业目标利润的方法。其计算公式为：

$$目标利润＝基期利润总额×(1+预计利润增长率)$$

例 5-15 某企业同时经营多种产品，2020 年度实现利润 120 万元，过去连续几年的利润增长率一直是 10%，预计 2021 年利润增长率将会达到 12%。计算该企业 2021 年的目标利润。

目标利润＝120×(1+12%)＝134.4(万元)

（三）资金利润率预测法

资金利润率预测法是根据过去若干期的实际资料和计划期预计的资金占用情况确定企业目标利润的方法。资金利润率是反映企业资金使用情况的重要指标，其计算公式为：

$$目标利润＝预计计划期资金占用额×资金利润率$$

例 5-16 某企业通过对计划期资金需求量情况的预测，预计计划期企业的资金需求量为 7 800 000 元，根据前几年的资金利润率并结合计划期资金使用效率，预计计划期该企业的资金利润率可达 16%。计算该企业计划期的目标利润。

目标利润＝7 800 000×16%＝1 248 000(元)

（四）销售收入利润率预测法

销售收入利润率预测法是根据销售收入利润率和预计产品销售收入来预测计划期目标利润的一种方法。销售收入利润率说明每元销售收入可获得的利润。其计算公式为：

$$目标利润＝预计计划期产品销售收入×销售收入利润率$$

（五）销售成本利润率预测法

销售成本利润率预测法就是根据销售成本利润率和预计产品销售成本来预测目标利润的一种方法。销售成本利润率说明每耗费一元成本可以取得的利润。其计算公式为：

$$目标利润＝预计计划期产品销售成本×销售成本利润率$$

第四节 成本与资金预测分析

一、成本预测原理

(一) 成本预测的意义

在现代市场经济条件下,通过成本预测可以使企业掌握未来的成本水平和变动趋势,有利于加强企业成本管理,为成本决策和实施成本控制提供依据。

(二) 成本预测的步骤

成本预测一般包括以下3个步骤。

1. 提出目标成本方案

目标成本是指企业在未来经营条件下,为确保实现合理的目标利润,在成本方面应达到的奋斗目标。目标成本方案通常可以采用下面两种方法进行预测。

(1) 按目标利润预测目标成本。

这种方法是先确定目标利润,然后从产品的销售收入中扣减目标利润,其余额即目标成本。其计算公式为:

$$目标成本 = 预计单价 \times 预计销售量 - 目标利润$$
$$= 预计销售收入 - 目标利润$$

(2) 以先进的成本水平作为目标成本。

这种方法是以本企业历史最好成本水平,或者国内外同类产品的先进成本水平作为目标成本,也可以是标准成本、计划成本或定额成本。

以上两种方法如果结合起来应用,则更具有实践意义。

2. 预测成本的发展趋势

提出目标成本后,运用各种专门方法,预测企业在现有条件下成本可能达到的水平。

3. 修订目标成本

将以上步骤预测的成本水平与目标成本进行比较分析,制定出切实可行的降低成本的措施。如二者差距太大,则应适当修正原来提出的目标成本,使之尽量符合客观实际。

(三) 成本预测的方法

成本预测的具体方法主要包括高低点法、回归直线分析法和加权平均法等。这里只介绍加权平均法。

成本预测中的加权平均法是指根据若干期固定成本总额和单位变动成本的历史资料,按照事先确定的权数(假设用 w 表示)进行加权,以计算加权平均的成本水平,从而确定成本预测模型,进而预测未来总成本的一种定量分析方法。其计算公式为:

$$y = a + bx = \frac{\sum aw}{\sum w} + \frac{\sum bw}{\sum w}$$

此法适用于对那些具有详细固定成本与变动成本历史资料的产品进行成本预测,计算结果比按总成本时间序列法计算的结果误差相对小些。

例 5-17 某企业生产一种产品,2018—2020 年的成本资料如表 5-7 所示,2021 年预测产量为 1 000 件。用加权平均法预测 2021 年总成本和单位产品成本。

表 5-7 资料　　　　　　　单位:元

年　份	固定成本 a	单位变动成本 b
2018	20 000	50
2019	24 000	45
2020	30 000	30

假定各期的权数分别为 1,2,3。

$$总成本\ y = \frac{20\,000\times1+24\,000\times2+30\,000\times3}{1+2+3} + \frac{50\times1+45\times2+30\times3}{1+2+3}\times1\,000$$

$$= 64\,666.66(元)$$

$$单位成本 = \frac{64\,666.66}{1\,000} = 64.67(元)$$

二、资金预测

(一) 资金预测的意义

资金预测是指对企业未来的融资需求进行的预测,是预测分析的一项重要内容。资金预测有助于保证资金供应,合理组织资金运用,提高资金利用效果,既是企业正常运营的前提,又是企业的奋斗目标之一。

资金预测的主要内容是资金需要量预测,它是以预测期内企业生产经营规模的发展和资金利用效果的提高为前提,在分析有关历史资料、技术经济条件和发展规划的基础上,对预测期内的资金需要量进行科学预计和测算的一种方法。

(二) 资金需要量预测的方法

为了预测资金需要量,首先应该明确影响资金需要量的主要因素是什么。在一般情况下,影响资金需要量程度最大的就是计划期的预计销售量和销售额。这是因为,在一般情况下,企业在不同时期资金实际需要量的多少,与该时期经营业务量的大小基本上是适应的。虽然企业的生产经营活动比较复杂,影响资金变动的因素不止一个,但从较长期间来考察,特别是就一个特定年度(或季度、月份)而言,导致资金需要量发生变动的最直接、最重要的因素就是产品销售收入的变动。一般来说,在其他因素保持不变的情况下,当销售收入水平较高时,相应的资金需要量(尤其是营运资金占用量)也较多;反之,则较少。所以,良好的销售预测是资金预测的主要依据。基于此,最常用的资金需要量预测方法就是销售百分比法。其步骤如下:

1. 分析研究资产负债表中各个项目与销售收入总额之间的依存关系

(1) 资产类项目。周转中的货币资金、应收账款、应收票据和存货等项目,一般都会因销售收入的增长而相应增加;而固定资产项目是否要增加,需要根据基期的固定资产是否已被充分利用来决定,如未被充分利用,则需进一步挖掘其利用潜力,以产销更多的产品;如果基期对固定资产的利用达到饱和状态,若要增加销售收入就需要扩产设备。长期投资、无形资产等项目,一般不随销售收入的变动而变动。

(2) 负债及权益类项目。应付账款、应付票据、应交税费等项目,通常会因销售收入的增长而相应增加,如果企业实行计件工资制,则应付工资项目随生产和销售的增长而相应增加,而长期负债及股东权益类项目,一般不随销售收入的变动而变动。

(3) 计算基期的销售百分比。根据基期资产负债表,将与销售收入有依存关系的项目,按基期销售收入计算其金额占销售收入的百分比。

2. 确定企业提取的可利用折旧和内部留存收益

企业在生产经营过程中,往往需要对固定资产提取折旧,这部分折旧是属于企业回收投资的资金,扣除用于固定资产更新改造后的余额可以用以弥补生产经营中资金的不足,从而加快资金的周转。企业除了利用折旧外,还可以利用企业内部的留存收益,将其在筹措资金时考虑进去,可以优化资金的使用率。要确定企业内部的留存收益就必须准确地预测出企业的年度利润和股利分配率。

3. 估计企业零星资金的需要量

在考虑了上述因素后还要考虑到企业零星资金的需要量,因为这部分资金可以保障企业在日常经营活动中的零星支出。该因素若不能准确预测,很可能造成企业资金供应不足,从而影响到企业的正常生产经营活动。

综合上述指标因素,求出企业需要追加的资金量。其计算公式为:

计划期内需要追加的资金 = 由于销售增长所增加的资产占用量 −
由于销售增长所增加的负债占有量 − 可利用的折旧 −
留存收益 + 零星资金需要量

(三) 销售百分比法在资金需要量预测中的应用

销售百分比法是以未来销售收入变动的百分比为主要参数,考虑随销量变动的资产负债项目及其他因素对资金的影响,从而预测未来追加资金需要量的一种方法,其基本公式为:

$$\Delta F = K \cdot (A - L) - D - R + M$$

式中,ΔF 为预计未来需要追加的资金数额;K 为未来销售收入增长率;A 为随销售额变动的资产项目基期数额;L 为随销售额变动的负债项目基期金额;D 为计划期提取的折旧摊销额与同期用于更新改造的资金差额;R 为按计划期销售收入及基期销售净利润率计算的净利润与预计发放股利之差额;M 为计划期新增的零星资金开支数额。

此法的具体步骤如下：

（1）确定未来销售收入变动率指标 K。其计算公式为：

$$\frac{未来销售收入}{变动率指标}K = \frac{预计销售收入-基期销售收入}{基期销售收入}$$

$$= \frac{s_1 - s_0}{s_0}$$

（2）分析基期资产负债表有关项目，计算 A 与 L。

A 的确定：周转中的货币资金、正常的应收账款、存货等项目，一般会随销售额的变动而变动，应列入 A；对固定资产则视基期生产能力是否还有剩余生产能力而定。如果还有潜力，不需要追加资金投入，则不予考虑，否则便应将其列入 A；至于长期有价证券投资和无形资产一般不列入 A 的范围。

L 的确定：应付账款、其他应付款等项目也会随销售量增长而增长，应列入 L，其他项目一般不予考虑。

（3）按折旧计划和更新改造计划确定可作为内部周转资金来源的折旧摊销额与同期将用于更新改造的资金数额，进而计算 D。

（4）按预计销售额和基期销售净利润率计算预期净利润，按计划期发放股利分配率预算预测发放的股利，进而计算 R。

（5）确定新增零星开支 M。

（6）将 K、A、L、D、R 和 M 代入确定未来销售收入变动率指标的计算公式，计算需要追加的资金预测额 ΔF。

例 5-18 某企业 2020 年实际销售额为 300 000 元，获净利 25 000 元，发放股利 6 000 元，2021 年计划销售额增至 450 000 元。假定其他条件不变，仍按基期股利发放率支付股利，按折旧计划提取 15 000 元折旧，其中 50% 用于改造现有厂房设备，厂房设备能力已经饱和，有关零星资金需要量为 6 000 元，该企业简略的资产负债表如表 5-8 所示。用销售百分比法预测 2021 年追加资金需要量。

表 5-8 资产负债表　　　　　　　单位：元

资产		负债及所有者权益	
现金	10 000	负债：	
应收账款	35 000	应付账款	52 500
存货	60 000	应付票据	8 500
厂房设备	100 000	长期负债	55 000
无形资产	50 000	所有者权益：	
		股本	120 000
		留存收益	19 000
合计	255 000	合计	255 000

$K = \dfrac{450\,000 - 300\,000}{300\,000} \times 100\% = 50\%$

$A = 10\,000 + 35\,000 + 60\,000 + 100\,000 = 205\,000(元)$

$L = 52\,500(元)$

$D = 15\,000 \times (1 - 50\%) = 7\,500(元)$

$R = 450\,000 \times \dfrac{25\,000}{300\,000} \times \left(1 - \dfrac{6\,000}{25\,000}\right) = 28\,500(元)$

$M = 6\,000(元)$

$\Delta F = (205\,000 - 52\,500) \times 50\% - 7\,500 - 28\,500 + 6\,000 = 46\,250(元)$

本章小结

预测是用科学的方法预计、推断事物发展的必然性或可能性的行为,它是决策的基础和前提。在企业经营预测分析系统中,销售预测处于先导地位。目标利润是指企业在未来一段时间内,经过努力应达到的最优化利润控制目标,它是企业未来经营必须考虑的重要战略目标之一。成本预测可以使企业更加掌握未来的成本水平和变动趋势,有利于加强企业成本管理,为成本决策和实施成本控制提供依据。而资金预测为企业未来经营所需资金投入的决策奠定了基础。

案例分析

佳丽公司2019年生产A、B和C三种产品,实现销售收入总额为332 600元,销售成本为260 000元。A、B、C三种产品的成本利润率分别为50%、27%和16%,销售比重分别为30%、30%和40%。B产品销售量为3 000件,单价80元/件。预计2020年A、B、C三种产品的成本利润率不变。经过市场调查和内部强化控制,预计2020公司经营将发生以下变化:

① 由于销量增加,销售成本比上年增长10%。
② 根据市场调查调整A、C、C三种产品的销售比重,调整后为40%、40%和20%。
③ 通过成本挖潜,预计成本降低6%。
④ B产品由于市场变化单价提升到100元/件,同时国家政策调整,从2020年7月销售税率由6%降低到3%。

要求:采用因素分析法确定2020年佳丽公司的利润总额。

课后训练

一、思考题

1. 预测分析有什么特点?
2. 预测分析包括几种方法? 各有什么特点?
3. 目标利润的预测分析过程包括哪几个步骤?
4. 经营杠杆系数的变动规律是什么?
5. 预测分析过程包括哪些步骤?

二、业务练习题

1. 某企业只生产一种产品,单价为 200 元/件,单位变动成本为 160 元/件,固定成本为 400 000 元,2020 年销售量为 10 000 件。企业按同行业先进的资金利润率预测 2020 年企业的目标利润基数。资金利润率为 20%,预计企业资金占用额为 600 000 元。

要求:

(1) 测算企业的目标利润基数。

(2) 测算企业为实现目标利润应该采取哪些单项措施?

2. 某企业生产一种产品,近 6 个月的平均成本资料如下表所示。

月 份	固定成本(元)	单位变动成本(元/件)
1	12 000	14
2	12 500	13
3	13 000	12
4	14 000	12
5	14 500	10
6	15 000	9

要求:当 7 月份产量为 500 件时,采用加权平均法预测 7 月份产品的总成本和单位成本。

第六章
短期经营决策

学习目标

通过本章的学习,了解决策分析的概念、原则和程序;掌握短期经营决策应考虑的因素;熟练掌握各短期决策分析方法在生产经营决策分析中的应用技巧;熟悉定价策略。

技能要求

熟练掌握各短期决策分析方法在生产经营决策分析中的应用。

👆微课

案例导入

某企业组织多品种经营,2020年甲产品的产销量为1 000件,单位变动成本为80元/件,发生亏损10 000元,其完全成本为110 000元。假定2021年甲产品的市场容量、价格和成本水平均不变,停产后的相对剩余生产能力无法转移。

思考:企业领导面对这种问题应如何决策,其程序和方法又该如何选择?

第一节 决策分析概述

一、决策分析的意义

所谓决策,就是为了达到预定的目标,从两个或两个以上的备选方案中通过比较分析,选择一个最优行动方案的过程。即使备选方案只有一个,对决策者来说也需要对该方案是否能采用做出决定。

决策分析是在任何组织内,为了实现预定目标(目标利润、目标销售量或销售额、目标成本等),在科学预测的基础上,充分利用财务信息和其他有关资料,结合本单位的内部条件和外部条件,采用专门的方法,对未来经济活动的各种备选方案,通过缜密的调查研究和分析评价,最终选择一个最优方案的过程。

二、决策分析的类型

决策分析贯穿生产经营活动的始终,涉及的内容较多,按照不同的标准可将其分为若干不同的种类。

（一）按决策的重要程度分类

按重要程度的不同，决策可分为战略决策和战术决策。

1. 战略决策

战略决策是指关系企业未来发展方向、大致方针的全局性重大决策，如经营目标的制定、新产品的开发、生产能力的扩大等。这类决策取决于企业的长远规划和外部环境对企业的影响，其正确与否，对企业的成败具有决定性意义。

2. 战术决策

战术决策是指为达到预期的战略决策目标，对日常经营活动所采用的方法与手段的局部性决策，如零部件的自制与外购、生产结构的安排及短期资金的筹措等。这类决策主要考虑怎样将现有的人力、物力、财力资源得到最合理、最充分的利用。决策的正确与否，都不会对企业的成败产生决定性影响。

（二）按决策的肯定程度分类

按肯定程度的不同，决策可分为确定型决策、风险型决策和不确定型决策。

1. 确定型决策

确定型决策所涉及的各种备选方案的各项条件都是已知的，且一个方案只有一个确定的结果。这类决策比较容易，只要进行比较分析即可。

2. 风险型决策

风险型决策所涉及的各种备选方案的各项条件虽然也是已知的，但表现出若干种变动趋势，每一种方案的执行都会出现两种或两种以上的不同结果，可以依据有关数据通过预测来确定其客观概率。这类决策由于结果的不唯一性，存在一定的风险。

3. 不确定型决策

与风险型决策不同，不确定型决策所涉及的各种备选方案的各项条件只能以决策者的经验判断确定的主观概率作为决策依据。做出这类决策的难度较大，需要决策人具有较高的理论知识水平和丰富的实践经验。

（三）按决策规划时期的长短分类

按规划时期长短的不同，决策可分为短期决策和长期决策。

1. 短期决策

短期决策是指企业为有效地组织现有的生产经营活动，合理利用经济资源和人才资源，以期取得最佳的经济效益而进行的决策，一般在一个经营年度或经营周期内能够实现，主要包括生产决策和定价决策等。它的主要特点是充分利用现有资源进行战术决策，一般不涉及大量资金的投入，且见效快，因此短期决策又称短期经营决策。

2. 长期决策

长期决策是指为改变或扩大企业的生产能力或服务能力而进行的决策。例如，厂房设备的扩建、改建、更新、资源的开发利用等，这些都是涉及企业的发展方向和规模的重大问题，在较长时期内（超过一年）才能实现。它的主要特点是对若干期的收支产生影响，一般需要投入大量资金,且见效慢,因此长期决策又称长期投资决策或资本性支出决策。

(四) 按决策项目本身的从属关系分类

按决策项目本身的从属关系的不同,决策可分为独立方案决策、互斥方案决策和最优组合决策。

1. 独立方案决策

独立方案决策是指对各自独立存在,不受其他任何方案影响的不同方案的决策。对独立方案决策只需判断方案本身的可行性,不必择优,所以也称"接受与否的决策"。例如,在企业中亏损产品是否停产的决策,是否接受加工订货的决策。

2. 互斥方案决策

互斥方案决策是指在一定的决策条件下,存在几个相互排斥的备选方案,通过计算、分析、对比,最终选出最优方案而排斥其他方案的决策。例如,零部件是自制还是外购的决策,产品是否进一步深加工的决策,开发哪种新产品的决策等。

3. 最优组合决策

最优组合决策是指有几个不同方案同时并举,但是在其资源总量受到一定限制的情况下,如何将这些方案进行优化组合,使其综合经济效益达到最优的决策。例如,在几种约束条件下生产不同产品的最优组合决策,或者在资本总额定量情况下不同投资项目的最优组合决策等。

三、决策分析的程序

为了使决策尽可能达到主、客观一致,必须按照一系列科学的程序来进行。它们主要包括为实现一定的经营目标,确定相应的对策方案;分析与选择最满意的方案,并加以组织实施。所以,决策程序实际上是一个提出问题、分析问题、解决问题的分析、判断过程。

(一) 提出决策问题,确定决策目标

决策目标是决策的出发点和归属点。它一般应具有以下几个特点:

(1) 目标要具体明确,避免含混不清。
(2) 目标一般可以计量,便于使方案的选择有确切的依据。
(3) 目标的实现在主、客观上具有现实可能性。

同时,注意多目标决策,应首先分清主次,区别对待。例如,要注意分清战略目标与战术目标、远景目标与近期目标、主要目标与从属目标、必达目标与期望目标等,进而理顺目标排列顺序,简化、归并目标,使综合目标系统化。

(二) 广泛搜集与决策有关的信息

当决策目标确定后,决策者应针对确定的决策目标,广泛地搜集与决策目标相关的信息。这是决策程序中的重要步骤,是关系决策成败的关键问题之一,所以,所搜集的信息必须符合决策所需的质量要求。同时,也要注意定性与定量信息相结合,财务信息与非财务信息相结合,避免出现只搜集定量信息与财务信息,忽略定性信息与非财务信息的情况。对于

所搜集的各种信息,要善于鉴别,做到"去粗取精、去伪存真";必要时,还要进行加工、改制、延伸,这样才能使搜集的信息具有决策的相关性和有用性。

(三) 拟订达到目标的各种可能的行动方案

决策是对各种可能的行动方案的选择。为了做出最满意的决策,必须拟订达到目标的各种可能的行动方案,以便通过分析比较,从中选取最满意的方案。可见,提出达到目标的各种可能的行动方案是决策分析的重要环节,也是科学决策的基础与保证。

(四) 选择最满意方案

选择最满意方案是整个决策过程中最关键的环节。在这个阶段,必须对各种可能的行动方案的可行性进行充分论证,并做出定性和定量、财务与非财务的综合分析,全面权衡有关因素的影响,如企业的资源条件、市场需求、国家有关的方针政策等。通过不断比较、筛选,选出最满意的方案。

(五) 组织与监督方案的实施、反馈

决策方案选定后,应该将其纳入计划,并具体组织实施。在方案实施过程中,应对实施情况进行监督检查,将实施结果与决策目标的要求进行比较,随时调整目标或修改方案乃至做出下一轮新的决策,使决策过程处于决策—实施—反馈—再决策—再实施的动态良性循环中。

第二节 决策分析必须考虑的重要因素

一、生产经营能力

生产经营能力包括最大生产能力、正常生产经营能力、剩余生产经营能力和追加生产经营能力。

(一) 最大生产能力

最大生产能力又称理论生产经营能力,是指企业在不追加资金投入的前提下,完全有效地利用工程技术、人力及物资源而可能实现的生产经营能力,是生产经营能力的上限。

(二) 正常生产经营能力

正常生产经营能力又称计划生产经营能力,即已经纳入企业年度计划,充分考虑现有的市场容量、生产技术条件、人力资源状况、管理水平,以及可能实现的各种措施所必须达到的生产经营能力。

(三) 剩余生产经营能力

剩余生产经营能力分为绝对剩余生产经营能力和相对剩余生产经营能力。绝对剩余生

产经营能力也称暂时未被利用的生产经营能力,是指企业最大生产经营能力与正常生产经营能力之差,属于生产经营的潜力;相对剩余生产经营能力是指由于受市场容量或经济效益原因的影响,决策规划的未来生产经营规模小于正常生产经营能力而形成的差量,也可以理解为因临时转变经营方向而闲置的那部分生产经营能力。

(四) 追加生产经营能力

追加生产经营能力是指根据需要和可能,通过追加资金投入等措施而增加的,超过最大生产经营能力的那部分生产经营能力。它具体包括临时性追加的生产经营能力和永久性追加的生产经营能力两种类型。临时性追加的生产经营能力是指通过临时性租赁而形成的生产经营能力;永久性追加的生产经营能力是指通过追加固定资产投资而形成的生产经营能力。显然,永久性追加的生产经营能力会改变企业未来期间的最大生产经营能力。

二、相关业务量

相关业务量是指在短期经营决策中必须认真考虑的、与特定决策方案相联系的产量或销量。

实践表明,在短期经营决策过程中,许多对具体决策方案的相关收入、相关成本的确认和计量所发生的失误,往往是由于对相关业务量的判断错误。因此,相关业务量是短期经营决策中一个不容忽视的重要因素。

三、相关收入

相关收入是指与特定决策方案相联系的、能对决策产生重大影响的、在短期经营决策中必须予以充分考虑的收入,又称有关收入。

如果某项收入只属于某个经营决策方案,即若有这个方案存在,就会发生这项收入;若该方案不存在,就不会发生这项收入,那么,这项收入就是相关收入。相关收入的计算要以特定决策方案的单价和相关销售量为依据。

四、相关成本

相关成本是指与特定决策方案相联系的、能对决策产生重大影响的、在短期经营决策中必须予以充分考虑的成本,又称有关成本。如果某项成本只属于某个经营决策方案,即若有这个方案存在,就会发生这项成本;若该方案不存在,就不会发生这项成本,那么,这项成本就是相关成本。

相关成本包括增量成本、边际成本、机会成本、估算成本、重置成本、付现成本、专属成本、加工成本、可分成本、可延缓成本和可避免成本等。

(一) 增量成本

增量成本又称差量成本,是指单一决策方案由于生产能力利用程度的不同而表现在成本方面的差额。在一定条件下,某一决策方案的增量成本就是该方案的相关变动成本,即等于该方案的单位变动成本与相关业务量的乘积。

(二)边际成本

边际成本反映了当业务量无限小变动时所造成的成本差量与业务量变动的单位差量之比的极限关系。也有人将边际成本称为成本对业务量无限小变动所做出的反应。

(三)机会成本

机会成本以经济资源的稀缺性和多种选择机会的存在为前提,是指在经济决策中应由中选的最优方案负担的、按所放弃的次优方案潜在收益计算的那部分资源损失,又叫机会损失。

(四)估算成本

估算成本又称假计成本,是机会成本的一种表现形式,是指需要经过假定推断才能确定的成本。它既不是企业实际支出,也不记账,是使用某种经济资源的代价。其典型形式为利息。例如,在货币资金使用的决策中,不论该项资金是借用还是自有,也不管其是否需存入银行,均可将可取得的存款利息视为该项资金的机会成本。这种假设存在的利息就属于估算成本。

(五)重置成本

重置成本是指目前从市场上重新取得某项现有的资产所需支付的成本。在短期经营决策的定价决策及长期投资决策的以新设备替换旧设备的决策中,需要考虑以重置成本作为相关成本。

(六)付现成本

付现成本又称现金支出成本。在进行短期经营决策时,付现成本是动用现金支付的相关成本。在企业现金短缺、支付能力不足、筹资又十分困难的情况下,对于那些急需"上马"的项目进行决策时,必须以付现成本而不是以总成本作为方案取舍的标准。

拓展提高

某精密仪器厂一关键检验设备因故损坏,造成停工,如不及时重置,每天将损失10 000元,经调查、洽谈,现有两个厂家愿意提供这种检验设备。其中,A厂设备售价80 000元,货款一次付清;B厂设备售价85 000元,货款分期支付,先付现款25 000元,其余价款在今后6个月内付清,每次支付10 000元。此时,该厂资金很紧张,银行又不同意提供更多的追加贷款,现有现金余额已降低到28 000元,预计近几周内也不可能从应收账款方面收到现金。在上述情况下,该厂选择购买B厂设备的方案显然是合理的,尽管由于这种选择要多付出5 000元的现金。因为只有这样,该厂才能尽快恢复生产,这多付出的5 000元现金,可以从及早恢复生产所得的利润中得到补偿。

（七）专属成本

专属成本是指那些能够归属于特定决策方案的固定成本或混合成本。它往往是为了弥补生产能力不足的缺陷，增加有关装置、设备、工具等长期资产而发生的。专属成本的确认与取得上述装置、设备、工具的方式有关。

（八）加工成本

加工成本是指在半成品是否深加工决策中必须考虑的、由于对半成品进行深加工而追加发生的变动成本。它的计算通常要考虑单位加工成本与相关的深加工业务量两大因素。至于深加工所需要的固定成本，在经营决策中应当列作专属成本。

（九）可分成本

可分成本是指在联产品生产决策中必须考虑、由于对已经分离的联产品进行深加工而追加发生的变动成本。它的计算通常要考虑单位可分成本与相关的联产品深加工业务量两大因素。

（十）可延缓成本

可延缓成本是指在短期经营决策中对其暂缓开支不会对企业未来的生产经营产生重大不利影响的那部分成本。由于可延缓成本具有一定的弹性，在决策中应当予以充分考虑。

（十一）可避免成本

可避免成本是指在短期经营决策中并非绝对必要的那部分成本。它与可延缓成本的不同之处在于：是否发生可避免成本完全取决于决策者；可延缓成本只是在发生时间上可以推迟，但将来注定要发生。酌量性成本属于可避免成本。

知识链接

无关成本

无关成本是指过去已经发生或虽未发生但对未来经营没有影响的成本。也就是在决策分析时，可予舍弃，无须加以考虑的成本，如沉没成本、联合成本、共同成本、不可延缓成本及不可避免成本。沉没成本是指由于过去的决策已经发生了的，而不能由现在或将来的任何决策改变的成本；联合成本是与可分成本相对立的成本，是指在未分离前的联产品生产过程中发生的、应由所有联产品共同负担的成本；共同成本是与专属成本相对立的成本，是指应当由多个方案共同负担的固定成本或混合成本，由于其发生与特定方案的选择无关，在决策中可以不考虑；不可延缓成本是与可延缓成本相对立的成本，是指在短期经营决策中若对其暂缓开支就会对企业未来的生产经营产生重大不利影响的那部分成本；不可避免成本是与可避免成本相对立的成本，是指在短期经营决策中若削减开支就会对企业未来的生产经营产生重大不利影响的那部分成本。

第三节 生产经营决策

一、产品品种决策（利用剩余生产能力开发新产品的决策）

新产品开发的品种决策是指企业在利用现有的绝对剩余生产能力开发新产品的过程中，在两个或两个以上可供选择的新品种中选择一个最优品种的决策。它属于互斥方案决策的类型。

在新产品开发的过程中，如果有关方案均不涉及追加专属成本，可以用边际贡献总额法、单位资源贡献边际法和差量分析法进行新产品开发的品种决策。

单位资源贡献边际法是指在企业生产只受到某一项资源（如某种原材料、人工工时或机器台时等）的约束，并已知备选方案中各种产品的单位贡献边际和单位消耗定额（如材料消耗定额、工时定额）的条件下，可考虑采用单位资源贡献边际法进行短期经营决策。其计算公式为：

$$单位资源贡献边际 = \frac{单位产品贡献边际}{单位产品消耗定额}$$

单位资源贡献边际是正指标，根据它做出决策的判断标准是：哪个方案的该项指标大，哪个方案为优。

例 6-1 某企业具备利用某种数量有限的 A 材料开发一种新产品的生产经营能力，现有 A 材料还剩余 300 千克，可以生产甲、乙两种新产品。甲产品的单价为 200 元/件，单位变动成本为 160 元/件，消耗 A 材料的单位定额为 10 千克/件；乙产品的单价为 100 元/台，单位变动成本为 70 元/台，消耗 A 材料的单位定额为 6 千克/台。开发新品种不需要追加专属成本。试做出开发何种新品种的决策。

利用剩余 A 材料可生产甲产品数量 = 300÷10 = 30(件)
利用剩余 A 材料可生产乙产品数量 = 300÷6 = 50(台)
方法一：边际贡献总额法。
甲产品的边际贡献总额 = 30×(200-160) = 1 200(元)
乙产品的边际贡献总额 = 50×(100-70) = 1 500(元)
因为乙产品的边际贡献总额高于甲产品，所以开发乙产品。
方法二：单位资源贡献边际法。
甲产品的单位产品贡献边际 = 200-160 = 40(元/件)
乙产品的单位产品贡献边际 = 100-70 = 30(元/台)
开发甲产品可获得的单位资源贡献边际 = 40÷10 = 4(元/千克)
开发乙产品可获得的单位资源贡献边际 = 30÷6 = 5(元/千克)
单位资源开发乙产品可获得 5 元的贡献边际，而开发甲产品只有 4 元的贡献边际。因此，开发乙产品比开发甲产品更有利。

方法三:差量分析法(甲-乙)。

甲、乙产品的差量收入＝200×30-100×50＝1 000(元)

甲、乙产品的差量成本＝160×30-70×50＝1 300(元)

甲、乙产品的差量损益＝差量收入-差量成本＝1 000-1 300＝-300(元)

甲、乙产品的差量损益小于零,说明甲产品的利润低于乙产品,因此应该开发乙产品。反之,如果甲、乙产品的差量损益大于零,说明甲产品的利润大于乙产品,则应选择开发甲产品。

二、产品产量组合决策

由于某种产品的产销数量同其价格、成本、利润之间存在着联动关系,当确定优先生产某种或某几种产品之后,还必须在确定最优生产对象的基础上,进一步解决有关产品的最优生产数量问题,企业只有在既选定了最有利的产品品种,又选定了合理的产品产量的前提下,才能获得最大利润。

当产品的边际收入同边际成本相等或接近相等时,其利润最大,产销数量最佳。为此,企业可以根据不同产品的边际收入同边际成本之间这种特定关系,借助边际分析原理来确定各产品的最优产销数量。

例6-2 某企业生产甲产品,单位售价为14.8元/件,经测算,该产品总成本 y 与产量 x 之间的函数关系为 $y=0.008x^2+2x+3\ 750$。确定企业该种产品产量达到什么水平时利润最大。

求导得出:边际成本＝2+0.016x;边际收入＝14.8。

令边际收入＝边际成本,则:

2+0.016x＝14.8

x＝800(件)

计算结果表明,该产品的产销量为800件时,企业能获得最大利润。

三、亏损产品是否停产或转产的决策

(一)亏损产品停产的决策分析

亏损产品停产的决策是指企业同时生产若干产品,其中某种产品由于不能适销对路或质次价高、款式陈旧等原因,造成市场滞销,仓库积压,发生亏损。为了扭亏为盈,企业一方面要想方设法努力降低成本扭转亏损局面,另一方面就是对亏损产品考虑是否停产。

这方面的决策分析,一般不涉及原有生产能力的变动,固定成本总额属于一种已经存在的、不可避免的成本,与亏损产品停产无关。所以在决策时,对于亏损产品不能简单得出停产的结论,而应具体问题具体对待。这类问题的决策可以采用贡献边际总额分析法。

贡献边际总额分析法是指当有关决策方案的相关收入均不为0,相关成本全部为变动成本时,可以将贡献边际总额作为决策评价指标。贡献边际总额等于相关的销售收入与相关的变动成本之差,该指标是个正指标。根据它做出决策的判断标准是:哪个方案的该项指标大,哪个方案为优。

例 6-3 某公司本年产销 A、B、C 三种产品,其中有一种产品为亏损产品,其有关资料如表 6-1 所示。

表 6-1　本年产销 A、B、C 三种产品的相关资料

项　目	A 产品	B 产品	C 产品
销量(件)	900	450	300
单价(元/件)	20	60	30
单位变动成本(元/件)	10	46	15
固定成本总额(元)	15 000(按各产品销售收入比重分配)		

根据表 6-1 的有关资料,采用贡献边际总额分析法,计算贡献毛益与净利润,如表 6-2 所示。

表 6-2　贡献毛益与净利润计算　　　　　　　　　　　　　　　　单位:元

产品名称	A 产品	B 产品	C 产品	合　计
销售收入总额	18 000	27 000	9 000	54 000
变动成本总额	9 000	20 700	4 500	34 200
贡献边际总额	9 000	6 300	4 500	19 800
固定成本总额	5 000	7 500	2 500	15 000
净利润(或净亏损)	4 000	-1 200	2 000	4 800

计算表明,B 产品净亏损 1 200 元。那么,B 产品是停产,还是继续生产? 企业面临两种选择。

第一种:通过表 6-2 的计算看到,B 产品为净亏损,可是,B 产品能提供 6 300 元的贡献边际总额,同时,由于 B 产品分担了企业 50%的固定成本,就整个企业来说,还有 4 800 元盈利。

第二种:假设 B 产品停产,企业保留 A、C 两种盈利产品。B 产品停产后的贡献边际与净利润的计算如表 6-3 所示。

表 6-3　B 产品停产后的贡献边际与净利润计算　　　　　　　　　单位:元

产品名称	A 产品	C 产品	合　计
销售收入总额	18 000	9 000	27 000
变动成本总额	9 000	4 500	13 500
贡献边际总额	9 000	4 500	13 500
固定成本总额	10 000	5 000	15 000
净利润(或净亏损)	-1 000	-500	-1 500

通过表 6-3 可以看出,B 产品停产后,其原来所提供 6 300 元的贡献边际总额将不存

在,则全公司的贡献边际总额相应减少了6 300元,B产品原来所分担的固定成本总额则要转嫁给A、C两种产品去承担,其结果反而造成整个公司全面亏损1 500元。

结论:亏损产品是否停产,主要看亏损产品是否提供贡献边际,只要亏损产品能够提供贡献边际,就不停产。

(二) 亏损产品转产的决策分析

亏损产品是否转产的决策分析,也采用贡献边际总额分析法。只要转产产品是利用原产品停产后腾出来的生产能力,而不占用其他产品的生产能力,同时转产产品所提供的贡献边际总额大于亏损产品所提供的贡献边际总额,那么这项转产方案就是可行的;反之,就是不可行的。

例6-4 承[例6-3],假设B产品停产后,转产D产品,预计D产品产量400件,销售单价70元/件,单位变动成本50元/件。B、D两种产品的差异资料如表6-4所示,确定是否应该转产。

表6-4 B、D产品差异资料   单位:元

产品名称	B产品	D产品	转产差异
销售收入总额	27 000	28 000	1 000
变动成本总额	20 700	20 000	-700
贡献边际总额	6 300	8 000	1 700
固定成本总额	7 500	7 500	0
净利润(或净亏损)	-1 200	500	1 700

B产品停产后可以转产D产品,因为D产品是利用原亏损的B产品停产后腾出来的生产能力,而不占用其他产品的生产能力,同时D产品所提供的贡献边际总额大于原亏损的B产品所提供的贡献边际总额,那么这项转产方案就是可行的。

四、生产工艺选择的决策

企业对同一种产品或零件采用不同的工艺方案进行加工,其成本往往相差悬殊。采用先进的工艺方案,产量、质量肯定会大大提高,由于使用高精尖的专用设备,其单位变动成本可能会降低,而固定成本则较高。至于较为落后的工艺方案,往往只需使用普通的简陋设备,其单位变动成本可能较高,而固定成本则较低。如何降低单位固定成本,要看产品的批量。因此,生产工艺的决策分析与产品的批量有直接关系。所以,应先确定其成本平衡点的业务量,然后再做出正确的决策。对生产工艺的决策分析,可采用成本无差别点法进行分析。

成本无差别点法是指在各备选方案的相关收入均为0,相关的业务量为不确定因素时,通过判断处于不同水平上的业务量与成本无差别点、业务量之间的关系,作为互斥方案决策的一种方法。

各方案的业务量单位必须相同,方案之间的相关固定成本水平与单位变动成本水平恰

好互相矛盾(如第一个方案的相关固定成本大于第二个方案的相关固定成本,而第一个方案的单位变动成本又恰恰小于第二个方案的单位变动成本),否则无法应用该方法。其计算公式为:

$$成本无差别点业务量 = \frac{两方案相关固定成本之差}{两方案单位变动成本之差}$$

例 6-5 长虹机器厂在生产某种型号的齿轮时,可以使用普通铣床和数控铣床。这两种铣床加工时所需的不同成本资料如表 6-5 所示。做出该厂在什么批量范围内选用何种类型的铣床进行加工的决策分析。

表 6-5　两种铣床加工时所需的不同成本资料

铣床类型	每个齿轮加工费(变动成本)	一次调整准备成本(固定成本)
数控铣床	0.80 元/个	100 元
普通铣床	1.60 元/个	40 元

设数控铣床的固定成本为 a_1,单位变动成本为 b_1;普通铣床的固定成本为 a_2,单位变动成本为 b_2;成本无差别点业务量为 x,则:

$$x = \frac{a_1 - a_2}{b_2 - b_1} = \frac{100 - 40}{1.60 - 0.80} = 75(个)$$

计算表明,若齿轮需要量为 75 个时,两方案成本相同,均属可行;若齿轮需要量超过 75 个时,采用数控铣床进行加工的方案较优;若齿轮需要量少于 75 个时,采用普通铣床进行加工的方案较优。

五、零件自制或外购的决策

有些人认为"肥水不流外人田",总认为自制好于外购,因此许多企业"麻雀虽小,五脏俱全",一般搞"小而全"或"大而全"。这实际上是一种闭塞的"小农经济"的心理状态,现代化商品经济环境下,商品的社会化生产会越来越强,我们提倡企业的产品组装在总厂,而其他零部件可以分散在各个企业中进行生产。这样可以合理利用社会资源,避免不必要的浪费。

(一) 零部件需要量确定条件下的决策

例 6-6 某企业每年需要甲零件 20 000 件,该零件既可以自制,也可以外购,单价 24 元/件。企业目前已具备自制能力,自制甲零件的单位完全生产成本为 20 元/件,其中,直接材料 15 元,直接人工 2 元,变动制造费用 1 元,固定制造费用 2 元。假设自制生产能力无法转移,企业是应自制还是外购甲零件?假定自制甲零件的生产能力可以用于承揽零星加工业务,每年预计可获贡献毛益 300 000 元,其他条件不变。企业是应该自制还是外购甲零件?

① 假定自制生产能力无法转移,确定企业是应自制还是外购甲零件。

自制甲零件的单位变动生产成本=15+2+1=18(元/件)

因为自制甲零件的单位变动生产成本为18元/件,小于外购甲零件单位变动生产成本的单价24元/件,所以,应当自制甲零件,自制比外购节约的成本为120 000元[=(24-18)×20 000]。

② 假定自制甲零件的生产能力可以用于承揽零星加工业务,每年预计可获贡献毛益300 000元,其他条件不变。自制与外购方案下的相关成本如表6-6所示。

表6-6 自制与外购方案下的相关成本　　　　　　　　　　　　单位:元

项　目	自制甲零件	外购甲零件
增量成本	18×20 000=360 000	24×20 000=480 000
机会成本	300 000	—
相关成本合计	660 000	480 000

根据表6-6中的数据,决策结论是企业应当安排外购甲零件,可节约180 000元的成本。

(二)零部件需要量不确定条件下的决策

如果企业尚不具备自制能力,且零部件的全年需要量不确定,则可采用成本无差别点法进行分析。

例6-7 某企业需用的乙部件可从市场上买到,市价为40元/件;如果安排自制,每年将发生相关的固定成本为80 000元,单位变动成本为32元/件。企业应自制还是外购乙部件?

设自制方案的固定成本为a_1,单位变动成本为b_1;外购方案的固定成本为a_2,单位变动成本为b_2;成本无差别点业务量为x,则:

$$x=\frac{a_1-a_2}{b_2-b_1}=\frac{80\,000-0}{40-32}=10\,000(件)$$

当乙部件全年需用量在0~10 000件时,应安排外购;当超过10 000件时,则以自制为宜。

六、半成品是继续加工还是出售的决策

在某些企业(如纺织、钢铁制造企业),其产品经过一定的加工后,可以作为半成品对外销售,也可以进一步深加工后再出售。通常,经过继续加工后产品的售价,要比半成品售价高,但要相应追加一部分变动成本,还可能追加一定量的专属固定成本。为此,企业要对半成品直接对外销售还是进一步深加工再出售做出选择。如果半成品深加工后的收入减去追加成本后的余额大于半成品出售的收入,应选择半成品深加工后再出售的方案;反之,如果半成品深加工后的收入减去追加成本后的余额小于半成品出售的收入,应选择半成品直接出售的方案。

对半成品是继续加工还是出售的决策进行分析,通常采用差别损益分析法。差别损益

分析法是在进行两个互斥方案的决策时,以差别损益指标作为评价方案取舍标准的一种决策方法。

例6-8 某公司每年生产A半成品5 000件,单位变动成本4元/件,固定成本11 000元,销售单价9元/件。如果把A半成品进一步加工为B产品,销售单价可提高到14元/件,但需要追加单位变动成本2元/件,另需要租入一台设备,其租金为16 000元。做出A半成品继续加工或直接出售的决策分析。分析过程如表6-7所示。

表6-7 差别损益 单位:元

方案 项目	深加工为B产品	直接出售A半成品	差异额
相关收入	14×5 000=70 000	9×5 000=45 000	25 000
相关成本	26 000	0	26 000
其中:增量成本	2×5 000=10 000	0	
专属成本	16 000	0	
差别损益			(1 000)

分析结果表明,企业如果直接出售A半成品,将比出售B产品多得利润1 000元,所以企业应直接出售A半成品。

七、联产品是继续加工还是出售的决策

联产品是指用同一种原材料在同一生产过程中同时生产出来的若干种经济价值较大的产品,如石油化工厂对原油裂化加工分馏出来的汽油、柴油、重油等产品。有些联产品除了直接出售外,还可以进一步加工,如汽油就可以进一步加工成各种标号的油品。有关联产品是否深加工的决策,首先要区分联合成本和可分成本。联产品在分离以前发生的费用,称为联合成本;分离后分别继续加工的费用,称为可分成本。对于联产品是否深加工的决策而言,联合成本是无关成本,可分成本是相关成本。

例6-9 某公司在同一生产过程中生产出联产品甲、乙、丙3种,有关资料如表6-8所示。根据上述资料做出有关联产品应立即出售还是进一步加工后再出售的决策分析。

表6-8 联产品资料 金额单位:元

产品名称	产量(千克)	联合成本	分离后立即 出售的单价	分离后进一步 加工的成本	加工后的出售单价
甲	20 000	40 000	36	400 000	50
乙	40 000	500 000	76	720 000	98
丙	80 000	200 000	52	2 720 000	96

对联产品继续加工还是出售的决策,采用差别损益分析法进行分析,如表6-9、表6-10、表6-11所示。

表6-9　甲联产品差别损益分析　　　　　　　　　　　　单位:元

项目＼方案	分离后立即出售	进一步加工后出售	差异额
相关收入	36×20 000=720 000	50×20 000=1 000 000	(280 000)
相关成本	0	400 000	(400 000)
差别损益			120 000

表6-10　乙联产品差别损益分析　　　　　　　　　　　单位:元

项目＼方案	分离后立即出售	进一步加工后出售	差异额
相关收入	76×40 000=3 040 000	98×40 000=3 920 000	(880 000)
相关成本	0	720 000	(720 000)
差别损益			(160 000)

表6-11　丙联产品差别损益分析　　　　　　　　　　　单位:元

项目＼方案	分离后立即出售	进一步加工后出售	差异额
相关收入	52×80 000=4 160 000	96×80 000=7 680 000	(3 520 000)
相关成本	0	2 720 000	(2 720 000)
差别损益			(800 000)

根据以上分析可知,甲联产品分离后立即出售有利;乙、丙两种联产品进一步加工后出售有利。

第四节　产品定价决策

一、定价决策的相关因素

定价决策是指在不违背国家物价政策的前提下,通过对影响产品价格的因素进行分析,运用一定的方法制定出能够使企业获得最大经济效益的产品的价格的决策分析过程。为生产的产品或提供的劳务制定合理的价格,是企业生产经营业务的一项重要决策。定价是否合理,直接影响着销量,而销量的多少又决定着生产量的高低,并影响产品成本的水平和盈利的多少。产品定价是一个极其复杂又十分敏感的问题,涉及许多影响因素,并且这些因素之间存在着错综复杂的关系。其具体包括如下内容。

(一) 定价目标

虽然获取最大利润是企业的最终目标,但在不同时期企业定价的具体目标有所不同。企业要在未来获得长期、稳定的报酬,可能选择以实现合理利润为目标,既不追求一时的高利,也不实行让利促销;为应对市场竞争,以保持一定的市场占有率为目标,可能采取低于竞

争者的价格水平定价;甚至在特殊情况下为了尽快回笼资金,以保本为目标进行定价。定价的目标不同,则运用的方法不同,价格水平的高低也不同。

(二) 产品成本

产品成本是企业定价要考虑的重要因素,也是企业的最基本的依据。成本水平的高低决定了产品的获利能力,在同类产品中,成本低的产品具有价格竞争优势,在同样的市场价格下,能够获得高于其他企业的利润。但在具体定价时,还需要结合产量、销量、资金周转等影响价格制定的企业因素综合分析。

(三) 市场供求关系

供求关系是指一定时期市场上产品供应与产品需求之间的关系。市场供求关系的变动直接影响产品价格的变动。一般来说,产品的市场需求超过市场供应,可将其价格定得高些;产品的市场供应超过市场需求,可将其价格定得低些。同时,产品价格下降,将会引起该产品需求量的增长;产品价格上升,将会引起该产品需求量的减少。

(四) 市场竞争

市场竞争程度对于企业定价决策有很大的影响,在竞争激烈的市场条件下,消费者对价格的变动很敏感,定价决策实质上是竞争者之间不断博弈的过程,每一个竞争者都必须根据市场竞争的变化,不断调整自己的定价策略,以适应新的竞争环境。

(五) 产品所处的生命周期

产品的市场生命周期包括4个阶段,即投入期、成长期、成熟期、衰退期。在不同的阶段定价策略应有所不同。投入期的价格,既要补偿高成本,又要为市场所接受;成长期和成熟期正是产品大量销售、扩大市场占有率的时机,要求稳定价格以利于开拓市场;进入衰退期后,一般应采取降价措施,以便充分挖掘老产品的经济效益。

(六) 国家的价格政策和法规

每个国家对市场物价的高低和变动都有限制和法律规定。同时,国家还利用生产市场、货币金融等手段间接调节价格。在进行国际贸易时,各国政府对价格制定的限制措施往往更多、更严。因此,企业应很好地了解本国及所在国关于物价方面的政策和法规,并将其作为自己制定定价策略的依据。

二、以成本为导向的定价决策方法

以成本为基础的定价方法又称成本导向定价法或成本加成定价法,是指企业以产品的成本为基础,再加上一定的利润和税金而形成价格的一种定价方法。成本导向定价法简便易行,是一种最基本、最普通的定价方法。在实际工作中,作为定价基础的成本分类繁多,因此,以成本为基础的定价方法也多种多样,既可以利用产品的完全成本定价,也可以利用产品的变动成本定价;既可以通过总成本资料定价,也可以通过单位成本资料进行定价。

（一）完全成本定价法

完全成本定价法是按照完全成本定价的方法，即在单位完全成本的基础上加上一定比率的利润，来制定产品价格的一种方法。其计算公式为：

$$产品价格 = 产品预计单位完全成本 \times (1+利润率)$$

例 6-10 某公司计划产销甲产品 50 000 件，该产品预计单位变动成本为：直接材料 12 元，直接人工 10 元，变动制造费用 7 元。固定成本总额 75 000 元，利润率 10%。计算该产品的价格。

产品价格 = (12+10+7+75 000÷50 000)×(1+10%) = 33.55(元/件)

完全成本定价法是大多数公司所采用的方法。一方面，产品的完全成本在企业对外报告中有现成的资料，搜集信息的成本较低；另一方面，从长期来看，产品的成本是通过销售来得到补偿的，所以，产品的价格必须弥补所有的成本并获取一定的利润，以维持正常的经营。但是完全成本定价法不是以成本特性分类为基础的，所以，无法了解当产量变动时，完全成本总额是如何变动的，以及无法预测价格和销量变动对利润的影响。

（二）变动成本定价法

在一定条件下，企业产品的单位变动成本具有不变性，企业可根据变动成本及贡献边际率指标进行单位产品价格的计算，这种方法即变动成本定价法。由于单位产品成本和有关收益率可借鉴历史资料或有关规划目标等已有资料，因而此方法较为简便，特别适用于临时定价。其计算公式为：

$$产品价格 = \frac{单位变动成本}{1-贡献边际率}$$

例 6-11 某公司生产 A 产品，单位成本 29 元/件，其中，直接材料费用 10 元，直接人工费用 6 元，变动制造费用 4 元，固定制造费用 9 元。该产品预定贡献边际率为 20%。计算 A 产品的价格。

单位变动成本 = 10+6+4 = 20(元/件)

$$产品价格 = \frac{20}{(1-20\%)} = 25(元/件)$$

变动成本定价法是在成本按其特性分类的基础上进行的，可以清楚地了解价格和数量变化对利润的影响。然而，由于这种方法未考虑固定成本，价格往往定得过低，无法补偿所有的成本，从长期来看，会影响公司的生存能力。

（三）边际成本定价法

边际成本是指每增加一个单位产品销售所增加的总成本；边际收入是指每增加一个单位销售所增加的总收入。边际收入与边际成本的差额，称为边际利润，表示每增加一个单位产品销售所增加的利润。

当边际收入等于边际成本时，利润总额最大。这时的价格就是最优价格。利用边际收入等于边际成本时利润最大的原理制定产品价格的方法,称为边际成本定价法。

三、以市场需求为导向的定价决策方法

以成本为导向的价格决策方法,着重考虑企业的成本情况而基本不考虑需求情况,因而产品价格的制定从企业取得最大产销收入或利润的角度,不一定是最优价格。最优价格应是企业取得最大利润或产销收入时的价格。为此,必须考虑市场需求情况与价格弹性,分析销售收入、成本利润与价格之间的关系,从中寻找最优价格点。其方法主要有以下几种。

(一) 弹性定价法

市场供求关系的变化是影响企业产品价格的一个重要因素,因此,企业制定价格最需要考虑的因素是价格弹性。价格弹性是在其他条件不变的情况下,某种商品的需求量随着价格水平的升降而变动的程度。需求价格弹性的大小取决于产品的需求程度、可替代性和费用占消费者收入的比重等。必需品的弹性一般小于奢侈品,低档产品的弹性小于高档产品。需求价格弹性以需求的变化率与相应的价格变化率之比来表示,即:

$$E_p = \frac{\Delta Q/Q}{\Delta P/P}$$

式中,E_P 为需求价格弹性系数,用绝对值表示;Q 为原来的销量;ΔQ 为需求的变动量;P 为原来商品的价格;ΔP 为价格的变动量。

E_P 的绝对值大小反映商品需求价格弹性的强弱。$|E_P|=1$,为单一弹性;$|E_P|>1$,为富有弹性;$|E_P|<1$,为缺乏弹性。

当企业掌握了某种产品的需求价格弹性后,就可以利用弹性来预测价格变动的最优方向和幅度。

(二) 反向定价法

反向定价法是指企业不以成本为依据,而在预测市场可接受的需求价格限度内,逆向预测和制定经营者价格(如批发价格)、生产者价格(如出厂价格)及生产成本的定价方法。其计算公式为:

$$单位批发价格 = 市场可销售价格 - 批零差价$$
$$单位出厂价格 = 批发价格 - 进销差价$$
$$单位生产成本 = 出厂价格 - 利润 - 税金$$

应用以上公式,关键在于确定市场可销售价格,其他资料可以根据市场同类商品的有关资料确定,或通过市场调查、分析后确定。市场可销售价格的确定,可以分情况分别采取试用评价、调查估价、市场试销、试价等方法进行。总的原则是根据市场需求,按消费者愿意接受的水平确定。

四、以特殊要求为导向的定价决策方法

(一) 保本定价法

在竞争的形势下,有些企业生产经营的个别产品价格在一定条件下可能定得比较低,只

有微利甚至仅仅保本,如未来扩大或维护企业的市场占有率,企业应按下式确定保本价格:

$$保本价格 = 单位变动成本 + \frac{专属固定成本}{预计销量}$$

(二) 保利定价法

保利定价法是利用本量利分析中介绍过的实现目标利润的价格计算公式进行定价的方法。其计算公式为:

$$保利价格 = 单位变动成本 + \frac{专属固定成本 + 目标利润}{预计销量}$$

(三) 最低极限价格定价法

企业出于经营上的某种需要或考虑有时要制定最低的价格作为经销产品售价的下限。在企业生产能力有剩余且无法转移时,追加订货的最低极限价格就是单位变动成本。对于那些实在难以找到销路的积压物资和产品,甚至可以规定它们在一定时期内平均负担的仓储保管成本和耗损费,以及有关的资金占用成本的合计数作为确定极限价格的依据。只要出售的价格不低于这种极限价格,出售就是有利可图的,或者使损失最小。

五、定价策略

(一) 新产品定价策略

新产品定价策略有两种方法:撇油定价法和渗透定价法。前者是指那些初次投放市场尚未形成竞争的新产品以高价销售,从而保证初期高额获利,随着市场销售提高、竞争加剧而逐步降价的方法,又称先高后低定价策略;后者是指以较低价格为新产品开拓市场,争取顾客,赢得竞争优势后再逐步提升的方法,又称先低后高定价策略。前者着眼于短期收益,后者着眼于长期利益,各有利弊。

对于同类竞争产品差异性较大,能满足较大市场需要,弹性小,不易仿制的新产品最好用撇油定价法;对于那些与同类产品差别不大,需求弹性大,易于仿制,市场前景光明的新产品则应考虑渗透定价法。

(二) 心理定价策略

顾客心理是影响定价的一个因素。企业应针对顾客不同心理采取不同的定价策略。常用的心理定价策略有以下几种:

(1) 去整取余法,又称尾数定价法或取九舍十法。顾客购物时,对价格数字往往有一种偏重于价格整数而忽略零数的心理倾向。尾数定价法就是根据顾客这种心理,采用非整数的定价形式,以达到激发顾客购买欲望、增加销售量的目的。这种方法多用于中低档商品的定价。

(2) 整数定价法,是指对于高档商品按整数价标售,以提高商品的售价刺激顾客的购买欲望。

(3) 对比定价法,对于亟待出售需要降价处理的商品,可将削价前后价格同时列出,促使顾客通过对比积极购买。

本章小结

决策是在现实的客观条件下,根据确定的目标,对未来实践的方向、目标和方法等做出决定的过程。在生产决策的过程中,应考虑相关的因素,包括生产经营能力、相关业务量、相关收入、相关成本等因素。生产决策具体包括剩余生产能力如何运用、亏损产品如何处理、零部件自制还是外购、是否接受低价追加订货、半成品是否进一步加工的确定。针对不同的生产决策采用的方法有单位资源边际贡献法、贡献边际总额分析法、差别损益分析法和成本无差别点法等。为企业生产的产品制定一个合理的价格,是企业生产经营的一项重要决策。针对不同的定价决策采用的方法有以成本为导向的定价决策方法、以市场需求为导向的定价决策方法、以特殊要求为导向的定价决策方法等。同时,定价过程中还要运用一定的策略,包括新产品定价策略、心理定价策略。

案例分析

伟业智能监控有限公司是一家生产尖端电子产品的公司。目前,公司产品比较单一,主要是生产信号发生器作为其他公司的电子配件对外出售,市场占有份额较大,产品单位变动成本150元/件,单位固定成本250元/件,市场价格800元/件,平均年订单量100万件。

董事长提出要利用公司现有的经济资源开发新产品,即汽车防盗报警系统与雷达测速器。他认为目前汽车的销售量大增,带来了汽车防盗报警系统需求量的上升;同时,交通肇事者也会增多,这就给交通管理部门带来管理上的困难。现在发达国家的警车上全部安有雷达测速器,我国公安部门只在部分警车上安装了这种仪器。而且我国已有厂商在生产这种产品,为了占领市场份额,赚取利润,公司也应该开发生产雷达测速器。

市场部就两种新产品的年销售量、价格进行了市场调查与预测,结果如下表所示。

项 目	汽车防盗报警系统	雷达测速器
年销售量(万件)	80	0.92
单位价格(元)	500	10 000

财务部门就两种新产品的单位成本做了预算,结果如下表所示。

单位:元

项 目	汽车防盗报警系统	雷达测速器
直接材料	80	1 500
直接人工	20	200
变动制造费用	30	300
单位固定制造费用	110	4 000
合 计	240	6 000

总经理认为,由于企业生产能力有限,如果两种新产品同时开发,要达到预期的产销量,就要缩减信号发生器的生产量,大概需要减产一半,同时也要失去一些老客户,而且生产雷达测速器还需要投入专属设备,预算为230万元。如果只开发其中的一种产品,现有的生产能力完全够用。

讨论:

作为财务经理应做出何种决策?下一步应该同时开发这两种新产品还是只开发其中的

一种,或者不开发任何一种新产品,继续生产老产品?

课后训练

一、思考题

1. 什么是决策分析?进行决策分析的一般程序是什么?
2. 经营决策分析最常用的专门方法有哪几种?
3. 什么是相关成本?有哪几类?
4. 在决策分析中为什么要考虑机会成本?

二、业务练习题

1. 某企业专门生产机床,全年最大生产能力为5 000台,已与其他企业签订购销数量为4 000台的合同。机床的正常售价为48 000元/台,其单位成本资料如下表所示。

项 目	单位成本(元)
直接材料	13 000
直接人工	10 800
变动制造费用	6 200
固定制造费用	9 800
合 计	39 800

要求:计算下列情况下企业是否接受订货。

(1)客户订货1 000台,每台只愿出价31 600元,若不接受追加订货,剩余生产设备可用于对外出租,月租金收入为4万元,企业是否应接受此订货?

(2)若客户订货1 100台,追加订货会冲击正常生产计划,客户每台愿出价32 500元,但需要追加专属成本160万元,企业的剩余生产能力无法转移,企业是否应接受此订货?

2. 某企业生产A产品,其中甲零部件过去都是自制,全年需要量6 000个。现有一企业愿意提供该零件,每个售价50元。财务部门出具最近一年的成本计算单,如下表所示。

项 目	金额(元)
直接材料	18
直接人工	14
变动制造费用	8
固定制造费用	16
其中:专属固定费用	6
共同固定费用	10
单位成本	56

要求:在下列情况下,为企业做出零部件自制还是外购的决策。

(1)假设企业停止生产该零部件,有关生产能力无法转移,该零部件是自制还是外购?

(2)假设企业停止生产该零部件,有关设备可用于生产另一种新产品,每年可提供贡献毛益总额35 000元,该零部件是自制还是外购?

3. 某企业计划年度准备生产乙产品1 000件，预计固定成本总额110 000元，预期的成本资料如下表所示。该企业预计利润总额按完全成本总额的15%予以加成。

项　目	金额（元）
直接材料	84
直接人工	73
变动制造费用	69
单位成本	226

要求：计算乙产品售价为多少时能达到企业的目标利润。

4. 假定某公司原来生产老产品甲，现拟利用现有生产能力开发新产品A或新产品B。若开发新产品A，老产品甲需减产三分之一，并需追加专属成本8 000元；如开发新产品B，老产品甲需减产五分之二。这3种产品的产量、售价和成本资料如下表所示。

产品名称	老产品甲	新产品A	新产品B
生产量（件）	6 000	2 000	2 500
销售单价（元/件）	300	400	365
单位变动成本（元/件）	200	280	255
固定成本总额（元）	200 000		

要求：根据上述资料为该公司做出开发哪种新产品较为有利的决策分析。

5. 某公司生产A、B、C三种产品，其中B产品连年亏损，2016年度的生产经营情况如下表所示。

项　目	销售量（件）	产品单价（元/件）	产品变动成本（元/件）	固定成本（元）	利润（元）	企业利润总额（元）
A产品	5 000	20	12	25 000	15 000	21 000
B产品	8 000	10	8	20 000	-4 000	
C产品	4 000	30	20	30 000	10 000	

鉴于以上情况，有人提出停止B产品的生产，从而提高公司的利润总额。

要求：

（1）通过计算，做出是否停止B产品生产的决策，并说明停止B产品的生产对公司利润的影响。

（2）假如B产品停产后，剩余的生产能力可以出租给其他公司，每年租金为15 000元，据此判断是否应停止B产品的生产。

6. 某企业有一台闲置设备，拟用于开发A、B两种新产品。A产品的单价为100元/件，单位变动成本为60元/件，所用甲材料的消耗定额为5千克/件；B产品的单价为120元/件，单位变动成本为40元/件，所用甲材料的消耗定额为2千克/件。甲材料供应充足。

要求：用单位资源贡献边际分析法做出应开发哪种产品的决策，并说明理由。

第七章 长期投资决策

学习目的

通过本章的学习,使学生在熟悉长期投资决策的意义、特点等的基本知识上,掌握长期投资决策必须要考虑的重要因素和最常用的决策指标,学会用决策指标进行具体分析,并了解风险投资决策的分析方法。

👆微课

技能要求

掌握基本的投资决策类型,能够计算投资决策动态指标,并根据各项动态指标初步判断投资项目在财务上的可行性。

案例导入

张琪2015年毕业于一所普通高校,之后在一家小有规模的公司当出纳,年薪2.5万元。2017年年底,张琪准备辞职,开始创业。经过周密的市场调查,他准备投资干洗业。市场上一台较为先进的干洗机价款为12万元,使用年限为10年,预计残值率为5%。面对现有情况,张琪有两个选择:一是一次性购买该干洗机;二是租赁,每年支付20 000元的租赁费,租期10年。假设贴现率为10%,所得税税率为20%。

思考:张琪应该购买还是租赁?

第一节 长期投资决策概述

一、长期投资决策的含义

如果说企业的短期经营决策主要与企业内部日常生产经营活动息息相关,是一种一年以内的短期决策行为,那么,长期投资则是影响企业今后生产经营长远发展的战略性决策。长期投资决策是投资期在一年以上的资本性支出,具有投资额大、回收期长、风险大等特点,主要解决的是企业长期资产如何取得的问题。长期投资决策的最终目的是提高企业整体经营能力和长期获利能力,从而提高企业整体价值。因此,长期投资决策正确与否对企业的兴衰成败具有决定性的影响。所以,企业必须要有一套正确、灵活的投资决策分析方法。

二、长期投资决策的特征

(一) 不经常发生

长期投资决策主要是对企业固定资产方面的投资而不是对有价证券的长期投资。这种投资主要是为了增加固定资产或提高资产使用效率，以满足企业扩大再生产能力的投资决策，如购置相关设备，固定资产的更新、改扩建等。

(二) 资金占用时间长

一项长期投资决策所占用的资金在短期内难以收回，其发挥作用的期限较长，一般为几年，有的为十几年，甚至几十年。这对企业的长期经济效益有至关重要的影响。

(三) 资金占用数额大

一项长期投资往往需要一次性大笔资金投入以形成投资项目的主体，又要有相当的资金保证建设期和运营期内的相关开支，所以长期投资决策对企业的财务成果和资本结构都有重大影响。

(四) 投资风险大

由于长期投资涉及金额大，回收期长，在长时间内受宏观经济环境和竞争等多方面因素影响，因此资产在短期内不易变现，不确定性很强。

 **知识链接**

新加坡在城市基础设施建设的投资

新加坡在城市基础设施建设方面精打细算，注重规划。多年前，新加坡政府将大量资金投入到各项基础设施的建设中，特别是投资量大、投资回收期长、资金周转慢的公共基础设施，包括港口码头、机场等交通设施，水电电缆设施，工业区设施等。如今樟宜机场成了全球飞机起降架次最频繁的空港，吉宝港成了货物吞吐量排名世界前列的集装箱货柜码头，众多先进、完善的基础设施为新加坡经济的发展奠定了坚实的基础。另外，值得一提的是，虽然新加坡已经在基础设施建设方面受益匪浅，但仍然十分重视基础设施的改造和完善。例如，新加坡港口码头的建设主要由政府投资，港口的营业收入除了营业税外，全部用于港口的改造和再建设。近几年，为提高融资，新加坡政府在对地铁进行重组的过程中，通过向公众出售33.7%的股权收回部分建设资金，其中大部分也将用于建造新的地铁线路。

像城市基础设施建设这样投资巨大、影响深远、资金回收慢、风险较大的项目，财务人员必须测算项目的财务指标，以便做出科学的投资决策。

三、长期投资决策的分类

（一）按投资决策方案之间的关系分类

1. 独立方案的可行性决策

这是一种基本决策。独立方案是指某一投资项目只有一种方案可以选择,没有可以与其竞争的方案。此时,只需对独立方案进行可行性研究,只要独立方案本身具有经济上的可行性,即可接受该方案。

2. 互斥方案的选优决策

互斥方案是指当一项投资项目有两个及两个以上的方案可以选择时,只有一个方案可被采纳,这个方案与其他方案形成一种互相排斥的关系。对互斥方案的选择是从几个具有可行性的方案中根据标准选出最优的。

3. 资本限量决策

并不是具有可行性的投资项目都可以进行投资,企业可能因资金有限而不能投资所有具有可行性的方案。因此,企业必须将有限的资金进行合理的分配,在不超过现有可用于投资的全部资金总量的前提下,在所有独立可行方案和互斥方案最优方案中选择能使企业所得的长期报酬总和最大的一组方案。

（二）按投入资金是否分阶段分类

有的投资项目是一次性投入资金就能完成或建成,没有建设期,投入资金直接形成生产能力;有的投资项目需要分几次投资才能完成或建成,有建设期。

第二节　长期投资决策中的现金流量

一、现金流量的含义

在长期投资决策中,某一具体投资项目的资本支出与资本回收都是以实际支出和收到的现金为基础,因此在进行长期投资决策时,准确地估计现金流量的数额和时间分布,并据以评价项目的可行性是决策的关键。现金流量就是在长期投资决策中,由于接受或拒绝某一方案而引起企业总的现金支出或现金流入增加的数量。在理解现金流量这一概念时,要注意以下两点:

（1）这里的"现金"是广义的现金,不仅包括各种货币资金,还包括与项目相关的非货币资源的变现价值。例如,企业在投资某项目时,投入了原有固定资产,这时作为固定资产投资的现金支出应该是该资产的变现价值或重置成本,而非它的账面净值。

（2）现金流量是"相关"现金流量,体现的是"增量"现金流量,即接受或拒绝某一方案所引起的企业总的现金流量所发生的变化。除了考虑该项目自身的现金支出或现金流入,还要考虑该项目对企业其他方面或部门所造成的不利或有利影响。另外,类似账面价值这样的沉没成本是决策的无关成本,因为这些成本不会导致企业增量现金流量的变化,所以不用考虑。但是,像变现价值、重置成本、机会成本、差额成本等这样的相关成本则会导致增量现金流量的变动,所以必须考虑。

二、现金流量的计算

由于一个投资项目从投资到收回投资,一般要经历准备期(建设期)、经营期、终止期3个阶段,因此,现金流量有以下3个具体内容。

(一) 初始现金流量

它是指项目开始实施到投入使用之前这段时间所发生的现金流量,主要是流出量。其包括固定资产投资、相应的流动资产投资和一些投产前费用,如培训费等。在理解初始现金流量时要注意以下几点:

(1) 若固定资产投资是以原有资产投入,则以旧设备的变现价值或重置成本作为初始固定资产投资,同时要考虑旧设备提前处理发生的净损失(净收益)抵减(支付)的所得税。

(2) 垫支的流动资金一般在项目终结时一次性全部收回。

(3) 对于在建设期发生的资本化利息,根据投资假设,不区分资本性质,借贷资本按自有资金对待,所以不计入初始现金流出量,但计入固定资产原值,计提折旧。其计算公式为:

$$初始投资的现金流量 = 垫支的流动资金 + 设备的变现价值 + 投产费用 -$$
$$(设备的变现价值 - 折余价值) \times 所得税税率$$

(二) 营业现金流量

它是指项目投入使用后所产生的现金流出量和流入量。

(1) 流入量主要是经营期内各年产生的营业收入。

(2) 流出量主要是经营期内各年实际以现金支付的各种经营成本、费用,称为付现经营成本,简称付现成本,如维修费等;还有支付的各项税费,主要考虑所得税。其计算公式为:

$$付现成本 = 当期总经营成本 - 折旧$$

之所以在现金流出量中不考虑折旧,是因为折旧虽然计入成本导致营业利润下降,但并不会引起实际的现金流出,即不需要用现金来支付折旧,既然不作为现金流出量,那就应该计入流入量。类似折旧这种性质的成本费用还有各种摊销,如无形资产摊销等。

(3) 营业现金净流量(NCF)的计算公式为:

$$营业现金净流量 = 营业收入 - 付现成本 - 所得税$$
$$= 营业收入 - (营业成本 - 折旧) - 所得税$$
$$= 税后净利 + 折旧$$

或者
$$营业现金净流量 = 税后净利 + 折旧$$
$$= (营业收入 - 营业成本) \times (1 - 所得税税率) + 折旧$$
$$= (营业收入 - 付现成本 - 折旧) \times (1 - 所得税税率) + 折旧$$
$$= (营业收入 - 付现成本) \times (1 - 所得税税率) + 折旧 \times 所得税税率$$

第七章 长期投资决策

(4)需要注意的是折旧的计算,若税法对设备的折旧计算有明确规定,则要按照税法规定来计算折旧,不能按会计方法来计算。

(三)终结现金流量

它是指项目终了时发生的各项现金流量,主要是流入量,包括固定资产的残值回收、原垫支的流动资金。需要注意的是,如果实际收回的固定资产残值与税法的规定不一致时,会产生固定资产清理收益或损失,进而会导致多缴或少缴所得税。其计算公式为:

终结现金流量=收回垫支流动资金+残值收入-(实际残值-税法规定残值)×所得税税率

拓展提高

思考:项目产生的现金流量和项目实现的利润在哪些方面有所不同?为什么在进行项目投资决策时用现金流量而不用利润?

例 7-1 启航公司为生产新产品需购进新的生产设备,设备连买价带安装共1 000 000元,另需相应投入200 000元的流动资金,该设备预计使用5年,直线法提折旧,预计净残值100 000元。投产后,每年可获得销售收入700 000元,且每年的付现成本300 000元,企业所得税税率为25%。假设该设备使用年限、折旧方法、残值规定均与税法规定保持一致。计算该投资项目的现金流量。

① 初始现金流量=1 000 000+200 000=1 200 000(元)
② 营业现金流量:该设备每年折旧=(1 000 000-100 000)÷5=180 000(元)

各年营业现金净流量计算如表7-1所示。

表7-1 各年营业现金净流量计算　　　　金额单位:万元

年 数	1	2	3	4	5
营业收入	70.0	70.0	70.0	70.0	70.0
付现成本	30.0	30.0	30.0	30.0	30.0
税前现金流量	40.0	40.0	40.0	40.0	40.0
税后现金流量	30.0	30.0	30.0	30.0	30.0
折旧抵税	4.5	4.5	4.5	4.5	4.5
营业现金净流量	34.5	34.5	34.5	34.5	34.5

计算说明:税前现金流量=营业收入-付现成本
　　　　　折旧抵税=折旧额×所得税税率
　　　　　营业现金净流量=税后现金流量+折旧抵税

③ 终结现金流量=200 000+100 000=300 000(元)
④ 整个项目从投产到终结,现金流量时间分布如表7-2所示。

表 7-2　投资项目的现金流量　　　　　　　　　　　　金额单位:万元

年　数	0	1	2	3	4	5
初始投资	−120.0					
营业现金净流量		34.5	34.5	34.5	34.5	34.5
终结现金流量						30.0
合　计	−120.0	34.5	34.5	34.5	34.5	64.5

说明:"−"表示现金流出量。

例 7-2　启航公司有一台旧设备,目前账面净值 60 000 元,继续使用该设备每年有 50 000 元的收入,还可继续使用 4 年,4 年后报废无残值,每年需垫支流动资金 30 000 元。使用该旧设备第一年支付的修理费为 6 000 元,以后逐年递增 2 000 元,直线法提折旧,其变现价值为 80 000 元,所得税税率为 25%。计算该设备每年的营业现金净流量。

① 设备的初始投资=30 000+80 000−(80 000−60 000)×25%=105 000(元)

② 设备每年营业现金净流量:设备折旧=60 000÷4=15 000(元)

根据公式 NCF=(营业收入−付现成本)×(1−所得税税率)+折旧×所得税税率

可得:

NCF_1=(50 000−6 000)×(1−25%)+15 000×25%=36 750(元)
NCF_2=(50 000−8 000)×(1−25%)+15 000×25%=35 250(元)
NCF_3=(50 000−10 000)×(1−25%)+15 000×25%=33 750(元)
NCF_4=(50 000−12 000)×(1−25%)+15 000×25%=32 250(元)

③ 终结现金流量=30 000(元)

④ 编制该项目现金流量表,如表 7-3 所示。

表 7-3　投资项目的现金流量　　　　　　　　　　　　金额单位:元

年　数	0	1	2	3	4
初始现金流量	−105 000				
营业现金净流量		36 750	35 250	33 750	32 250
终结现金流量					30 000
合　计	−105 000	36 750	35 250	33 750	62 250

第三节　长期投资决策的评价指标

由于长期投资决策对企业的影响是至关重要的,所以,必须要有一套科学、适当的决策评价指标对长期投资决策进行分析和评价,从而比较、衡量各备选方案的优劣。长期投资决策指标根据是否考虑时间价值可分为以下两类。一类是静态投资决策指标,也称非贴现指标。这类指标不考虑时间价值,即把不同时点上的现金流量看成是等效的。这类指标有投资回收期、投资报酬率等。另一类是动态投资决策指标,也称贴现指标。这类指标考虑了时

第七章 长期投资决策

间价值,从而使不同时点上的现金流量具有可比性。这类指标有净现值、获利指数、内部报酬率等。当然静态指标是辅助指标,动态指标才是主要指标,当一个投资项目的静态指标和动态指标的评价结论发生矛盾时,以动态指标为准。

一、静态投资决策指标

(一) 投资回收期(PP)

投资回收期是指用投资项目自投产起各年所产生的现金净流量收回全部初始投资所用的时间。一般来讲,投资回收期越短,收回初始投资就越快,投资项目承担的风险就越小;反之,投资回收期时间越长,收回初始投资就越慢,投资项目承担的风险就越大。投资回收期的计算因各年产生的现金净流量是否相同而难易不同。

若投资项目各年产生的现金净流量相同,那么有下列计算公式:

$$投资回收期(PP) = \frac{初始全部投资}{NCF}$$

若投资项目各年产生的现金净流量不同,那么投资回收期一般用列表法计算。

接[例7-1],初始全部投资为 1 200 000 元,各年的现金净流量相同,都是 345 000 元,所以,$PP = \frac{1\ 200\ 000}{345\ 000} = 3.48$(年)。

接[例7-2],各年的现金净流量不同,则投资回收期用列表计算,如表7-4 所示。

表7-4 投资方案累计现金净流量计算　　　　　　　　　　　金额单位:元

年　数	年现金净流量	累计现金净流量	回收时间(年)
0	-105 000	-105 000	
1	36 750	-68 250	1
2	35 250	-33 000	2
3	33 750	750	2+(33 000÷33 750) = 2.98

从表7-4 得知,从第3 年起,累计现金净流量是正数,可见收回初始投资用了不到3 年的时间,所以,回收期=2+(33 000÷33 750) = 2.98(年)。求出投资回收期后,可将该指标与基准投资回收期相比,小于基准回收期,则该方案可以考虑接受。当然,不能仅凭该指标来确定方案的优劣,因为该指标既没有考虑货币时间价值,也没有考虑收回投资以后的现金流量,所以存在一定的局限性。

(二) 投资报酬率(ROI)

投资报酬率也称投资收益率,它表示平均净收益占总投资的百分比。其计算公式为:

$$投资收益率(ROI) = \frac{平均净收益}{投资总额}$$

该指标简单明了,易于理解。

总体来说,静态指标没有考虑货币时间价值,在评价投资方案时只能起辅助作用,不能作为主要指标,应和其他方法结合使用。

二、动态投资决策指标

(一)净现值(NPV)

对于某一项投资,决策者总是希望未来的收益要多于原始投资,这样才会有价值的增值。净现值正是基于这种考虑而产生的。我们把投资项目未来所能够产生的所有报酬按照一定的折现率折算出来的总现值与所有原始投资总现值之差称为净现值。一定的折现率可以根据企业的资本成本或企业要求投资项目的最低收益率确定。

净现值的计算分4个步骤:首先,预测项目寿命周期内各年的现金流量;其次,将营业期内各年的现金净流量、终结现金流量按照既定的贴现率折算出报酬的总现值;然后,将全部初始投资也按既定的贴现率折算出投资的总现值(因为有的项目的初始投资不是一次投入的,而是分次投入的,这时候就要考虑投入资金的货币时间价值);最后,用报酬的总现值减去投资的总现值就是该项目的净现值。其计算公式为:

$$净现值=未来报酬的总现值-初始投资的总现值$$

如果项目的净现值大于0,说明该项目产生的报酬率要高于投资者要求的最低收益率,该投资项目是可行的,否则就放弃该项目。

承[例7-1],假设启航公司要求的最低收益率为8%,则该项目净现值的计算过程如下:

未来报酬总现值=345 000×(P/A,8%,5)+300 000×(P/S,8%,5)=1 581 540(元)

初始投资现值=1 200 000(元)

净现值=1 581 540-1 200 000=381 540(元)

或者,

未来报酬总现值=345 000×(P/A,8%,4)+645 000×(P/S,8%,5)=1 581 900(元)

初始投资现值=1 200 000(元)

净现值=1 581 900-1 200 000=381 900(元)

(注:结果不一样是计算中的系数造成的。)

该项目的净现值大于0,所以可行。

承[例7-2],该项目的净现值计算过程如下:

36 750×(P/S,8%,1)+35 250×(P/S,8%,2)+33 750×(P/S,8%,3)+62 250×(P/S,8%,4)-105 000=31 791(元)

该项目的净现值大于0,所以可行。

需要注意的是,净现值是个绝对数指标,并没有排除投资规模因素的影响,投资额大的项目容易获得较大的净现值,所以净现值指标只能用于评价投资额相同的投资项目,若同时有投资额相同的两个以上的项目进行比较,选择净现值最大者。

拓展提高

思考:是不是只要项目的净现值小于0,就一定不能投资?

(二) 获利指数(PI)

获利指数指投资项目未来报酬总现值与初始投资总现值之比。它反映了每一元初始投资按既定贴现率贴现后的现金净流量。其计算公式为：

$$获利指数(PI) = \frac{未来报酬总现值}{初始投资总现值}$$

承[例7-1]，该投资项目的获利指数 $= \frac{1\,581\,540}{1\,200\,000} = 1.32$

承[例7-2]，该投资项目的获利指数 $= \frac{136\,791}{105\,000} = 1.3$

获利指数大于等于1，说明该投资项目产生的报酬率要高于企业要求的最低收益率，因此该方案可行。由于获利指数是相对数指标，反映的是单位投资的净收益，排除了规模因素的影响，所以可以用于投资额不同的投资项目的比较。在几个备选方案中，选择获利指数最高的方案。

需要说明的是，净现值和获利指数都是在假定的贴现率基础上计算出来的，但确定合理的贴现率在现实中是比较困难的，因为不同的贴现率会使净现值和获利指数发生变化，有时甚至会影响最终结果。

(三) 内部报酬率(IRR)

内部报酬率反映的是该项目本身实际达到的或真正产生的报酬。前面讲的净现值、获利指数都没能说明项目本身真正产生的报酬率是多少，只有内部报酬率能够解释项目本身真正的报酬率是多少。内部报酬率的原理是，能够使某一投资项目在未来期间产生的所有报酬的总现值与初始投资总现值相等的折现率，即能够使某一投资项目净现值为0的折现率。

内部报酬率的计算过程比较复杂，需要逐步测试才能找到近似值。首先，估计一个折现率，以此来计算该项目的净现值，如果净现值大于0，表明估计的折现率小于内部报酬率，应提高折现率再次测试；如果净现值小于0，表明估计的折现率大于内部报酬率，应降低折现率再次测试。经过多次测试，找到净现值大于0和小于0相对应的两个折现率(两个折现率之差应在5%以内)，根据插值法计算内部报酬率。

知识链接

项目评估使用的指标比较

美国杜克大学教授约翰·R.格莱姆和剑桥大学教授坎贝尔·R.哈维对4 400家公司的财务总监进行了调查，392个财务总监对调查做了完整的回复。调查列举净现值、内部报酬率、投资回收期等决策方法，每种决策方法按每次必用、经常使用、有时用、从来不用4个等级让财务总监选择。调查结果显示：最受欢迎的项目评估的指标是净现值和内部报酬率，分别高达74.9%和75.7%。这种选择与财务总监个人教育背景、个人偏好、公司规模及性质有关。规模较大的公司、上市公司、对股东进行红利分配的公司比规模较小的公司、非上市公司、不进行红利分配的公司更倾向于使用净现值和内部报酬率。除此以外，最受欢迎的指标是投资报酬率。尽管各种教材上指出投资报酬率的种种缺陷，但依然不妨碍这个静态指标被广泛使用，尤其是工作时间长、经验丰富的财务总监比年轻的财务总监更喜欢用这个指标。

例 7-3 启航公司目前有一个投资项目,共投资 2 年,已知该项目每年产生的现金净流量为 5 500 元,初始投资为 10 000 元,一次投入。没有垫支的流动资金,也没有残值回收,则该项目的内部报酬率计算过程如下:

① 假设折现率为 7%,则此时该项目的净现值 = 5 500×(P/A,7%,2)-10 000 = -56(元),小于 0。说明该项目真正的报酬率达不到 7%,高估了折现率,应适当降低。

② 降至 6% 再次测算,净现值 = 5 500×(P/A,6%,2)-10 000 = 83.7(元),大于 0。说明该项目实际的报酬率应该比 6% 大。

③ 分析出该项目真正的报酬率应该介于 6% 和 7% 之间,具体测试用内插法。

折现率	净现值
7%	-56
IRR	0
6%	83.7

根据相似三角形对应边成比例性质得到:$\dfrac{IRR-6\%}{7\%-6\%}=\dfrac{83.7-0}{83.7-(-56)}$

$$IRR=6.6\%$$

若启航公司对该项目预期的报酬率为 6%,则说明该项目可行。

若启航公司对该项目预期的报酬率为 8%,则说明该项目不可行。

内部报酬率的计算本身与既定的贴现率无关,但在决策评价时要以既定的贴现率为标准。

需要强调的是,无论运用哪种决策指标进行方案的分析,都只能给决策者提供一些有价值的参考信息,而不能简单地下结论,因为投资与否还需要考虑许多非计量因素,如社会宏观经济环境、市场变化、技术创新等。因此,企业建立规范的决策程序、明确决策机构和人员的责权利、建立行之有效的责任制度是十分必要的。

第四节 长期投资决策的具体运用

一、生产设备最优更新期的决策

生产设备最优更新期的决策就是选择一个最佳的淘汰设备时间,在这个时间上,使用设备的年均成本最低。

使用设备相关现金流量包括:一是设备原值,作为一项现金流出量;二是运行费用,就是设备的消耗、维修等费用,每年发生的运行费随着设备的老化可能逐年上升;三是在使用年限内设备本身的价值,因为随着折旧的计提,设备的账面价值会逐年减少,而且一般以设备在更新时能够按折余价值变现为前提,这作为一项现金流入量。其计算公式为:

第 n 年的总成本现值 = 设备原值 + n 年累计的运行费用现值之和 -
第 n 年折余价值的现值

第七章 长期投资决策

$$年均成本 = \frac{第n年总成本现值}{(P/A, i, n)}$$

设备的年均成本不是简单的总成本与年限的比值,而是总成本与年金现值系数的比值。

例 7-4 启航公司购买了一套设备,该设备的购买价为 80 000 元,预计使用 5 年,5 年内每年的运行费用如下:前 2 年都是 12 000 元,后 3 年分别是 15 000 元、17 000 元、18 000 元。无残值,公司要求的最低收益率为 10%。做出设备应何时更新的决策。

① 设备各年的折旧额 = $\frac{80\ 000}{5}$ = 16 000(元)

折余价值:
第 1 年 80 000 − 16 000 = 64 000(元)
第 2 年 64 000 − 16 000 = 48 000(元)
第 3 年 48 000 − 16 000 = 32 000(元)
第 4 年 32 000 − 16 000 = 16 000(元)
第 5 年 16 000 − 16 000 = 0(元)

② 根据上述资料,可计算出年均成本,如表 7-5 所示。

表 7-5 各年年均成本计算　　　　　　　　　　　　金额单位:元

更新年限	1	2	3	4	5
设备原值①	80 000	80 000	80 000	80 000	80 000
折余价值②	64 000	48 000	32 000	16 000	0
折余价值现值($P/S, i, n$)③	58 182	39 667	22 816	10 928	0
运行费用④	12 000	12 000	15 000	17 000	18 000
运行费用现值($P/S, i, n$)⑤	10 909	9 917	11 270	11 611	11 176
各年运行费用现值之和⑥	10 909	20 826	32 096	43 707	54 883
成本总现值⑦	32 727	61 159	89 280	112 779	134 883
年均成本($P/A, i, n$)⑧	35 999	35 240	35 900	35 578	35 582

说明:⑦=①+⑥−③。

可见,设备在运行第 2 年的时候,年均成本是最低的,因此更新设备应该在使用 2 年以后。

二、固定资产修理或更新决策

固定资产修理或更新决策是指在假设现有生产能力不变的情况下,是继续使用旧设备还是更新旧设备、使用新设备的决策。

例 7-5 启航公司正在考虑是否需要更新一台已使用 1 年的旧设备。旧设备原价为 60 000 元,税法规定使用年限为 5 年,尚可使用 4 年,残值率为 5%,直线法提折旧,每年付现成本为 16 000 元,2 年后大修理费用为 20 000 元,实际报废残值为 5 000 元,目前变现价值为 40 000 元。若用新设备替换旧设备,新设备的购买价为 60 000 元,税法规定残值率为 5%、使用年限为 4 年,每年的付现成本为 10 000 元,最终报废残值为 8 000 元,按年数总和法提折旧。新旧设备生产能力相同,公司要求的最低收益率为 10%,所得税税率为 25%。进行新旧设备方案决策。

新旧设备使用年限相同,可以用差额净现值法计算,即用新设备现金流量减去旧设备现金流量。

旧设备每年折旧 $= \dfrac{60\,000 \times (1-5\%)}{5} = 11\,400(元)$

新设备折旧:

第 1 年　$60\,000 \times (1-5\%) \times \dfrac{4}{10} = 22\,800(元)$

第 2 年　$60\,000 \times (1-5\%) \times \dfrac{3}{10} = 17\,100(元)$

第 3 年　$60\,000 \times (1-5\%) \times \dfrac{2}{10} = 11\,400(元)$

第 4 年　$60\,000 \times (1-5\%) \times \dfrac{1}{10} = 5\,700(元)$

旧设备变现值损失抵税 $= [40\,000 - (60\,000 - 11\,400 \times 1)] \times 25\% = -2\,150(元)$
旧设备残值收入多纳税 $= (5\,000 - 60\,000 \times 5\%) \times 25\% = 500(元)$
新设备残值收入多纳税 $= (8\,000 - 60\,000 \times 5\%) \times 25\% = 1\,250(元)$
Δ 初始投资 $= 60\,000 - (40\,000 + 2\,150) = 17\,850(元)$

根据公式 NCF=(营业收入-付现成本)×(1-所得税税率)+折旧×所得税税率(此例题收入为 0)

可得:

ΔNCF_1 现值 $= [(16\,000 - 10\,000) \times (1-25\%) + (22\,800 - 11\,400) \times 25\%] \times$
　　　　$(P/S, 10\%, 1) = 6\,681.9(元)$

ΔNCF_2 现值 $= [(20\,000 + 16\,000 - 10\,000) \times (1-25\%) + (17\,100 - 11\,400) \times 25\%] \times$
　　　　$(P/S, 10\%, 2) = 17\,284.1(元)$

ΔNCF_3 现值 $= [(16\,000 - 10\,000) \times (1-25\%) + (11\,400 - 11\,400) \times 25\%] \times$
　　　　$(P/S, 10\%, 3) = 3\,379.5(元)$

ΔNCF_4 现值 $= [(16\,000 - 10\,000) \times (1-25\%) + (5\,700 - 11\,400) \times 25\%] \times$
　　　　$(P/S, 10\%, 4) = 2\,100.2(元)$

Δ 终结现金流量现值 $= [(8\,000 - 1\,250) - (5\,000 - 500)] \times (P/S, 10\%, 4)$
　　　　$= 1\,536.8(元)$

$\Delta NPV = \Delta NCF_1$ 现值 $+ \Delta NCF_2$ 现值 $+ \Ditalse NCF_3$ 现值 $+ \Delta NCF_4$ 现值 $+ \Delta$ 终结现金流量现值 $- \Delta$
　　　　初始投资 $= 13\,132.8(元) > 0$

ΔNPV 大于 0,说明新设备的现金流出量小于旧设备的现金流出量,因此,应更新旧设备,购买新设备。

当然,如果新旧设备的使用年限不同,那就不能简单地用差额净现值(差额成本)这样的

第七章　长期投资决策

绝对数比较,必须用年均净现值(年均成本)进行比较,选择年均成本最小者。

例 7-6　若[例7-5]中,新设备的折旧改为直线法计提,新设备可使用6年,其他条件不变。做出新旧设备两个方案优劣的比较。

旧设备:

初始投资＝40 000＋2 150＝42 150(元)

年付现成本现值＝16 000×(1－25%)×(P/A,10%,4)＝38 028(元)

年折旧抵税现值＝11 400×25%×(P/A,10%,4)＝9 031.7(元)

大修理成本现值＝20 000×(1－25%)×(P/S,10%,2)＝12 390(元)

残值收入现值＝(5 000－500)×(P/S,10%,4)＝3 073.5(元)

年均成本＝$\dfrac{38\ 028+12\ 390+42\ 150-9\ 031.7-3\ 073.5}{(P/A,10\%,4)}$＝25 390.6(元)

新设备:

年折旧＝$\dfrac{60\ 000\times(1-5\%)}{6}$＝9 500(元)

初始投资＝60 000(元)

年付现成本现值＝10 000×(1－25%)×(P/A,10%,6)＝32 662.5(元)

年折旧抵税现值＝9 500×25%×(P/A,10%,6)＝10343.1(元)

残值收入现值＝(8 000－1 250)×(P/S,10%,6)＝3 813.8(元)

年均成本＝$\dfrac{32\ 662.5+60\ 000-10\ 343.1-3\ 813.8}{(P/A,10\%,6)}$＝18 026.5(元)

结果表明,新设备的年均成本低于旧设备的年均成本,所以,应选择使用新设备。

三、固定资产购买或租赁决策

这里的租赁主要指的是经营租赁。固定资产到底是购买还是租赁,只需要比较两种方案的成本差异及成本对企业所得税的影响差异即可。因为不管是购买还是租赁,使用的设备是相同的,即生产能力是相同的,运行费用也是相同的,所以只需要比较现金流出量的差异即可。

例 7-7　启航公司在生产中需要一种设备,若自己购买,需要支付设备价款150 000元,预计残值率5%,使用5年。若租赁同种类型设备,每年支付租赁费40 000元,租期5年。假设贴现率为10%,所得税税率为25%。启航公司应采用哪种方案?

若购买设备:

设备款现值＝150 000(元)

折旧抵税现值＝$\dfrac{150\ 000\times(1-5\%)}{5}$×25%×(P/A,10%,5)

　　　　　　＝27 003.8(元)

残值收入现值＝150 000×5%×(P/S,10%,5)＝4 657.5(元)

总现金流出量现值＝150 000－27 003.8－4 657.5＝118 338.7(元)

若租赁,租赁费可以在成本中列支,从而会使当期利润减少,进而减少缴纳的所得税,所以,租赁费有抵税的作用,作为真正的现金流出量应该是税后的租赁费。

各年租赁费的现值=40 000×(1-25%)×(P/A,10%,5)=113 700(元)

结果表明,购买设备现金流量的现值大于租赁现金流量的现值,因此,应选择租赁方式。

第五节 风险投资决策分析

在前面的分析中,我们都假设投资项目的现金流量是可以确定的,但实际上,企业的投资活动面临的不确定性和风险比较大,实际现金流量和预计现金流量会不可避免地出现差异。因此,在进行指标分析时,就有必要有针对性地对投资风险进行规划和调整。常见的方法有概率分析、调整现金流量法、风险调整折现率法等。重点介绍后两种方法。

一、调整现金流量法

该方法就是把不确定的现金流量调整为确定的现金流量,然后用无风险的报酬率作为折现率计算净现值。这种方法通过缩小净现值模型的分子,使净现值减少,从而充分重视风险。这种方法中最常用的是肯定当量法。肯定当量法的基本思路是:利用肯定当量系数,把不确定的现金流量折算成肯定的现金流量,或者说去掉了现金流量中有风险的部分,使之成为"安全"的现金流量。去掉的风险包括所有的风险,剩下的就是无风险的现金流量。由于现金流量中已经消除了全部风险,所以相应的折现率应当是无风险的报酬率。无风险报酬率可以根据通货膨胀率极低时的国债利率确定。最后根据确定的现金流量和无风险报酬率计算项目的净现值,用净现值的法则判断项目的优劣。

例 7-8 当前的无风险报酬率为4%,启航公司有A、B两个投资项目,有关资料如表7-6、表7-7所示。

表7-6 A项目调整前后净现值对比   金额单位:元

年 数	现金流入量	肯定当量系数	肯定现金流入量	现值系数($P/S,i,n$)	未调整现值	调整后现值
0	-30 000	1.0	-30 000	1.000 0	-30 000	-30 000
1	17 000	0.8	13 600	0.961 5	16 346	13 076
2	17 000	0.6	10 200	0.924 6	15 718	9 431
3	17 000	0.6	10 200	0.889 0	15 113	9 068
4	17 000	0.5	8 500	0.854 8	14 532	7 266
5	17 000	0.4	6 800	0.821 9	13 972	5 589
净现值					45 681	14 430

表 7-7　B 项目调整前后净现值对比　　　　　　　　　金额单位:元

年　数	现金流入量	肯定当量系数	肯定现金流入量	现值系数 $(P/S,i,n)$	未调整现值	调整后现值
0	-40 000	1.0	-40 000	1.000 0	-40 000	-40 000
1	19 000	0.8	15 200	0.961 5	18 269	14 615
2	19 000	0.7	13 300	0.924 6	17 567	12 297
3	19 000	0.6	11 400	0.889 0	16 891	10 135
4	19 000	0.6	11 400	0.854 8	16 241	9 745
5	19 000	0.6	11 400	0.821 9	15 616	9 370
净现值					44 584	16 162

按调整前的净现值进行评价表明 A 项目可行,按调整后的净现值评价则 B 项目可行。由此可见,如果不充分考虑风险,不调整现金流量,可能会导致错误的判断。

二、风险调整折现率法

风险调整折现率法是更实际、更常用的风险处理方法。这种方法主要是扩大净现值模型的分母来减少净现值,从而控制风险。该方法的基本思路是对高风险的项目采用较高的贴现率计算其净现值,对于低风险的项目采用较低的贴现率计算其净现值,然后根据净现值的法则来判断项目的优劣。

例 7-9　启航公司目前有 A、B 两个投资项目,当前的无风险利率为 4%,市场平均报酬率为 12%,A 项目的预期现金流量风险大,其 β 值为 1.5;B 项目的预期现金流量风险小,其 β 值为 0.8。

根据资本资产定价模型,

A 项目调整以后的风险折现率 = 4% + 1.5 × (12% - 4%) = 16%

B 项目调整以后的风险折现率 = 4% + 0.8 × (12% - 4%) ≈ 10%

两个项目调整前后的净现值如表 7-8、表 7-9 所示。

表 7-8　A 项目调整前后净现值对比　　　　　　　　　金额单位:元

年　数	现金流入量	现值系数 $(P/S,4\%,n)$	未调整现值	现值系数 $(P/S,16\%,n)$	调整后现值
0	-30 000	1.000 0	-30 000	1.000 0	-30 000
1	17 000	0.961 5	16 346	0.862 1	14 092
2	17 000	0.924 6	15 718	0.743 2	11 682
3	17 000	0.889 0	15 113	0.640 7	9 683
4	17 000	0.854 8	14 532	0.552 3	8 026
5	17 000	0.821 9	13 972	0.476 2	6 653
净现值			45 681		20 136

表 7-9　B 项目调整前后净现值对比　　　　　　　　　　　　　金额单位:元

年　数	现金流入量	现值系数 ($P/S,4\%,n$)	未调整现值	现值系数 ($P/S,10\%,n$)	调整后现值
0	-40 000	1.000 0	-40 000	1.000 0	-40 000
1	19 000	0.961 5	18 269	0.909 1	16 608
2	19 000	0.924 6	17 567	0.826 4	14 517
3	19 000	0.889 0	16 891	0.751 3	12 690
4	19 000	0.854 8	16 241	0.683 0	11 093
5	19 000	0.821 9	15 616	0.620 9	9 696
净现值			44 584		24 604

　　如果不进行调整,两个项目差不多,A 项目比较好一些,但是经过风险调整,两个项目的差别就明显了,B 项目好得多。

　　这两种方法各有如下特点:

　　调整现金流量法中的肯定当量法首先充分考虑了货币时间价值,根据不同年份风险程度的不同,分别采用不同的肯定当量系数,把不确定的现金流量变成相对肯定的现金流量,再根据无风险报酬率进行贴现。这种方法最大的困难是确定合理的肯定当量系数,这是比较困难的。

　　风险调整折现法比较符合人们的习惯,在实际中广泛应用,但是这种方法用单一的折现率同时完成风险调整和时间调整,这意味着夸大远期现金流量的风险,可能与事实不符。当然,确定合理的、符合实际的贴现率是一个相当复杂的问题。

本章小结

　　长期投资是企业财务决策中十分重要的一部分内容。通过对长期投资项目预计会产生的现金流量进行估计,充分考虑影响投资项目的相关影响因素,对企业做出正确的投资决策至关重要。基于长期投资决策的特点、意义,本章主要讲述了长期投资项目现金流量的估计,并在此概念基础之上,用折现的思维方式计算各项投资决策指标,包括静态指标和动态指标,再根据投资决策指标运用法则对项目投资做出正确的财务分析和决策。本章的主要内容是财务管理的重点内容,难度较大,尤其是对现金流量概念的理解及估算、净现值指标的计算及应用,都需要认真体会和多加练习。

案例分析

　　长河公司想改变旗下某种产品的生产线自动化水平,目前有全自动化和半自动化两个方案可供选择。公司按 5 年的计划期运作,不管哪个方案年产销量都是 10 000 件,产品的售价都是 225 元/件。

　　全自动化生产线涉及的总投资为 300 万元,每件产品的材料成本为 36 元,人工及变动制造费用为 54 元,5 年后残值为 30 万元。而半自动化生产线会造成较高的耗费,每件产品

第七章 长期投资决策

的材料成本为42元,人工及变动制造费用为123元,总投资为75万元,5年后无残值。公司采用直线法提折旧,资本的回报率为16%(暂不考虑所得税)。

讨论: 分析要提交给公司管理层的数据,以协助他们做出投资分析并提出建议。

课后训练

一、思考题

1. 投资项目的现金流量的内容是什么?如何计算?
2. 长期投资决策分析的动态指标有哪些?如何计算、应用?
3. 简述风险投资分析常用的两种方法,以及各自的主要内容及特点。

二、业务练习题

1. 某投资项目投资总额为2 000 000元,其中,固定资产投资1 600 000元,建设期2年,于建设起点分2年平均投入;无形资产投资200 000元,于建设起点投入。投产前流动资金垫支200 000元。该项目经营期10年,按直线法提折旧,期满残值为100 000元。无形资产于投产后分5年摊销。项目投产后,前5年每年可获得50 000元的营业利润,后5年每年可获得700 000元的营业收入,发生350 000元的付现成本,所得税税率为25%。

要求: 计算该项目各年的现金流量。

2. 某企业目前有一套尚可使用5年的旧设备,该设备原始价值为299 000元,截至当前累计折旧190 000元,目前变现价值为90 000元,预计净残值为9 000元。若更新旧设备,购买新设备,需支付买价550 000元,新设备也使用5年,预计净残值为50 000元。新设备可使企业第1年增加营业收入110 000元,增加营业成本20 000元,在第2—4年内每年增加营业利润100 000元,第5年增加营业现金净流量114 000元,使用新设备比旧设备每年增加折旧80 000元。新旧设备均用直线法提折旧,适用所得税税率为25%。假设该企业的资本成本率为10%。

要求: 用差额净现值法做出方案优劣判断。

3. 某公司拟购买一套新设备代替旧设备。旧设备原值15 000元,已使用4年,尚可使用4年,每年的付现成本为2 000元,残值为2 000元,目前的变现价值为8 000元;新设备的购置成本为13 000元,预计使用6年,年付现成本为800元,预计残值为2 500元。该公司适用所得税税率为30%,预期报酬率为12%,税法规定此类设备折旧年限6年,残值率为10%,用直线法提折旧。

要求: 分析该公司是否应该更新设备。

第八章

全面预算

学习目标

通过本章的学习,理解全面预算的含义、编制的原则和编制的一般程序;掌握全面预算的体系和编制方法,以及弹性预算、零基预算、滚动预算等预算编制方法的特点、作用和具体内容。

技能要求

能够结合实际运用全面预算的编制原理及方法编制全面预算,在成本性态的基础上进行弹性预算,掌握零基预算、滚动预算等预算编制方法。

微课

案例导入

通用公司创立于1908年,其创始人杜兰特精于创业。1910年,公司刚成立2年,他以股票换股票的方式,控制了二十多家汽车、汽车零部件及其附属用品的制造企业,但同时也因对所属企业缺乏统一协调,使公司陷入财务危机而被摩根银行接管,自己也不得不"下野"。1915年,杜兰特又奇迹般夺回"帅印",继续开拓,但1920年又因同样的原因永远离开了通用公司。1923年,斯隆担任总经理,他针对通用产品多样化的特点,建立多分部的组织结构,并通过预算管理实行"分散权责、集中监督(控制)"的体制。所谓分散权责是指高层经理将产品定价、产品结构安排、产品设计、材料采购、客户关系等几项权力下放给分部经理;而集中控制则是指高层经理通过预算编制和定期收到各分部经营活动和盈利情况的财务信息,以确保分部经理所做的决策和采取的行动有助于整个公司总体目标的实现。在操作层面上包括:①编制年度经营预算;②编制月度弹性预算及反馈报告;③销售周报;④年度分部业绩报告。杜兰特和摩根银行的失败在于找不到整合通用公司的方法,斯隆的成功则在于他找到了用预算整合通用公司的方法,这也使得"通用模式"成为整合横向型集团公司的典范。

思考:预算管理是如何帮助企业实现整体目标的?

第一节 全面预算概述

全面预算管理作为对现代企业成熟与发展起过重大推动作用的管理系统,是企业内部管理控制的一种主要方法。这一方法自20世纪20年代在美国的通用电气、杜邦、通用汽车公司产生之后,很快就成了大型工商企业的标准作业程序。从最初的计划、协调,发展到现

第八章 全面预算

在的兼具控制、激励、评价等诸多功能的一种综合贯彻企业经营战略的管理工具,全面预算管理在企业内部控制中日益发挥核心作用。正如著名管理学家戴维·奥利所说的,全面预算管理是为数不多的几个能把企业的所有关键问题融合于一个体系中的管理控制方法之一。

一、全面预算的概念及作用

(一) 全面预算的概念

全面预算是指在预测与决策的基础上,按照企业既定的经营目标和程序,规划与反映企业未来的销售、生产、成本、现金收支等各方面活动,以便对企业特定计划期内全部生产经营活动有效地做出具体组织与协调,最终以货币为主要计量单位,通过一系列预计的财务报表及附表展示其资源配置情况的有关企业总体计划的数量说明。

根据安达信公司"全球最佳实务数据库(Global Best Practice)"中的定义:"预算是一种系统的方法,用来分配企业的财务、实物及人力等资源,以实现企业既定的战略目标。企业可以通过预算来监控战略目标的实施进度,有助于控制开支,并预测企业的现金流量与利润。"由此可以说,预算本身并不是最终目的,更多的是充当一种在公司战略与经营绩效之间联系的工具。预算体系在分配资源的基础上,主要用于衡量与监控企业及各部门的经营绩效,以确保最终实现公司的战略目标。

(二) 全面预算的作用

全面预算是将企业总体目标具体化,其作用主要表现在以下几个方面。

1. 明确各部门的工作目标和任务

全面预算的过程就是将企业的总体目标分解,并落实到各部门、各环节,甚至职工个人的过程,从而使各个部门了解各自的经济活动与整个企业经营目标之间的关系,明确各自的职责及其努力方向,从各自的角度去完成企业总的战略目标,避免了各部门忽视企业总体利益,片面追求部门利益的现象。

2. 有助于配置企业的资源

全面预算确定了为实现企业经营目标所进行的活动计划,从而必须确定为完成企业的活动计划所需要的资源,这样有助于管理者找出经营中现存的和潜在的瓶颈,归集关键性资源以缓解瓶颈,防止它们成为企业实现预算目标的障碍。因而,可以有效地配置和利用企业的资源。

3. 促进沟通与协调各部门的工作

全面预算的编制过程是由各部门密切配合、相互协调、统筹兼顾、全面安排的结果,将企业各部门融合为一个协调的整体。通过预算,高层管理者可以将计划和目标传达给整个组织,指导各部门的经理及全体员工,然后,每个部门的经理及员工向高层管理者汇报他们将如何达到组织目标的计划。因而,全面预算的编制使各部门的经理人员都了解到本部门与企业总体的关系,以及本部门与其他部门间的关系。在努力实现企业总体目标的前提下,各部门便能够自觉地调整好自己的工作,并配合其他部门共同完成企业的总体目标,同时部门间也有了交换意见的基础。例如,在"以销定产"的经营方针下,生产预算应当以销售预算为根据,材料采购预算必须与生产预算相衔接,等等。

4. 控制各部门的日常经济活动

全面预算是控制企业日常经济活动的主要依据,在预算执行过程中,应及时地将实际状况与预算相对比,发现差异并分析查找原因,以便采取必要措施,消除薄弱环节,从而保证企业经营目标的实现。

5. 考评各部门的业绩

表达清晰的预算目标不仅能够帮助员工更好地理解整个企业的目标,而且能够使员工清楚地了解自己的任务与责任,激励员工不断地朝着预算目标努力,从而保证企业整体经营目标的实现。企业预算确定的各项指标,也是考核各部门工作成绩的基本尺度。在评定各部门工作业绩时,要根据预算的完成情况,分析偏离预算的程度和原因,划清责任,奖罚分明,促使各部门为完成预算规定的目标而努力工作。

二、全面预算体系的构成

全面预算的基本体系是指以本企业的经营目标为出发点,通过对市场需求的研究和预测,以销售预算为主导,延伸到生产、成本和现金收支等各方面的预算,最后编制预计财务报表的一种预算体系。因为企业的性质和规模不同,所以全面预算的具体内容体系也会有所不同,但其基本内容是相同的,通常包括日常业务预算、专门决策预算及财务预算3个部分。其具体内容如下。

(一) 日常业务预算

日常业务预算又称经营预算,是指对企业日常的供、产、销等生产经营活动所编制的各种预算。它是编制全面预算的基础,主要包括销售预算、生产预算、直接材料预算、直接人工预算、制造费用预算、产品成本预算、营业及管理费用等。这些预算大多以实物量指标和价值量指标分别反映企业收入与费用的构成情况。

(二) 专门决策预算

专门决策预算又称特种决策预算,是指企业为不经常发生的长期投资项目或一次性专门业务所编制的预算,通常是指与企业投资活动、筹资活动或收益分配等相关的各种预算。它可以分为资本预算和一次性专门业务预算两类。其中,资本预算主要是针对企业长期投资决策编制的预算,包括固定资产投资预算、权益性资本投资预算和债券投资预算;一次性专门业务预算主要有资金筹措及运用预算、交纳税金与发放股利预算等。

(三) 财务预算

财务预算是指根据日常业务预算和专门决策预算所涉及的有关现金收支、经营财务成果和财务状况等变动所编制的预算。它具体包括现金预算、预计损益表、预计资产负债表和预计现金流量表等。这些预算以价值量指标总括反映经营预算和资本支出预算的结果。

全面预算体系是由一系列预算按其经济内容及相互关系有序排列组成的有机体。虽然业务预算、财务预算和专门决策预算各有侧重,但在实际编制时却是前后衔接、密不可分的。企业业务预算通常是在销售预测的基础上,首先对企业的产品销售进行预算,然后再以"以销定产"的方法,逐步对生产、材料采购、存货和费用等方面进行预算。业务预算和专门决策预算是财务预算的基础,财务预算是业务预算和资本支出预算的现金流量总结。全面预算所包含的内容和各项预算之间的关系如图8-1所示。

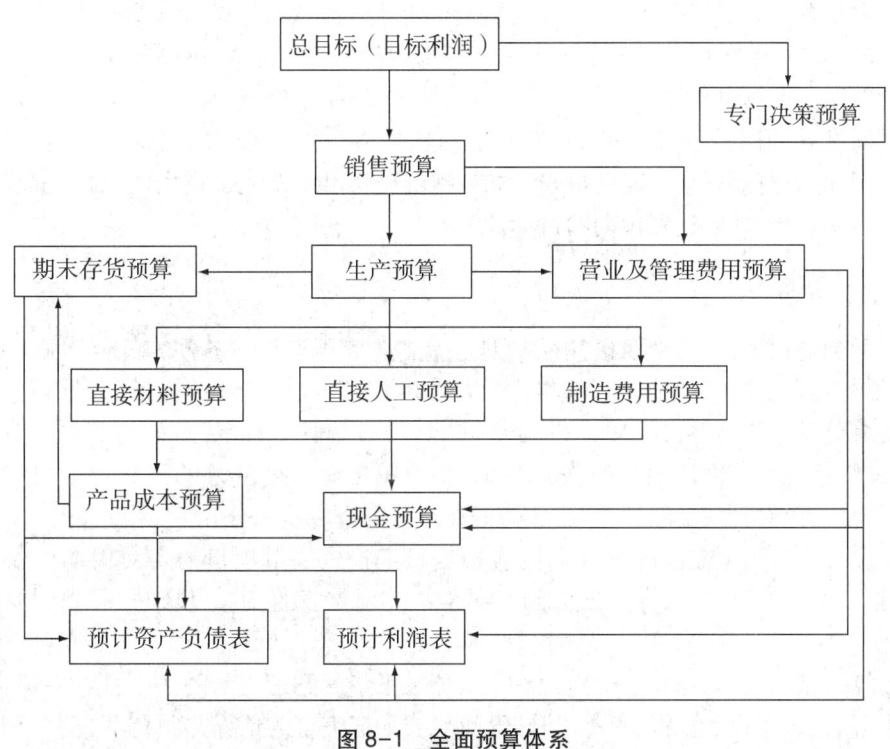

图8-1 全面预算体系

三、全面预算编制程序及预算期

（一）全面预算编制程序

通常,为了保证预算编制工作有条不紊地进行,一般要在企业内部专设一个预算委员会负责预算编制并监督实施。它由企业的高级管理人员组成。典型的预算委员会由总经理,分管销售、生产、财务等方面的副总经理,战略经营单位负责人,财务总监等高级管理人员组成。委员会的大小取决于企业的规模、预算所涉及的人数、预算过程中内部单位的参与程度及总经理的管理风格等。预算委员会是企业管理预算事项的最高权力机构,主要任务是制定和颁布有关预算制度的各项政策,审查和协调各部门的预算申报工作,解决有关方面在编制预算时可能发生的矛盾和争执,批准最终预算,并经常检查预算的执行情况。

全面预算的编制工作是一项工作量大、涉及面广、时间性强、操作复杂的工作。企业预算的编制涉及经营管理的各个部门,只有执行人参与预算的编制,才能使预算成为他们自愿努力完成的目标。因此,预算的编制应采取"由上而下、上下结合、分级编制、逐级汇总"的方法,不断反复和修正,最后综合平衡,并以书面形式向下传达,作为正式的预算落实到各有关部门付诸实施。

全面、具体的编制程序一般为：①由预算委员会根据企业经营总目标拟定预算总目标，并分解下达企业各有关部门；②各业务部门根据本部门具体预算目标并考虑影响预算的各种内外部因素编制本部门预算草案；③由预算委员会汇总协调和平衡各部门预算草案；④预算委员会审议预算并上报企业董事会，以确定企业综合预算和各部门具体预算；⑤预算委员会将批准的预算下达各部门。由此可见全面预算中的"全面"是指全人员、全方位和全过程。

尽管在制定预算时预见了未来可能发生的情况，并制定出相应的应变措施，但预算还是不可能面面俱到，情况会不断变化，总有一些问题是不可能预见到的，故而预算管理不能一成不变。因此，要对预算进行定期检查。如果情况确实已经发生了重大的变化，就应当调整预算或重新制定预算，以达到预期的目标。

（二）预算期

不同种类的预算，其编制期也往往不同。编制业务预算与财务预算的期间通常以一年为期，这样可使预算期间与会计年度相一致，便于对预算执行结果的分析、评价和考核。年度预算要有分季的数字，而其中的第一个季度，还应有分月的数字；当第二个季度即将来临的时候，又将第二个季度的预算数按月分解，提出第二个季度分月的预算数。如此顺序推进，在一个月份内有关现金的预算数，还可按旬或按周进一步细分。

专门决策中的资本支出的预算期则应根据长期投资决策项目的寿命周期要求具体制定，预算期一般在一年以上，分年度编制。属于本计划年底的，进一步细分成季度数据或按月编制。

在预算编制的具体时间上，全面预算一般要在下年度到来之前的3个月着手编制，按规定进程由各级人员组织编、报、审等工作，至年底要形成完整的预算并颁布下去。

 **知识链接**

国外预算发展史

1. 政府预算（1215年，英国《大宪章》）

议会监督国王的财政收支。

社会资源分配的手段，协调当事人利益关系和行为的手段。

2. 预算控制（20世纪初，泰罗，标准成本法、成本费用控制）

3. 财务资源的规划与控制（1920年，杜邦和通用，分权管理）

预算内容：通用公司要求各分支机构详细预测销售量、产量和材料采购量，从而安排财务资源。

预算组织：杜邦公司成立执行委员会，详细审核和批准分支机构预算、业绩评价、分配资源。

4. 参与式预算（1940年，行为管理）

预算对象从财务资源扩大到组织资源（人力资源、信息资源）。

除计划和控制外，增加了协调、沟通和激励功能。

5. 零基预算、弹性预算（1970年）

6. 作业预算（1980年）

7. 战略预算（1990年）

第八章 全面预算

第二节 全面预算的编制实例——以固定预算为例

企业生产经营活动全面预算的预算期间通常为一年,并且与企业的会计年度相一致。下面以固定预算为例介绍全面预算的编制过程。

一、日常业务预算

日常业务预算是全面预算的基础。它是为工业企业供、产、销及管理活动编制的预算,包括销售预算、生产预算、直接材料预算、直接人工预算、制造费用预算、产品成本预算、销售与管理费用预算。

(一)销售预算

销售预算是指在销售预测的基础上,根据企业年度目标利润确定的预计销售量、销售单价和销售收入等参数编制的,用于规划预算期内销售活动的一种业务预算。销售预算是编制全面预算的出发点,也是日常业务预算的基础。销售预算通常要分品种、分月份、分销售区域、分推销员来编制。为了简化起见,本书只划分了季度销售数据。

销售预算的主要内容是销售量、单价和销售收入。在销售预算中,通常还包括根据各季现销收入与回收赊销货款的可能情况计算的现金收入,为编制现金预算提供必要的资料。其中,销售量可按预测销售量确定,单价可采用企业的目标价格。

销售预算中涉及的基本计算公式为:

$$销售收入 = 销售量 \times 销售单价$$

例 8-1 假定 K 公司只生产和销售一种产品,每季的产品销售在当季收到的货款占 60%,其余部分在下季收讫。该公司预算年度的分季销售预算如表 8-1、表 8-2 所示。

表 8-1 销售预算　　　　　　　　　　　金额单位:元

季度 项目	一	二	三	四	全年
预计销售量(件)	100	150	200	180	630
预计单位售价	200	200	200	200	200
销售收入	20 000	30 000	40 000	36 000	126 000

表 8-2 预计现金收入　　　　　　　　　　金额单位:元

	一	二	三	四	全年
上年应收账款	6 200				6 200
第一季度(销货 20 000 元)	12 000	8 000			20 000
第二季度(销货 30 000 元)		18 000	12 000		30 000
第三季度(销货 40 000 元)			24 000	16 000	40 000

续 表

第四季度（销货36 000元）				21 600	21 600
现金收入合计	18 200	26 000	36 000	37 600	117 800

说明：每季度的现金收入＝本季度现金收入＋收回上季度应收账款

＝该季度产品销售收入×60％＋上季度产品销售收入×40％

（二）生产预算

生产预算是为规划预算期内生产规模而编制的一种业务预算。它是在销售预算的基础上编制的，可以为下一步编制成本和费用预算提供依据。

通常，企业的生产和销售不能做到"同步同量"，需要设置一定的存货，以保证能在发生意外需求时按时供货，并可均衡生产，节省赶工的额外支出。存货数量通常按下期销售量的一定百分比确定。年初存货是编制预算时预计的，年末存货根据长期销售趋势来确定。编制生产预算的主要依据是预算期各种产品的预计销售量及存货量资料。其计算公式为：

预计生产量＝预计销售量＋预计期末产成品存货量－预计期初产成品存货量

例 8-2 承[例 8-1]，假定 K 公司各季度的期末存货按下季度销售量的10％计算，预计期末存货量为20件。根据销售预算中的资料，可编制预算年度的分季生产预算，如表8-3所示。

表8-3 生产预算 单位：件

季度 项目	一	二	三	四	全年
预计销售量	100	150	200	180	630
加：预计期末存货	15	20	18	20	20
合计	115	170	218	200	650
减：预计期初存货	10	15	20	18	10
预计生产量	105	155	198	182	640

（三）直接材料预算

直接材料预算又称直接材料采购预算，是为直接材料采购活动编制的预算。预计生产量确定以后，按照单位产品的直接材料消耗量，同时考虑预计期初、期末的材料存货量，便可以编制直接材料预算。

直接材料预算主要包括单位产品直接材料耗用量，生产需要量，期初、期末的材料存量，预计的材料采购量与预计的采购金额。此外，编制直接材料采购预算，还要计算与材料采购相联系的预计现金支出。其中，单位产品材料耗用量的数据来自标准成本资料或消耗定额资料，年初和年末的材料存货量是根据当前情况和长期销售预测估计的。各季度期末材料存量根据下季度生产量的一定百分比确定。与直接材料预算相关的计算公式为：

预计生产需要量＝预计生产量×单位产品材料耗用量

预计材料采购量＝预计生产需要量＋预计期末材料存量－预计期初材料存量

预计材料采购现金支出＝上期采购材料将于本期支付的现金＋本期采购材料并于本期支付的现金

第八章 全面预算

例 8-3 承[例8-2],假定 K 公司单位产品的材料消耗定额为 10 千克,计划单价为 5 元/千克。每季度的购料款当季付 50%,其余在下季度付讫。各季度的期末存料按下一季生产需用量的 20% 估算,期初应付购料款为 2 350 元。根据生产预算中的预计生产量,结合期初、期末的存料水平,以及单位产品的材料消耗定额和材料计划单价等数据,可编制预算年度的分季直接材料预算,如表 8-4、表 8-5 所示。

表 8-4 直接材料预算　　　　　　　　　　　　　　　　　单位:千克,元

季度 项目	一	二	三	四	全年
预计生产量(件)	105	155	198	182	640
单位产品材料用量	10	10	10	10	10
生产需用量	1 050	1 550	1 980	1 820	6 400
加:预计期末存量	310	396	364	400	400
合　计	1 360	1 946	2 344	2 220	6 800
减:预计期初存量	300	310	396	364	300
预计材料采购量	1 060	1 636	1 948	1 856	6 500
单价	5	5	5	5	5
预计采购金额	5 300	8 180	9 740	9 280	32 500

表 8-5 预计现金支出　　　　　　　　　　　　　　　　　　　　　单位:元

上年应付账款	2 350				2 350
第一季度(采购 5 300 元)	2 650	2 650			5 300
第二季度(采购 8 180 元)		4 090	4 090		8 180
第三季度(采购 9 740 元)			4 870	4 870	9 740
第四季度(采购 9 280 元)				4 640	4 640
合　计	5 000	6 740	8 960	9 510	30 210

(四) 直接人工预算

直接人工预算是以生产预算为基础编制的。其主要内容包括预计生产量、单位产品工时、人工总工时、每小时人工成本和人工总成本。预计产量数据可从生产预算取得,单位产品人工工时和每小时人工成本数据来自标准成本资料。相关的计算公式为:

$$直接人工总工时 = \sum (预计生产量 \times 单位产品工时定额)$$

$$直接人工成本 = 直接人工总工时 \times 小时工资率$$

由于直接人工工资都需要使用现金支付,因此不需要另外预计现金支出,可直接参加现金预算的汇总。

例 8-4 承[例8-3],假定 K 公司在预算期间内所需直接人工只有一个工种,单位产品的工时定额为 10 个工时,单位工时工资率为 2 元。根据预算期生产预算的预计产量,

编制直接人工预算,如表 8-6 所示。

表 8-6　直接人工预算　　　　　　　　　　　　　　　　　　　　　　单位:元

项　目 \ 季　度	一	二	三	四	全　年
预计产量(件)	105	155	198	182	640
单位产品工时(小时)	10	10	10	10	10
人工总工时(小时)	1 050	1 550	1 980	1 820	6 400
每小时人工成本	2	2	2	2	2
人工总成本	2 100	3 100	3 960	3 640	12 800

(五)制造费用预算

制造费用预算是指用于规划除直接材料和直接人工预算以外的其他一切生产费用的一种业务预算。制造费用预算一般分为变动制造费用预算和固定制造费用预算两部分。变动制造费用预算以生产预算为基础进行编制,变动制造费用与生产量之间存在着线性关系,一般依靠其单位变动费用来编制。固定制造费用与生产量之间不存在线性关系,其预算需要逐项进行预计,通常都是根据上年的实际水平,经过适当的调整而取得的。相关的计算公式为:

变动制造费用分配率 = 变动制造费用 ÷ 直接人工总工时

每期变动制造费用 = 每期直接人工工时 × 变动制造费用分配率

 例 8-5　K 公司编制制造费用预算,如表 8-7 所示。

表 8-7　制造费用预算　　　　　　　　　　　　　　　　　　　　　　单位:元

项　目 \ 季　度	一	二	三	四	全　年
变动制造费用:					
间接人工	105	155	198	182	640
间接材料	105	155	198	182	640
修理费	210	310	396	364	1 280
水电费	105	155	198	182	640
小计	525	775	990	910	3 200
固定制造费用:					
修理费	1 000	1 140	900	900	3 940
折旧	1 000	1 000	1 000	1 000	4 000
管理人员工资	200	200	200	200	800
保险费	75	85	110	190	460
财产税	100	100	100	100	400
小计	2 375	2 525	2 310	2 390	9 600
合　计	2 900	3 300	3 300	3 300	12 800
减:折旧	1 000	1 000	1 000	1 000	4 000
现金支出的费用	1 900	2 300	2 300	2 300	8 800

为了便于以后编制产品成本预算,需要计算小时费用率。

变动制造费用分配率＝3 200÷6 400＝0.5(元/小时)

固定制造费用分配率＝9 600÷6 400＝1.5(元/小时)

(六) 产品成本预算

产品成本预算是反映预算期内各种产品生产成本水平的一种业务预算。它是在生产预算、直接材料预算、直接人工预算和制造费用预算的基础上编制的。其主要内容是产品的单位成本和总成本,有时还要包括年初年末的产品存货预算。

例 8-6 承前例,假定 K 公司计算产品生产成本采用全部成本法。根据前面编制的生产预算(见表 8-3)、直接材料预算(见表 8-4)、直接人工预算(见表 8-6)和制造费用预算(见表 8-7)中有关料、工、费三大项目的资料及计划期末存货量,编制产品成本预算,如表 8-8 所示。

表 8-8　产品成本预算　　　　　　　　　　金额单位:元

项　目	单位成本			生产成本 (640 件)	期末存货 (20 件)	销货成本 (630 件)
	每千克或每小时	投入量	成本			
直接材料	5	10 千克	50	32 000	1 000	31 500
直接人工	2	10 小时	20	12 800	400	12 600
变动制造费用	0.5	10 小时	5	3 200	100	3 150
固定制造费用	1.5	10 小时	15	9 600	300	9 450
合　计			90	57 600	1 800	56 700

(七) 销售与管理费用预算

销售与管理费用预算是指为产品销售活动和一般行政管理活动所发生的各项费用的预算。销售与管理费用预算是按照费用的不同性态分别进行编制的。变动销售及管理费用按销售比例分配,固定销售及管理费用扣除折旧后按季平均分配。

例 8-7 承前例,假定 K 公司负责销售与管理费用的部门根据预算期间的具体情况,编制销售与管理费用预算,如表 8-9 所示。为了简化,该公司的销售与管理费用都按季平均分配。

表 8-9　销售与管理费用预算　　　　单位:元

销售费用:	
销售人员工资	2 000
广告费	5 500
包装、运输费	3 000
保管费	2 700

续 表

管理费用：	
管理人员薪金	4 000
福利费	800
保险费	600
办公费	1 400
合　　计	20 000
每季度支付现金（20 000÷4）	5 000

二、专门决策预算

专门决策预算主要有资本支出预算和一次性专门业务预算两类。

（一）资本支出预算

资本支出预算是与项目投资决策密切相关的专门决策预算。它主要根据经过审核批准的各个长期投资决策项目编制，并且需详细列出该项目在寿命周期内各个年度的现金流出量和现金流入量的明细资料。

例 8-8 承前例，假定 K 公司董事会批准在预算期间的第二季度以自有资金购置机器设备 1 台，需支付 10 000 元，预计可使用 5 年，期满残值为 200 元。据此编制的专门决策预算，如表 8-10 所示。

表 8-10　资本支出预算

资本支出项目	购置期间	原投资额（元）	估计使用年限（年）	期满残值（元）	资金来源	资金成本
购置设备 1 台	第二季度	10 000	5	200	自有	10%

（二）一次性专门业务预算

一次性专门业务预算是指企业为满足正常的业务经营和资本支出的需要，对日常理财活动中涉及的筹措和使用资金等一次性专门业务编制的预算。其主要有以下内容：

（1）资金筹措及运用预算是指编制现金预算时，若现金不足时应及时筹措，若现金多余时应充分运用而编制的预算。

（2）其他财务决策。例如，在预算期间缴纳所得税、发放股利、红利等。

例 8-9 承前例，假定 K 公司财务部门根据预算期间现金收支状况编制专门决策预算，如表 8-11、表 8-12 所示。

表 8-11　专门决策预算　　　　　　　　　　　　　　单位：元

专门业务名称	资金来源	资金去向	1月初	4月初	9月末	12月末	本金	利息
筹措资金	银行			11 000			11 000	
归还借款		银行			11 550	1 080	11 000	1 630

第八章　全面预算

表 8-12　专门决策预算　　　　　　　　　　　　　　　单位：元

专门业务名称	支付对象	支付日期				合　计
		第一季末	第二季末	第三季末	第四季末	
预付所得税	税务局	4 000	4 000	4 000	4 000	16 000
预付股利	股东		8 000		8 000	16 000

三、财务预算

财务预算具体包括现金预算、预计损益表、预计资产负债表和预计现金流量表 4 个方面，现对前 3 个分别予以阐述。

（一）现金预算

1. 现金预算的概念及内容

现金预算又称现金收支预算，是指以日常业务预算和专门决策预算为基础所编制的反映预算期现金收支情况的预算。现金预算表中的现金是指货币资金。现金预算表主要反映现金收支差额和现金筹措等使用情况，同时也要求反映期初期末现金余额。现金预算为编制预计资产负债表提供数据，是企业现金管理的重要工具，有助于企业合理地安排和调动资金，降低资金的使用成本。

现金预算通常包括现金收入、现金支出、现金余缺，以及资金的筹措与运用、期末现金余额 5 个组成部分。

（1）现金收入包括期初的现金余额和预算期的现金收入。其中，期初现金余额来源于上期期末现金余额；预算期的现金收入包括各项经营业务活动的现金收入和其他现金收入。一般来说，产品销售收入是经营业务活动的现金收入的最主要的来源，可从销售预算表中获得该资料。

（2）现金支出包括预算期预计的各项现金支出。其具体包括直接材料、直接人工、制造费用、营业费用、管理费用、财务费用等方面的经营性现金支出，用于缴纳税金、股利分配等支出，还包括购买设备等资本性支出，可从有关业务预算和专门决策预算中获得相应资料。

（3）现金余缺又称现金收支差额或现金多余或不足，是指各项现金收入减去各项现金支出后的余额。其计算公式为：

现金余缺＝期初现金余额＋预算期现金收入－预算期现金支出

（4）资金的筹措与运用，这是编制现金预算的核心内容。现金余缺与期末现金余额均要通过协调资金筹措及运用来调整。应当在保证各项支出所需资金供应的前提下，通过计算现金最佳持有量，注意保持期末现金余额在合理的上下限度内波动。因为现金储备过少会影响周转，造成短缺；现金储备过多又会造成机会损失，也是一种浪费。因此，企业不仅要定期筹措到抵补收支差额的现金，还必须保证有一定的现金储备。当现金收支差额为正值，在偿还了利息和借款本金之后仍超过现金余额上限时，就应当进行有价证券投资；但一旦发现还本付息之后的收支差额低于现金余额下限时，就应该抛出一部分有价证券来补足现金短缺；如果现金收支差额为负值（现金短缺），可采取发行股票、债券，抛售有价证券或向银行借款等措施来筹措资金,弥补现金。

(5) 期末现金余额应当保持一个合理的或最佳的现金余额。其计算公式为:

$$期末现金余额＝现金余缺－资金投放或归还总额＋资金筹措总额$$

2. 现金预算的编制

例 8-10 承前例,假定 K 公司按年度分季度编制现金预算。该企业需要保留的现金余额为 6 000 元,不足此数时需向银行借款。假设银行借款的金额要求是 1 000 元的倍数,编制现金预算,如表 8-13 所示。

表 8-13 现金预算 单位:元

季度 项目	一	二	三	四	全 年
期初现金余额	8 000	8 200	6 060	6 290	8 000
加:销货现金收入(见表 8-2)	18 200	26 000	36 000	37 600	117 800
可供使用现金	26 200	34 200	42 060	43 890	125 800
减:各项支出					
直接材料(见表 8-5)	5 000	6 740	8 960	9 510	30 210
直接人工(见表 8-6)	2 100	3 100	3 960	3 640	12 800
制造费用(见表 8-7)	1 900	2 300	2 300	2 300	8 800
销售与管理费用(见表 8-9)	5 000	5 000	5 000	5 000	20 000
所得税(见表 8-12)	4 000	4 000	4 000	4 000	16 000
购买设备(见表 8-10)		10 000			10 000
股利(见表 8-12)		8 000		8 000	16 000
合 计	18 000	39 140	24 220	32 450	113 810
现金多余或不足	8 200	(4 940)	17 840	11 440	11 990
向银行借款(见表 8-11)		11 000			11 000
还银行借款(见表 8-11)			(11 000)		11 000
短期借款利息(见表 8-11)			(550)		550
长期借款利息(见表 8-11)				(1 080)	1 080
期末现金余额	8 200	6 060	6 290	10 360	10 360

第一季度期初现金 8 000 元,见基期资产负债表。第三季度现金多余,可用于偿还借款。一般按"每期期初借入,每期期末归还"来预计利息,故本借款期为 6 个月。假设利率为 10%,则应计利息为 550 元。

利息＝11 000×10%×(6÷12)＝550(元)

此外,还应将长期借款利息纳入预算。本例中长期借款余额为 9 000 元,利率为 12%,预计在第四季度支付利息 1 080 元。

(二) 预计损益表

预计损益表是提供未来一定期间收入、成本、利润等方面资料的一种报表。它是在上述各经营预算的基础上,按照权责发生制的原则进行编制的,其编制方法与编制一般财务报表中的损益表相类似。预计损益表揭示的是企业未来的盈利情况,企业管理当局可据此了解企业的发展趋势,并适时调整其经营策略。该表既可以分季编制,也可按年编制,要注意按照权责发生制来编,而且所得税项目的金额通常不是根据利润总额乘以所得税税率计算出来的,而是预先估计的数。

例 8-11 承前例,假定 K 公司根据上述各项预算表的有关资料,编制利润表预算,如表 8-14 所示。

表 8-14 利润表预算　　　　　　　　单位:元

项　目	金　额
销售收入(见表 8-1)	126 000
销货成本(见表 8-8)	56 700
毛利	69 300
销售与管理费用(见表 8-9)	20 000
利息(见表 8-11)	1 630
利润总额	47 670
所得税(估计)(见表 8-12)	16 000
税后净收益	31 670

说明:"所得税"项目是在利润规划时估计的,并已列入现金预算。它通常不是根据利润和所得税税率计算出来的。

(三) 预计资产负债表

预计资产负债表是以货币表现的预算期期末财务状况的总括性预算。它是在预算期初资产负债表的基础上,根据经营预算、专门决策预算、现金预算和预计损益表的有关结果,对有关项目进行调整后编制而成的。预计资产负债表反映的是企业预算期末各账户的预计余额,企业管理当局可以据此了解到企业未来期间的财务状况,以便采取有效措施,防止企业不良财务状况的出现。

例 8-12 承前例,假定 K 公司根据上述各项预算表的有关资料,按照期初资产负债表的数字调整编制的预计资产负债表,如表 8-15 所示。

表 8-15 资产负债表预算　　　　　　　　单位:元

资　产			权　益		
项　目	年　初	年　末	项　目	年　初	年　末
现金(见表 8-13)	8 000	10 360	应付账款(见表 8-4)	2 350	4 640
应收账款(见表 8-1)	6 200	14 400	长期借款	9 000	9 000
直接材料(见表 8-4)	1 500	2 000	普通股	20 000	20 000
产成品(见表 8-8)	900	1 800	未分配利润	16 250	31 920
固定资产	35 000	45 000			
累计折旧(见表 8-7)	4 000	8 000			
资产总额	47 600	65 560	权益总额	47 600	65 560

第三节　全面预算的编制方法

在预算的编制过程中,应根据单位性质、业务规模、生命周期及所处市场环境等因素采用不同的预算编制方法,下面以对比的方式介绍具体预算编制方法。

一、固定预算与弹性预算

全面预算按照其与预算期内业务量变动关系及预算发挥效用中灵活程度的不同,可分为固定预算和弹性预算。

(一) 固定预算

固定预算又称静态预算,是以预算期内正常的、可能实现的某一业务量(如生产量、销售量)水平为固定基础,不考虑可能发生的变动因素而编制预算的方法。它是最传统的,也是最基本的预算编制方法。固定预算的优点是简便易行。其缺点主要有如下几点:①过于机械呆板。因为编制预算的业务量基础是事先假定的某一个业务量,不论预算期内业务量水平可能发生哪些变动,都只按事先确定的某一个业务量水平作为编制预算的基础。②可比性差。这是固定预算的致命弱点。当实际的业务量与编制预算所根据的预计业务量发生较大差异时,有关预算指标的实际数与预算数就会因业务量基础不同而失去可比性。因此,按照固定预算方法编制的预算不利于正确地控制、考核和评价企业预算的执行情况。一般来说,固定预算只适用于业务量水平较为稳定的企业或非营利组织编制预算。

(二) 弹性预算

1. 弹性预算的含义

弹性预算也称动态预算,是在固定预算方法的基础上发展起来的一种预算方法。它是根据计划期或预算期的多种不同业务量水平,分别编制其相应的预算,以反映不同业务水平下可能发生的费用和收入水平。

编制弹性预算所依据的业务量可以是产量、销售量、直接人工工时、机器工时、材料消耗量或直接人工工资等。业务量范围是指弹性预算所适用的业务量区间。业务量范围的选择应根据企业的具体情况而定。一般来说,可定在正常生产能力的70%~110%,或以历史上最高业务量或最低业务量为其上下限,并将业务量按每间隔5%或10%或某一固定间距分成若干区间段。

2. 弹性成本预算的编制

企业在编制弹性成本预算前,首先将全部费用按成本性态划分为变动成本和固定成本。在编制预算时,固定成本则按总额控制,只要将变动成本按不同的业务量水平做相应的调整。其计算公式为:

$$\text{弹性成本预算} = \text{固定成本预算} + \sum (\text{单位变动成本预算} \times \text{预计业务量})$$

在此基础上,按事先选择的业务量计量单位和确定的有效变动范围,根据该业务量与有

第八章 全面预算

关成本费用项目之间的关系即可编制弹性成本预算。弹性成本预算的具体编制方法包括公式法和列表法两种。

（1）公式法是指通过确定 $y=a+bx$ 和公式中的 a 和 b，来编制弹性成本预算的方法。其中，a 为固定成本，b 为单位变动成本，x 为业务量，y 为总成本。如果事先确定了有关业务量 x 的变动范围，只要根据有关成本项目的参数 a 和 b，就可以很方便地推算出业务量在允许范围内任何水平上的各项预算成本。

例 8-13 某企业某车间 2020 年按公式法编制的制造费用弹性预算，如表 8-16 所示。其中较大的混合成本项目已经被分解，业务量范围为直接人工工时 80 000～120 000 小时。

表 8-16　某车间 2020 年制造费用弹性预算

金额单位：元

项 目	a	b
管理人员工资	30 000	—
保险费	10 000	—
设备租金	16 000	—
维修费	12 000	0.5
水电费	1 000	0.6
辅助材料	8 000	0.9
辅助工人工资	—	0.7
检验员工资	—	0.3
合 计	77 000	3.0

根据表 8-16，可利用 $y=77\ 000+3x$，计算出人工工时在 80 000～120 000 小时的范围内任一业务量基础上的制造费用预算总额；也可计算出在该人工工时变动范围内任一业务量的制造费用中某一费用项目的预算额，如水电费 $y=1\ 000+0.6x$ 等。假设 2020 年该车间直接人工预算工时为 100 000 小时，其制造费用弹性预算计算如下：

制造费用预算 $=77\ 000+3\times100\ 000=377\ 000$（元）

公式法的优点是便于计算任何业务量下的预算成本，不受一定范围业务量的限制，编制预算的工作量较小。其缺点是在进行预算控制和考核时，不能直接查出特定业务量下的总成本预算额，而且逐项甚至按细目分解成本的工作量较大。

（2）列表法是指通过列表的方式，在相关范围内每隔一定业务量范围计算相关数值预算，来编制弹性成本预算的方法。此法可以在一定程度上弥补公式法的不足。

例 8-14 某企业某车间 2020 年按列表法编制的制造费用弹性预算，如表 8-17 所示。

表 8-17　某车间 2020 年制造费用弹性预算

金额单位：元

直接人工工时（小时）	70 000	80 000	90 000	100 000	110 000
生产能力利用（%）	70	80	90	100	110
1. 变动成本项目	112 000	128 000	144 000	160 000	176 000
辅助工人工资	63 000	72 000	81 000	90 000	99 000
检验员工资	49 000	56 000	63 000	70 000	77 000

续表

2. 混合成本项目	119 000	133 000	147 000	161 000	175 000
维修费	47 000	52 000	57 000	62 000	67 000
水电费	22 000	25 000	28 000	31 000	34 000
辅助材料	50 000	56 000	62 000	68 000	74 000
3. 固定成本项目	56 000	56 000	56 000	56 000	56 000
管理人员工资	30 000	30 000	30 000	30 000	30 000
保险费	10 000	10 000	10 000	10 000	10 000
设备租金	16 000	16 000	16 000	16 000	16 000
制造费用预算	287 000	317 000	347 000	377 000	407 000

表 8-17 是按 10% 为业务量间距,实际预测时可以再大些或再小些,业务量的间距越小,实际业务量水平出现在预算表中的可能性就越大。列表法的优点是直观明了,但这种编制方法工作量较大且不能包括所有业务量条件下的费用预算,当实际业务量不在列表中时可采用插值法来估算其业务成本水平。

3. 弹性利润预算的编制

弹性利润预算是根据成本、业务量和利润之间的依存关系,为适应多种业务量变化而编制的利润预算。弹性利润预算是以弹性成本预算为基础编制的。其主要内容包括销售量、价格、单位变动成本、贡献边际和固定成本。弹性利润预算的编制主要有以下两种方法:

(1) 因素法是指根据业务量、收入、成本等因素与利润的关系,来反映在不同业务量条件下利润水平的预算方法。如果销售价格、单位变动成本、固定成本发生变动,也可参照此方法,分别编制在不同销售价格、不同单位变动成本、不同固定成本水平下的弹性利润预算,从而形成多个完整的弹性利润预算体系。这种方法适用于单一品种经营或采用分算法处理固定成本的多品种经营的企业。

例 8-15 某公司按正常产销量 10 000 件的 70%~110% 确定,间距 10%,编制 2020 年 A 产品弹性利润预算表,如表 8-18 所示。

表 8-20　2020 年 A 产品弹性利润预算　　　　　　　　　　　金额单位:元

销售量(件)	7 000	8 000	9 000	10 000	11 000
销售收入	1 400 000	1 600 000	1 800 000	2 000 000	2 200 000
减:变动成本	882 000	1 008 000	1 134 000	1 260 000	1 386 000
其中:变动生产成本	840 000	960 000	1 080 000	1 200 000	1 320 000
变动营业及管理费用	42 000	48 000	54 000	60 000	66 000
边际贡献	518 000	592 000	666 000	740 000	814 000
减:固定成本	580 000	580 000	580 000	580 000	580 000
其中:固定制造费用	300 000	300 000	300 000	300 000	300 000
固定营业及管理费用	280 000	280 000	280 000	280 000	280 000
息税前利润	-62 000	12 000	86 000	160 000	234 000

(2) 百分比法又称销售额百分比法,是指按不同的销售额百分比来编制弹性利润预算的方法。一般来说,大多数企业都经营多种产品,在实际工作中,分别按品种逐一编制弹性利润预算是不现实的,这就要求我们用一种综合的方法——销售收入百分比法,对全部经营

第八章 全面预算

商品或按商品大类编制弹性利润预算。应用百分比法的前提条件是销售收入的变化不会影响企业的单位变动成本和固定成本总额。此法主要适用于多品种经营的企业。

例 8-16 某公司预算年度的销售业务量达到100%时的销售收入为100 000千元,变动成本为80 000千元,固定成本为7 000千元。按销售收入100 000千元的70%~110%确定,间距10%,则该公司按百分比法编制弹性利润预算,如表8-19所示。

表 8-19 某公司弹性利润预算　　　　　　　　　金额单位:千元

销售收入百分比①	70%	80%	90%	100%	110%
销售收入②=100 000×①	70 000	80 000	90 000	100 000	110 000
变动成本③=80 000×①	56 000	64 000	72 000	80 000	88 000
贡献边际④=②-③	14 000	16 000	18 000	20 000	22 000
固定成本⑤	7 000	7 000	7 000	7 000	7 000
利润总额⑥=④-⑤	7 000	9 000	11 000	13 000	15 000

4. 弹性预算的优缺点

与固定预算方法相比,弹性预算方法具有如下两个显著的优点:①预算范围较宽。弹性预算能够反映预算期内与一定相关范围内的可预见的多种业务量水平相对应的不同预算额,从而扩大了预算的适用范围,便于预算指标的调整。因为弹性预算不再是只适应一个业务量水平的预算,而是能够随业务量水平的变动做机动调整的一组预算。②可比性较强。在预算期实际业务量与计划业务量不一致的情况下,可以将实际指标与实际业务量相应的预算额进行对比,从而能够使预算执行情况的评价与考核建立在更加客观和可比的基础上,便于更好地发挥预算的控制作用。弹性预算的缺点是相比较固定预算其编制预算的工作量较大。

5. 弹性预算的适用范围

由于未来业务量的变动会影响到成本、费用、利润等各个方面,因此,弹性预算方法从理论上讲适用于编制全面预算中所有与业务量有关的各种预算。但从实用角度看,主要用于编制弹性成本费用预算和弹性利润预算等。

二、增量预算与零基预算

全面预算按照编制预算方法的出发点不同,可分为增量预算和零基预算两大类。

(一) 增量预算

增量预算又称调整预算,是指以基期成本费用水平为基础,考虑到预算期内各种影响成本因素的未来变动情况,通过调整有关原有费用项目而编制预算的方法。上述固定预算和弹性预算一般采用增量预算确定的计划期的各预算值。增量预算的优点是由于预算以过去的经验为基础,实际上是承认过去所发生的一切都是合理的,主张不需在预算内容上做较大改进,而是沿袭以前的预算项目。因而,该方法简便易行。增量预算的缺点如下:①受到原有费用项目与预算内容的限制。按增量预算方法编制预算,往往不加分析地保留或接受原有的成本项目，可能使原来不合理的费用开支继续存在下去，形成不必要开支合理化，造成预算上的浪费，甚至可能导致保护落后。②采用此法容易鼓励预算编制人凭主观臆断按成本项目平均削减预算或只增不减，不利于调动各部门降低费用的积极性。③不利于企业未来发展。按照该方法编制的费用预算，对于那些未来实际需要开支的项目可能因没有考虑未来情况的变化而造成预算不够确切。

（二）零基预算

1. 零基预算的含义

零基预算方法的全称为"以零为基础编制计划和预算的方法"，简称零基预算。它是指在编制成本费用预算时，完全不受以往费用水平的影响，而是以零为起点，根据预算期企业实际经营情况的需要，逐项审议预算期内各项费用的内容及开支标准是否合理，在综合平衡的基础上编制费用预算的一种方法。

它是为克服增量预算的缺陷而设计的一种先进的预算方法，是 20 世纪 60 年代由美国德州仪器公司彼得·派尔提出来的，现已被西方国家广泛采用作为管理间接费用的一种新的有效方法。

2. 零基预算的程序

按零基预算编制的步骤如下：

（1）拟定预算草案。要求企业内部所有部门根据企业在预算期内的总体经营目标和各部门的具体任务，在充分讨论的基础上提出本部门在预算期内应当发生的费用项目，并对每一个费用项目编写一套说明，说明费用开支的目的及需要开支的金额。

（2）对各项费用的支出方案进行成本效益分析及综合评价，权衡轻重缓急，划分成不同等级并排出先后顺序。在预算编制过程中，全部费用按其在预算期是否发生的可能性大小可划分为不可避免项目和可避免项目。前者是指在预算期内必须发生的费用项目，后者是指在预算期通过采取措施可以不发生的费用项目。对不可避免项目必须保证资金供应；对可避免项目则需要逐项进行成本效益分析，按照各项开支必要性的大小确定各项费用预算的优先顺序。

（3）分配资金落实预算。根据已确定的预算项目的先后顺序，将企业在预算期内所拥有的经济资源，以及可以动用的资金来源，按支出的层次和轻重缓急分配资金。

3. 零基预算的编制

例 8-17 ABC 公司为深入开展双增双节运动，降低费用开支水平，拟对历年来超支严重的业务招待费、劳动保护费、办公费、广告费、保险费等间接费用项目按照零基预算方法编制预算。经多次讨论研究，预算编制人员确定上述费用在预算年度开支水平，如表 8-20 所示。

表 8-20　预计费用项目及支出金额　　单位：元

费用项目	开支金额
业务招待费	180 000
劳动保护费	150 000
办公费	100 000

续表

费用项目	开支金额
广告费	300 000
保险费	120 000
合　计	850 000

经过充分论证,得出结论:上述费用中除业务招待费和广告费以外都不能再压缩了,必须得到全额保证。根据历史资料对业务招待费和广告费进行成本—效益分析,得到的数据如表 8-21 所示。

表 8-21　成本—效益分析　　　　　　　　　　单位:元

成本项目	成本金额	收益金额
业务招待费	1	4
广告费	1	6

将所有费用项目按照性质和轻重缓急,排出开支等级及顺序。

因为劳动保护费、办公费和保险费在预算期必不可少,需要全额得到保证,属于不可避免的约束性固定成本,故应列为第一层次;业务招待费和广告费可根据预算期间企业财力情况酌情增减,属于可避免项目,其中广告费的成本—效益较大,应列为第二层次;业务招待费的成本—效益相对较小,应列为第三层次。

假定该公司预算年度对上述各项费用可动用的财力资源只有 700 000 元,根据以上排列的层次和顺序分配资源,最终落实的预算金额如下。

① 确定不可避免项目的预算金额:150 000+100 000+120 000=370 000(元)
② 确定可分配的资金数额:700 000-370 000=330 000(元)
③ 按成本—效益比重将可分配的资金数额在业务招待费和广告费之间进行如下分配。
广告费可分配资金为:330 000×[6÷(4+6)]=198 000(元)
业务招待费可分配资金为:330 000-198 000=132 000(元)

4. 零基预算方法的优缺点

零基预算的优点如下:①不受原有费用项目和费用额的限制。这种方法可以促使企业合理有效地进行资源分配,将有限的资金用在刀刃上。②有利于调动有关各方有效地降低费用,提高资金的使用效果和资金分配合理性。③有利于企业未来发展。这种方法以零为出发点,对一切费用一视同仁,有利于企业面向未来发展考虑预算问题。

零基预算的缺点是工作量很大。因此,企业可以每隔几年编制一次零基预算,在其他时间采用增量预算。

三、定期预算与滚动预算

全面预算按照预算期间起讫时间是否变动,分为定期预算和滚动预算。

(一) 定期预算

定期预算是指在编制预算时以不变的会计期间(如日历年度)作为预算期的一种编制预

算方法。定期预算的优点是能够使预算期间与会计期间相一致,便于考核和评价预算的执行结果。定期预算的缺点如下:①缺乏远期指导性。由于定期预算往往是在年初甚至提前两三个月编制的,对于整个预算年度的生产经营活动很难做出准确的预算,尤其是对后期的预算只能进行笼统估算,缺乏远期指导性,给执行预算带来困难,不利于对生产经营活动考核与评价。②滞后性。由于定期预算不能随情况的变化及时调整,当预算中所规划的各种经营活动在预算期内发生重大变化时,会造成预算滞后,使之成为虚假预算。③间断性。按固定预算方法编制的预算局限于本期规划的经营活动,不能适应连续不断的经营过程,不利于企业的长远发展。

(二) 滚动预算

1. 滚动预算的含义

滚动预算又称连续预算或永续预算,是指按照"近细远粗"的原则,根据上一期的预算完成情况,调整和具体编制下一期预算,并将编制预算的时期逐期连续滚动向前推移,使预算总是保持一定的时间幅度。简单地说,就是根据上一期的预算指标完成情况,调整和具体编制下一期预算,并将预算期连续滚动向前推移的一种预算编制方法。

2. 滚动预算的方式及特征

滚动预算按其预算编制和滚动的时间单位不同可分为逐月滚动、逐季滚动和混合滚动3种方式。

(1) 逐月滚动方式。逐月滚动方式是指在预算编制过程中,以月份为预算的编制和滚动单位,每个月调整一次预算的方法。例如,在2019年1月至12月的预算执行过程中,需要在1月末根据当月预算的执行情况,修订2月至12月的预算,同时补充2020年1月的预算;2月末根据当月预算的执行情况,修订3月至2020年1月的预算,同时补充2020年2月的预算;以此类推,逐月滚动。按照逐月滚动方式编制的预算比较精确,但工作量太大。

(2) 逐季滚动方式。逐季滚动方式是指在预算编制过程中,以季度为预算的编制和滚动单位,每个季度调整一次预算的方法。逐季滚动编制的预算比逐月滚动的工作量小,但预算精确度较差。

(3) 混合滚动方式。混合滚动方式是指在预算编制过程中,同时使用月份和季度作为预算的编制和滚动单位的方法。它是滚动预算的一种变通方式。这种预算方法的理论依据是人们对未来的了解程度具有对近期的预计把握较大、对远期的预计把握较小的特征。为了做到"长计划短安排""远略近详",在预算编制过程中,可以对近期预算提出较高的精度要求,使预算的内容相对详细;对远期预算提出较低的精度要求,使预算的内容相对简单,这样可以减少预算工作量。例如,对2019年1月至3月的前3个月逐月编制详细预算,其余4月至12月分别按季度编制粗略预算;3月末根据第1季度预算的执行情况,编制4月至第6月的详细预算,并修订第3至第4季度的预算,同时补充2020年第1季度的预算;以此类推,混合滚动。

在实际工作中,采用哪一种滚动预算方式应视企业的实际需要而定。

3. 滚动预算的优缺点

与传统的定期预算方法相比,按滚动预算方法编制的预算具有以下优点:①透明度高。由于预算的编制不再是预算年度开始之前几个月的事情,而是实现了与日常管理的紧密衔

第八章　全面预算

接,可以使管理人员始终能够从动态的角度把握企业近期的规划目标和远期的战略布局,使预算具有较高的透明度。②及时性强。由于滚动预算能根据前期预算的执行情况,结合各种因素的变动影响,及时调整和修订近期预算,从而使预算更加切合实际,能够充分发挥预算的指导和控制作用。③预算年度完整。由于滚动预算在时间上不再受日历年度的限制,能够连续不断地规划未来的经营活动,不会造成预算的人为间断,同时可以使企业管理人员了解未来预算期内企业的总体规划与近期预算目标,能够确保企业管理工作的完整性与稳定性。

采用滚动预算的方法编制预算的主要缺点是预算工作量较大,尤其是滚动预算的延续工作将耗费大量的人力、物力,代价较大。

本章小结

全面预算体系内容包括经营预算、专门决策预算和财务预算。全面预算的编制有助于明确各部门的工作目标和任务、配置企业的资源、促进沟通与协调各部门的工作、控制各部门的日常经济活动、考评各部门的业绩。全面预算的编制方法可根据企业的具体情况采用固定预算、弹性预算、增量预算、零基预算、定期预算和滚动预算等方法。

案例分析

中国新兴铸管股份有限公司,上市前为中国新兴铸管(集团)有限责任公司(以下简称新兴铸管),从1994年开始在企业内部推行预算管理,收到了可喜的效果。在全国57家地方钢铁骨干企业中,新兴铸管规模居第29位。但是通过推行预算管理,其利润总额却由1994年的第5位,上升到1995年的第4位;人均利润由1994年的第2位,上升到1995年的第1位,至1998年6月,新兴铸管人均利润仍居第1位。

新兴铸管预算管理中编制的企业预算,无论是总厂的年度预算还是各级责任预算,其主要指标都是货币计量价值指标,这样增强了预算的可比性,有利于各环节预算衔接,形成了"全方位联系、全方位考核"的局面。新兴铸管把企业预算管理的着眼点放在财务管理的主要内容——资金管理上,充分发挥预算管理的规划、控制和协调的功能,根据轻重缓急安排调度,有效地将资金管理从被动应付转为超前控制,体现了预算管理的中心地位。

新兴铸管预算管理的特点如下:①针对冶金行业生产不中断和产品品种不易转换的特点,提出"赶三超一、争上台阶"的具体要求,在确定目标利润和各部门预算中的主要经济技术指标时,进行综合测算,使每一项指标都要求进入同行业的前3名,争取达到第1名,在此框架下再进行指标之间的微调;开展"军钢杯"管理大奖赛,鼓励各单位"赶三超一";每季考核一次,半年评比兑现一次。②以销售为龙头,以成本费用控制为重点,以资金平衡为准绳。全厂预算编制首先由销售部门分析市场走势,制定销售预算,以销定产。推行预算管理时,始终把成本费用控制作为重点。首先,抓生产一线的物料消耗,将成本费用指标层层分解到各车间班组。在预算指标分解时,贯彻指标与措施同步、责权利相统一的原则,并建立了保证预算落实3项制度,即正常的追踪制度、正常的评价制度、严格的考核制度。同时提高成本费用指标的考核力度,将其在综合考核指标体系中的权数提高20%,使成本高低与其经济利益挂钩。其次,对期间费用,大到各单位资金占用,小到各部门电话费、办公费、招待费都进行科学预算,落实到部门、科室、个人,使成本费用控制扩展到企业每一个员工。资金是企业的"血液",新兴铸管"量入为出",编制现金预算,实行"日计划、周调度"的统一管理,增加现金回笼,减少资金占用。③制定合理的配套管理制度。新兴铸管结合公司实际情况,制定和颁布了公司的《预算管理规则》,明确了预算的要求及产品物资购销、经费开支、非生产性开支、分厂(车间)技改和设备大中修开支权限,使之成为推行预算管理的"宪法"。根据《预算管理规则》,各单位又制定了各自的《预算管理办法》,具体指导各自的生产经营活动,从而形成一套多层次的预算管理制度体系。

讨论:新兴铸管预算成功的原因是什么?

课后训练

一、思考题

1. 什么是全面预算?其作用是什么?
2. 简述全面预算体系的内容。
3. 简述全面预算的编制程序。
4. 全面预算的编制方法有哪些?其各自的含义和优缺点是什么?
5. 什么是现金预算?其内容和作用是什么?

二、计算分析题

1. 甲公司为深入开展双增双节运动,降低费用开支水平,拟对历年来超支严重的业务招待费、劳动保护费、办公费、广告费、保险费等间接费用项目按照零基预算方法编制预算。有关资料如下表所示。

单位:元

费用项目	开支金额
业务招待费	200 000
劳动保护费	180 000
办公费	100 000
广告费	300 000
保险费	120 000
合　计	900 000

经过充分论证,得出结论:上述费用中除业务招待费和广告费以外都不能再压缩了,必须得到全额保证。根据历史资料对业务招待费和广告费进行成本—效益分析,如下表所示。

单位:元

成本项目	成本金额	收益金额
业务招待费	1	4
广告费	1	6

假定该公司预算年度对上述各项费用可动用的财力资源只有850 000元。

第八章 全面预算

要求:采用零基预算法编制预算期本年度的营业及管理费用预算。

2. 假设甲公司生产和销售一种产品。本年度预期的销售量为7 000件,每个季度的销售量分别为1 500件、2 000件、2 000件和1 500件。每季度收到的销售货款占本季度销售收入的40%,其余的60%在下季度收到。上年末的应收账款30 000元将于预算年度的第一季度收回。产品预计售价为100元。

要求:根据以上资料编制本年度甲公司的销售预算。

3. 假设乙公司本年度预计生产量为7 010件,1—4季度分别为1 600件、2 000件、1 950件和1 460件。年初与年末预计的材料库存量分别为420千克与460千克,其余各期期末材料库存量为下期生产需要量的20%。单位产品耗用的材料为2千克/件。材料的计划单价为10元/千克。预计各期材料采购货款于当期支付50%,下期支付其余的50%。年初应付账款余额为6 000元在预算年度的第一季度支付。

要求:根据上述资料编制乙公司本年度的直接材料预算。

4. 乙公司本年第1—3月份实际销售额分别为76 000万元、72 000万元和82 000万元,预计4月份销售额为80 000万元。每月销售收入中有70%能于当月收现,20%于次月收现,10%于第3个月收讫,不存在坏账。假定该公司销售的产品在流通环节只需缴纳消费税,税率为10%,并于当月以现金缴纳。该公司3月末现金余额为160万元,应付账款余额为10 000万元(需在4月份付清),不存在其他应收应付款项。

4月份有关项目预计资料如下:采购材料16 000万元(当月付款70%),工资及其他支出16 800万元(用现金支付),制造费用16 000万元(其中折旧费等非付现费用为8 000万元),营业费用和管理费用2 000万元(用现金支付),预交所得税3 800万元,购买设备24 000万元(用现金支付)。现金不足时,通过向银行借款解决。4月末现金余额要求不低于200万元。

要求:根据上述资料,计算该公司4月份的下列预算指标。

(1) 经营性现金流入(营业活动所产生的现金收入)。
(2) 经营性现金流出(营业活动所产生的现金流出)。
(3) 现金余缺。
(4) 应向银行借款的最低金额。
(5) 4月末应收账款余额。

第九章
标准成本系统

学习目标

通过本章的学习,使学生在了解成本控制概念、原则和作用的基础上,掌握标准成本控制系统的构成内容、标准成本的概念及其制定;重点掌握成本差异的计算;熟悉标准成本的账务处理方法。

技能要求

能够针对不同的成本控制过程和目的,制定标准成本、分析成本差异并对成本差异进行账务处理。

微课

案例导入

钢铁行业是多流程、大批量生产的行业,由于生产过程的高度计划性决定了必须对生产流程各个工艺环节实行高度集中的管理模式。为了严格成本管理,一般依据流程将整个生产线划分为不同的作业单元,在各个作业单元之间采用某些锁定转移价格的办法。而邯钢在成本管理方面率先引入了市场竞争手段,依据市场竞争力为导向分解内部转移成本,再以此为控制指标,落实到人和设备上,将指标责任与奖罚挂钩,强制实现成本目标,达到系统整合最优。

邯钢推行以项目成本分解制后,使它能够在1993年以来国内钢材价格每年降低的情况下保持利润基本不减,1994—1996年实现利润在行业中连续3年排名第三,1997—1999年上升为第二。1999年邯钢钢产量只占全国钢产量的2.43%,而实现利润却占全国行业利润总额的13.67%。冶金行业通过推广邯钢经验,也促使钢材成本大幅度降低,1997年以来全行业成本降低基本与钢材降价保持同步,1999年成本降低还超过了钢材降低的幅度,不仅使全行业经济效益呈现恢复性提高,而且为国民经济提供了廉价的钢材,缩小了高于国际钢价的价格差,增强了中国钢铁行业的国际竞争力。

(资料来源:中国商业评论。)

思考: 标准成本作为一种成本控制的有效手段,在企业成本管理中发挥了怎样的作用?

第九章 标准成本系统

第一节 成本控制概述

一、成本控制的概念

成本控制是企业根据一定时期预先建立的成本管理目标,由成本控制主体在其职权范围内,在生产耗费发生以前和成本控制过程中,对各种影响成本的因素和条件采取的一系列预防和调节措施,以保证成本管理目标实现的管理行为。成本控制是现代成本管理工作的重要环节,是落实成本目标、实现成本计划的保证。

二、成本控制的作用

(1) 成本控制是企业增加盈利的根本途径,以直接服务于企业为目的。
(2) 成本控制是抵抗内外压力、求得生存的主要保障。
(3) 成本控制是企业发展的基础。

三、成本控制系统

一个企业的成本控制系统包括组织系统、信息系统、考核制度和奖励制度等内容。

(一)组织系统

组织是指人们为了一个共同目标而从事活动的一种方式。在企业组织中,通常将目标划分为几个子目标,并分别指定一个下级单位负责完成。每个子目标可再划分更小的目标,并指定更下一级的部门去完成。

知识链接

企业的组织机构

一个企业的组织机构可以用管理等级和平均控制跨度来描述。管理等级是最高级单位和最低级单位之间的等级,控制跨度是指一个单位所属下级的数目。一个企业的组织机构还可以用各级管理等级之间权力集中和分散的程度来描述。在一个高度集中的组织机构中,权力集中于较高级别的管理层次,低级管理人员只拥有很少的决策权。在一个企业里,权力很可能在一个职能领域高度集中,而在其他职能领域则高度分散。一般来说,生产、财务和人事管理都属于高度集中的领域。

(二)信息系统

成本控制系统的另一个组成部分是信息系统,也就是责任会计系统。责任会计系统是企业会计系统的一部分,负责计量、传送和报告成本控制使用的信息。

责任会计系统主要包括编制责任预算,核算预算的执行情况,分析、评价和报告业绩3个部分。

(三) 考核制度

考核制度是控制系统发挥作用的重要因素。它的主要内容有:规定代表责任中心目标的一般尺度;规定责任中心目标尺度的唯一解释方法;规定业绩考核标准的计量方法;规定采用的预算标准;规定业绩报告的内容、时间、详细程度等。

(四) 奖励制度

奖励制度是维持控制系统长期有效运行的重要因素。员工的工作努力程度受业绩评价和奖励办法的影响。经理人员往往把注意力集中到与业绩评价有关的工作上面,尤其是业绩中能够影响奖励的部分。因此,奖励可以激励员工努力工作。

四、成本控制的原则

虽然各个企业的成本控制系统是不一样的,但是有效的控制系统仍具有一些共同特征。它们是任何企业实施成本控制都应遵循的原则,也是有效控制的必要条件。成本控制的原则可以概括为以下4个。

(一) 经济原则

经济原则是指因推行成本控制而发生的成本,不应超过因缺少控制而丧失的收益。任何管理工作和销售、生产、财务活动一样,都要讲求经济效果。为建立某项控制,要花费一定的人力和物力,付出一定的代价,这种代价不能太大,不应超过建立这项控制所能节约的成本。

(二) 因地制宜原则

因地制宜原则是指成本控制系统的个别设计必须适合特定企业、部门、职务与岗位及成本项目的实际情况,不可完全照搬别人的做法。

(三) 全员参与原则

企业的任何活动都会发生成本,都应在成本控制的范围之内。任何成本都是人的某种作业的结果,只能由参与或者有权干预这些活动的人来控制,不能指望其他人来控制成本。任何成本控制方法,其实质都是设法影响执行作业或有权干预作业的人,使他们能自我控制。所以,每个职工都应负有成本责任。成本控制是全体职工的共同任务,只有通过全体职工协调一致的努力才能完成。

(四) 领导推动原则

由于成本控制涉及全体员工,并且不是一件令人欢迎的事情,因此必须由最高管理当局来推动。

第二节 标准成本及其制定

一、标准成本制度

标准成本制度是 20 世纪 20 年代前后在英美等国首先提出来的。它是在泰罗科学管理学说的影响下产生的,是管理会计中最早出现的理论之一。

标准成本制度,也称为标准成本系统,是将标准成本与实际成本比较,找到差异,并分析和控制成本差异,借以衡量生产效率高低的一种成本制度。它克服了实际成本核算法不能及时提供成本控制信息的缺点。作为成本控制的重要方法之一,标准成本制度以其严谨性和易操作性,在各国得到了广泛的应用。

实施标准成本制度一般有以下几个步骤:
(1) 制定单位产品标准成本。
(2) 根据实际产量和成本标准计算产品的标准成本。
(3) 汇总计算实际成本。
(4) 计算标准成本与实际成本的差异。
(5) 分析成本差异的发生原因。
(6) 向成本负责人提供成本控制报告。

二、标准成本的概念

标准成本是通过精确的调查、分析与技术测定而制定的,用来评价实际成本、衡量工作效率的一种预计成本。它基本上排除了不应该发生的浪费,被认为是一种"应该成本"。

"标准成本"一词在实际工作中有两种含义。

一种是指单位产品的标准成本,称为成本标准。它是根据单位产品的标准消耗量和标准单价计算出来的。其计算公式为:

$$成本标准 = 单位产品标准成本 = 单位产品标准消耗量 \times 标准单价$$

另一种是指实际产量的标准成本,是根据产品的实际产量和单位产品标准成本计算出来的。其计算公式为:

$$标准成本 = 实际产量 \times 单位产品标准成本$$

标准成本与预算成本既有区别又有联系。标准成本属于单位成本范畴,而预算成本属于总成本范畴。在标准成本系统中,按标准成本编制的预算成本就是标准成本总额,预算成本等于一定业务量与标准成本的乘积。一般各项变动性成本都应该制定单位产品的标准成本,而固定性费用项目只制定预算成本。

三、标准成本的种类和作用

（一）标准成本的种类

1. 理想标准成本和正常标准成本

标准成本按其制定所根据的生产技术和经营管理水平的不同，分为理想标准成本和正常标准成本。

理想标准成本是指在最优的生产条件下，利用现有的规模和设备能够达到的最低成本。它是"工厂的极乐世界"，很难成为现实，即使暂时出现也不可能持久。它的主要用途是提供一个完美无缺的目标，揭示实际成本下降的潜力。因其提出的要求太高，不能作为考核的依据。

正常标准成本是指在效率良好的条件下，根据下期一般应该发生的生产要素消耗量、预计价格和预计生产经营能力利用程度制定出来的标准成本。在制定这种标准成本时，把生产经营活动中一般难以避免的损耗和低效率等情况也计算在内，使之切合下期的实际情况，成为切实可行的控制标准。要达到这种标准不是没有困难，但它们是可能达到的。

2. 现行标准成本和基本标准成本

标准成本按其适用期的不同，可分为现行标准成本和基本标准成本。

现行标准成本是指根据其适用期间应该发生的价格、效率和生产经营能力利用程度等预计的标准成本。在这些决定因素变化时，需要按照改变了的情况加以修订。基本标准成本是指一经制定，只要生产的基本条件无重大变化，就不予变动的一种标准成本。

 知识链接

生产的基本条件的重大变化标准

所谓生产的基本条件的重大变化，是指产品的物理结构变化，重要原材料和劳动力价格的重要变化，生产技术和工艺的根本变化等。只有这些条件发生变化，基本标准成本才需要修订。

（二）标准成本的作用

标准成本的作用具体表现在以下几个方面。

1. 强化成本控制

成本控制的首要问题是标准问题，如果标准不明确或不固定，那么控制就无从谈起。有了成本标准，企业就可将其与实际成本进行对比，清楚地显示出是超支还是节约，以便尽可能将成本的实际发生额控制在标准范围内。

2. 分清各部门的责任

由于标准成本是事先制定的，在正常生产经营条件下应发生的成本，标准成本的各成本项目都是依据预计的数量标准和价格标准确定的，因而，可以确定每个成本项目实际脱离标准成本的差异及其责任归属来评价各部门的工作成绩，以分清它们的管理责任。

3. 作为决策依据

由于标准成本是企业管理者所希望达到的预定成本目标,它剔除了各种不合理的因素,因此,可以作为确定产品价格的基础,用于产品销售定价决策。标准成本是采用科学方法制定的,它可以作为量化决策成本分析的依据,对有关方案的鉴别与择优等具有重要的参考价值。

4. 简化成本核算

使用标准成本来记录材料、在产品、库存商品和销售账户,可以简化日常的账务处理和期末报表的编制工作。

四、标准成本的制定方法

一般来说,产品的生产成本是由直接材料、直接人工和制造费用3个项目组成的。标准成本的制定应针对3个项目的特点分别确定。

制定标准成本通常要首先确定直接材料和直接人工的标准成本,其次确定制造费用的标准成本,最后确定单位产品的标准成本。

用量标准包括单位产品的材料耗用量、单位产品的直接人工工时等,主要由生产技术部门主持制定,吸收执行标准的部门和职工参加。

价格标准包括原材料单价、小时工资率、小时制造费用分配率等,由会计部门和其他部门共同研究决定。

在采用变动成本计算法时,构成成本项目变动成本的有直接材料、直接人工和变动制造费用等。

(一)直接材料标准成本

1. 用量标准

直接材料的用量标准就是材料的消耗定额,是指在现有的生产技术条件下,生产单位产品所需耗用的各种直接材料的数量,其中包括必不可少的消耗及各种难以避免的损失。

2. 价格标准

直接材料的价格标准是指材料的计划单价,是预计下一年度实际需要支付的进料单位成本,包括发票价格、运费、检验和正常损耗等成本。其计算公式为:

$$直接材料标准成本 = 用量标准 \times 价格标准$$
$$= 消耗量 \times 计划单价$$

例 9-1 某企业生产甲产品需要 A、B 两种材料,相关资料如表 9-1 所示。试制定该企业甲产品的直接材料标准成本。

表 9-1 甲产品直接材料标准成本 金额单位:元

项 目	A 材料	B 材料
用量标准(消耗定额)(千克)	4	6
价格标准(计划单价)	50	30
成本标准	200	180
单位产品直接材料标准成本	380	

甲产品直接材料标准成本=消耗的 A 材料成本标准+消耗的 B 材料成本标准
=4×50+6×30
=380(元)

(二) 直接人工标准成本

1. 用量标准(工时用量标准、工时消耗定额)

直接人工的用量标准是单位产品的标准工时。

2. 价格标准(标准工资率)

直接人工的价格标准是指标准工资率,是指单位时间内支付工资的数额。其计算公式为:

$$标准工资率=\frac{标准工资总额}{标准总工时}$$

单位产品直接人工标准成本＝工时用量标准×标准工资率

当采用计件工资时,标准工资率就是单位产品标准计件工资单价,即预定的小时工资。

 例 9-2 甲产品的直接人工标准成本计算,如表 9-2 所示。

表 9-2 甲产品直接人工标准成本

项　　目	标　准
月标准总工时(小时)	10 000
标准总工资(元)	110 000
标准工资率(元/小时)	11
单位产品工时用量标准(小时)	2
直接人工标准成本(元)	22

甲产品直接人工标准成本$=2×\dfrac{110\,000}{10\,000}=22$(元)

(三) 变动制造费用标准成本

各部门的制造费用标准成本,分为变动制造费用标准成本和固定制造费用标准成本两部分。

1. 变动制造费用的数量标准

变动制造费用的数量标准通常采用单位产品直接人工工时标准,它在直接人工标准成本制定时已经确定,也就是说直接人工的数量标准和变动制造费用的数量标准是一致的,都是单位产品的标准工时。

2. 变动制造费用的价格标准

变动制造费用的价格标准是每一工时变动制造费用的标准分配率,它根据变动制造费用预算和直接人工总工时(或机器工时)计算求得。其计算公式为:

变动制造费用标准分配率＝变动制造费用预算总额÷直接人工标准总工时(或机器工时)
变动制造费用标准成本＝单位产品直接人工的标准工时(或机器工时)×
变动制造费用标准分配率

例 9-3 甲产品的变动制造费用标准成本计算,如表 9-3 所示。

表 9-3 甲产品的变动制造费用标准成本

项目	标准
月标准总工时(小时)	10 000
标准变动制造费用总额(元)	50 000
标准变动制造费用分配率(元/小时)	5
单位产品工时用量标准(小时)	2
变动制造费用标准成本(元)	10

$$变动制造费用标准成本 = 2 \times \frac{50\,000}{10\,000} = 10(元)$$

(四) 固定制造费用标准成本

固定制造费用的价格标准是固定制造费用标准分配率,它根据固定制造费用预算除以直接人工标准总工时计算求得。其计算公式为:

固定制造费用标准分配率＝固定制造费用预算总额÷直接人工标准总工时(或机器工时)
固定制造费用标准成本＝单位产品直接人工标准工时(或机器工时)×
固定制造费用标准分配率

例 9-4 甲产品的固定制造费用标准成本计算,如表 9-4 所示。

表 9-4 甲产品固定制造费用标准成本

项目	标准
月标准总工时(小时)	10 000
标准固定制造费用总额(元)	120 000
标准固定制造费用分配率(元/小时)	12
单位产品工时用量标准(小时)	2
固定制造费用标准成本(元)	24

$$固定制造费用标准成本 = 2 \times \frac{120\,000}{10\,000} = 24(元)$$

(五) 单位产品标准成本卡

将以上确定的直接材料、直接人工和制造费用的标准成本加以汇总,就可确定甲产品完整的标准成本,并编制标准成本卡,如表 9-5 所示。

表 9-5　甲产品单位产品标准成本卡

成本项目	用量标准	价格标准(元)	单位标准成本(元)
直接材料：			
A 材料(千克)	4	50	200
B 材料(千克)	6	30	180
合　计			380
直接人工(小时)	2	11	22
变动制造费用(小时)	2	5	10
固定制造费用(小时)	2	12	24
甲产品标准成本			436

甲产品标准成本＝直接材料成本＋直接人工标准成本＋变动制造费用标准成本＋固定制造费用标准成本＝380＋22＋10＋24＝436(元)

第三节　标准成本的差异分析

一、成本差异的概念及分类

标准成本是一种目标成本,由于种种原因,产品的实际成本会与目标不符。这种实际成本与标准成本之间的差额,称为标准成本差异,简称成本差异。在揭示成本差异时,如果实际成本大于标准成本,形成超支差异,也称不利差异;如果实际成本小于标准成本,形成节约差异,也称有利差异。

二、成本差异的计算与分析

直接成本、直接人工和变动制造费用都属于变动成本,其成本差异分析的基本方法相同。由于它们的实际成本高低取决于实际用量和实际价格,标准成本的高低取决于标准用量和标准价格,所以其成本差异可以归结为价格脱离标准造成的价格差异与用量脱离标准造成的数量差异两类。其计算公式为：

成本差异＝实际成本－标准成本
　　　　＝实际数量×实际价格－标准数量×标准价格
　　　　＝实际数量×实际价格－实际数量×标准价格＋实际数量×标准价格－标准数量×标准价格
　　　　＝实际数量×(实际价格－标准价格)＋(实际数量－标准数量)×标准价格
　　　　＝价格差异＋数量差异

第九章 标准成本系统

（一）直接材料成本差异分析

直接材料实际成本与标准成本之间的差额，是直接材料成本差异。该项差异形成的基本原因有两个：一是价格脱离标准；二是用量脱离标准。前者按实际用量计算，称为价格差异；后者按标准价格计算，称为数量差异。其计算公式为：

$$材料价格差异 = 实际数量 \times (实际价格 - 标准价格)$$
$$材料数量差异 = (实际数量 - 标准数量) \times 标准价格$$

例 9-5 本月生产产品 400 件，使用材料 2 500 千克，材料单价为 0.6 元/千克，直接材料的单位产品标准成本为 3 元/千克，即每件产品耗用 6 千克直接材料，每千克材料的标准价格为 0.5 元。根据上述公式计算得出：

直接材料价格差异 = 2 500 × (0.6 - 0.5) = 250(元)
直接材料数量差异 = (2 500 - 400 × 6) × 0.5 = 50(元)
直接材料价格差异与数量差异之和，应当等于直接材料成本的总差异。
直接材料成本差异 = 实际成本 - 标准成本
　　　　　　　　= 2 500 × 0.6 - 400 × 6 × 0.5
　　　　　　　　= 1 500 - 1 200 = 300(元)
直接材料成本差异 = 价格差异 + 数量差异 = 250 + 50 = 300(元)

直接材料的用量差异通常由生产部门负责，因为产品耗用材料的多少以及加工过程中的损耗，生产部门大致是可以控制的。造成材料数量超支的原因通常有不合理的用料、技术不熟练、生产过程违规操作、生产设备的完好程度等，也可能是由于采购部门采购的材料不符合质量要求导致加工损耗和浪费，造成实际耗用量增加。进行材料的量差分析就是要找到造成差异的具体和真正原因，为以后的绩效考核提供原始依据。

直接材料的价格差异通常由采购部门负责，因为同一种物资材料在不同的地点采购、供应商的选择、交货方式、运输工具的选择、是否按经济批量去采购、物价因素等都会影响采购价格差异的方向和大小。进行材料的价格差异分析就是要分清外部原因和内部原因，分清主要和次要原因，以便对应采取措施。

（二）直接人工成本差异分析

直接人工成本差异是指直接人工实际成本与标准成本之间的差额。它也被区分为"价差"和"量差"两个部分。价差是指实际工资率脱离标准工资率，其差额按实际工时计算确定的金额，又称工资率差异；量差是指实际工时脱离标准工时，其差额按标准工资率计算确定的金额，又称人工效率差异。其计算公式为：

$$工资率差异 = 实际工时 \times (实际工资率 - 标准工资率)$$
$$人工效率差异 = (实际工时 - 标准工时) \times 标准工资率$$

例 9-6 本月生产产品 400 件，实际使用工时 900 小时，支付工资 4 680 元，直接人工的标准成本是 10 元/件，即每件产品标准工时为 2 小时，标准工资率为 5 元/小时，则：

$$工资率差异 = 900 \times \left(\frac{4\,680}{900} - 5\right) = 900 \times (5.20 - 5) = 180(元)$$

人工效率差异=(900-400×2)×5=(900-800)×5=500(元)

工资率差异与人工效率差异之和,应当等于人工成本总差异,并可据此验算差异分析计算的正确性。

人工成本差异=实际人工成本-标准人工成本=4 680-400×10=680(元)
人工成本差异=工资率差异+人工效率差异=180+500=680(元)

直接人工的差异主要由劳动人事部门和生产部门负责。影响工资率差异的因素主要有市场上工资率水平、雇用合同、人员技术岗位安排是否合理等,通常由劳动人事部门负责。影响人工效率的因素主要是生产工人技术熟练程度、生产设备完好程度、生产工艺过程的改进等,通常由生产管理部门管理负责。

(三) 变动制造费用的差异分析

变动制造费用的差异是指实际变动制造费用与标准变动制造费用之间的差额。其计算公式为:

变动制造费用耗费差异=实际工时×(变动制造费用实际分配率-变动制造费用标准分配率)

变动制造费用效率差异=(实际工时-标准工时)×变动费用标准分配率

例9-7 本月实际产量400件,使用工时900小时,实际发生变动制造费用1 980元,变动制造费用标准成本为4元/件,即每件产品标准工时为2小时,标准的变动制造费用分配率为2元/小时,则:

变动制造费用耗费差异=$900×\left(\dfrac{1\,980}{900}-2\right)$=900×(2.2-2)=180(元)

变动制造费用效率差异=(900-400×2)×2=100×2=200(元)

验算:

变动制造费用成本差异=实际变动制造费用-标准变动制造费用
　　　　　　　　　　=1 980-400×4=380(元)

变动制造费用成本差异=变动制造费用耗费差异+变动制造费用效率差异
　　　　　　　　　　=180+200=380(元)

变动性制造费用的差异主要是由所有变动性制造费用项目水平是节约还是超支所影响。强化生产管理、提高工时利用效率和劳动生产率是降低变动性制造费用效率差异的主要措施。变动性制造费用的耗费差异主要和市场价格变动相关,一般企业可控制、可调节的空间较少。

由于变动性制造费用有很多明细项目,并且与一定的生产力水平相关,所以,实际工作中,通常根据变动性制造费用各明细项目的弹性预算与实际发生额对比分析,采取相应的控制措施。

(四) 固定制造费用的差异分析

固定制造费用的差异分析与各项变动成本差异分析不同,其分析方法有二因素分析法和三因素分析法两种。

第九章 标准成本系统

1. 二因素分析法

二因素分析法是将固定制造费用差异分为耗费差异和能量差异。其计算公式为：

固定制造费用耗费差异＝固定制造费用实际数－固定制造费用预算数

固定制造费用能量差异＝固定制造费用预算数－固定制造费用标准成本

＝固定制造费用标准分配率×生产能量－

固定制造费用标准分配率×实际产量标准工时

＝（生产能量－实际产量标准工时）×固定制造费用标准分配率

例 9-8 某企业本月实际产量 400 件，发生固定制造成本 1 440 元，实际工时为 900 小时，企业生产能量为 550 件，即 1 100 小时，每件产品固定制造费用标准成本为 3 元/件，即每件产品标准工时为 2 小时，标准分配率为 1.5 元/小时，则：

固定制造费用耗费差异＝1 440－1 100×1.5＝－210（元）

固定制造费用能量差异＝固定制造费用预算数－固定制造费用标准成本

＝1 100×1.5－400×2×1.5＝1 650－1 200＝450（元）

验算：

固定制造费用成本差异＝实际固定制造费用－标准固定制造费用

＝1 440－400×3＝240（元）

固定制造费用成本差异＝耗费差异＋能量差异

＝－210＋450＝240（元）

2. 三因素分析法

三因素分析法是将固定制造费用成本差异分为耗费差异、效率差异和闲置能量差异三部分。其计算公式为：

固定制造费用闲置能量差异＝固定制造费用预算－实际工时×固定制造费用标准分配率

＝（生产能量－实际工时）×固定制造费用标准分配率

固定制造费用效率差异＝实际工时×固定制造费用标准分配率－实际产量标准工时

×固定制造费用标准分配率

＝（实际工时－实际产量标准工时）×固定制造费用标准分配率

例 9-9 承[例 9-8]，则：

固定制造费用闲置能量差异＝（1 100－900）×1.5＝200×1.5＝300（元）

固定制造费用效率差异＝（900－400×2）×1.5＝100×1.5＝150（元）

三因素分析法的闲置能量差异 300 元与效率差异 150 元之和为 450 元，与二因素分析法中的能量差异数额相同。

一般对固定性制造费用差异的分析，按固定性制造费用的明细项目进行。对于预算差异，影响因素有资源价格的变动（如工资率、税率的变动）、酌量性固定成本因管理决策有所增减、管理层担心下期预算削减而增加当期不必要的开支等。对于能力差异，影响因素有产品销量的变化、生产设备利用效率、材料供应方面等。对于效率差异，影响因素可能有劳动生产率的变化、生产批量的变化等。

分析企业的各种成本差异，当然还需要结合企业的实际情况做出进一步、更具体的分析。

第四节 标准成本的账务处理

有的企业将标准成本作为统计资料处理,并不记入账簿,只提供成本控制的有关信息。但是,把标准成本纳入账簿体系不仅能够提高成本计算的质量和效率,使标准成本发挥更大功效,而且可以简化记账手续。

一、标准成本系统账务处理的特点

为了同时提供标准成本、成本差异和实际成本3项成本资料。标准成本系统的账务处理具有以下几个特点。

(一)"原材料""生产成本"和"库存商品"账户登记标准成本

通常的实际成本系统从原材料到库存商品的流转过程使用实际成本记账。在标准成本系统中,这些账户改用标准成本,无论是借方还是贷方均登记实际数量的标准成本,其余额也反映这些资产的标准成本。

(二)设置成本差异账户分别记录各种成本差异

在标准成本系统中,要按成本差异的类别设置一系列成本差异账户,如"材料价格差异""材料数量差异""直接人工效率差异""直接人工工资率差异""变动制造费用耗费差异""变动制造费用效率差异""固定制造费用耗费差异""固定制造费用效率差异""固定制造费用能量差异"等。差异账户的设置,要同采用的成本差异分析方法相适应,为每种成本差异设置一个账户。

在需要登记"原材料""生产成本"和"库存商品"账户时,应将实际成本分离为标准成本和有关的成本差异,标准成本数据记入"原材料""生产成本"和"库存商品"账户,而有关的差异分别记入各成本差异账户。

为了便于考核,各成本差异账户还可以按责任部门设置明细账,分别记录各部门的各项成本差异。

(三)各会计期末对成本差异进行处理

各成本差异账户的累计发生额反映了本期成本控制的业绩。在月末(或年末)对成本差异的处理方法有以下两种。

1. 结转本期损益法

按照这种方法,在会计期末将所有差异转入"本年利润"账户,或者先将差异转入"主营业务成本"账户,再随同已销产品的标准成本一起转至"本年利润"账户。

2. 调整销货成本与存货法

按照这种方法,在会计期末将成本差异按比例分配至已销产品成本和存货成本,应由存货成本承担的差异反映在差异账户的期末余额上。

二、标准成本系统账务处理的程序

下面通过举例说明标准成本账务处理的程序。

（一）有关资料

1. 单位产品标准成本

直接材料(100千克×0.3元/千克)	30元
直接人工(8小时×4元/小时)	32元
变动制造费用(8小时×1.5元/小时)	12元
固定制造费用(8小时×1元/小时)	8元
单位产品标准成本	82元

2. 费用预算

生产能量	4 000小时
变动制造费用	6 000元
固定制造费用	4 000元
变动制造费用标准分配率(6 000÷4 000)	1.5元/小时
固定制造费用标准分配率(4 000÷4 000)	1元/小时
变动销售费用	2元/件
固定销售费用	24 000元
管理费用	3 000元

3. 生产及销售情况

本月初在产品存货50件，其标准成本为2 800元。由于原材料一次投入，在产品存货中含原材料1 500元(=50×30)。其他成本项目采用约当产量法计算，在产品约当完工产品的系数为0.5；50件在产品的其他成本项目共1 300元[=50×0.5×(32+12+8)]。本月投产450件，完工入库430件，月末在产品70件。

本月初库存商品存货30件，其标准成本为2 460元(=30×82)。本月完工入库430件，本月销售440件，月末库存商品存货20件。销售单价125元/件。

（二）原材料的购入与领用

（1）本月购入第一批原材料30 000千克，实际成本每千克0.27元，共计8 100元。

标准成本=30 000×0.3=9 000(元)

实际成本=30 000×0.27=8 100(元)

价格差异=30 000×(0.27-0.3)=-900(元)

借：原材料	9 000	
贷：材料价格差异		900
应付账款		8 100

（2）本月购入第二批原材料20 000千克，实际成本每千克0.32元，共计6 400元。

标准成本=20 000×0.3=6 000(元)

实际成本=20 000×0.32=6 400(元)

价格差异=20 000×(0.32-0.3)=400(元)

借:原材料　　　　　　　　　　　　　　　　　　　　　　　　　6 000
　　材料价格差异　　　　　　　　　　　　　　　　　　　　　　　400
　　贷:应付账款　　　　　　　　　　　　　　　　　　　　　　　　　　6 400

(3) 本月投产450件,领用材料45 500千克。

应耗材料标准成本=450×100×0.30=13 500(元)

实际领料标准成本=45 500×0.3=13 650(元)

材料数量差异=(45 500-450×100)×0.3=150(元)

借:生产成本　　　　　　　　　　　　　　　　　　　　　　　　　13 500
　　材料数量差异　　　　　　　　　　　　　　　　　　　　　　　150
　　贷:原材料　　　　　　　　　　　　　　　　　　　　　　　　　　　13 650

(三) 直接人工工资

(1) 本月实际使用直接人工3 500小时,支付工资14 350元,平均每小时4.10元。

借:应付职工薪酬　　　　　　　　　　　　　　　　　　　　　　　14 350
　　贷:银行存款　　　　　　　　　　　　　　　　　　　　　　　　　　14 350

(2) 为了确定应记入"生产成本"账户的标准成本数额,需计算本月实际完成的约当产量。在产品约当完工产品的系数为0.5,月初在产品50件,本月完工入库430件,月末在产品70件。

本月完成的约当产品=70×0.5+430-50×0.5=440(件)

标准成本=440×8×4=14 080(元)

实际成本=3 500×4.10=14 350(元)

人工效率差异=(3 500-440×8)×4=-80(元)

人工工资率差异=3 500×(4.10-4)=350(元)

借:生产成本　　　　　　　　　　　　　　　　　　　　　　　　　14 080
　　直接人工工资率差异　　　　　　　　　　　　　　　　　　　　350
　　贷:直接人工效率差异　　　　　　　　　　　　　　　　　　　　　　80
　　　　应付职工薪酬　　　　　　　　　　　　　　　　　　　　　　　14 350

(四) 变动制造费用

本月实际发生变动制造费用5 600元,实际费用分配率为1.6元/小时(=5 600÷3 500)。

借:变动制造费用　　　　　　　　　　　　　　　　　　　　　　　5 600
　　贷:各有关账户　　　　　　　　　　　　　　　　　　　　　　　　　5 600

将其计入产品成本,则:

标准成本=440×8×1.5=5 280(元)

实际成本=3 500×1.6=5 600(元)

变动制造费用效率差异=(3 500-440×8)×1.5=-30(元)

变动制造费用耗费差异=3 500×(1.6-1.5)=350(元)

借:生产成本	5 280
变动制造费用耗费差异	350
贷:变动制造费用效率差异	30
变动制造费用	5 600

(五) 固定制造费用

本月实际发生固定制造费用 3 675 元,实际费用分配率为 1.05 元/小时(=3 675÷3 500)。

| 借:固定制造费用 | 3 675 |
| 贷:各有关账户 | 3 675 |

将其计入产品成本,则:

标准成本 = 440×8×1 = 3 520(元)
实际成本 = 3 500×1.05 = 3 675(元)
固定制造费用耗费差异 = 3 675−4 000 = −325(元)
闲置能量差异 = (4 000−3 500)×1 = 500(元)
固定制造费用效率差异 = (3 500−440×8)×1 = −20(元)

借:生产成本	3 520
固定制造费用闲置能量差异	500
贷:固定制造费用耗费差异	325
固定制造费用效率差异	20
固定制造费用	3 675

(六) 完工产品入库

本月完工库存商品为 430 件。
完工产品标准成本 = 430×82 = 35 260(元)

| 借:库存商品 | 35 260 |
| 贷:生产成本 | 35 260 |

上述分录过账后,"生产成本"账户余额为 3 920 元,其中,材料标准成本 2 100 元(=70×30),直接人工 1 120 元(=70×32×0.5),变动制造费用 420 元(=70×12×0.5),固定制造费用 280 元(=70×8×0.5)。

(七) 产品销售

本月销售 440 件,单位价格 125 元,计 55 000 元。

| 借:应收账款 | 55 000 |
| 贷:主营业务收入 | 55 000 |

结转已销产品成本 = 440×82 = 36 080(元)

| 借:主营业务成本 | 36 080 |
| 贷:库存商品 | 36 080 |

上述分录过账后,"库存商品"账户期末余额为 1 640 元(=20×82)。它反映 20 件期末存货的标准成本。

(八) 发生销售费用与管理费用

本月实际发生变动销售费用 968 元，固定销售费用 2 200 元，管理费用 3 200 元。

借：变动销售费用	968
固定销售费用	2 200
管理费用	3 200
贷：各有关账户	6 368

(九) 结转成本差异

假设本企业采用结转本期损益法处理成本差异，则：

借：主营业务成本	395
材料价格差异	500
直接人工效率差异	80
变动制造费用效率差异	30
固定制造费用耗费差异	325
固定制造费用效率差异	20
贷：材料数量差异	150
直接人工工资率差异	350
变动制造费用耗费差异	350
固定制造费用闲置能量差异	500

本章小结

成本控制是指预定成本限额，按限额开支成本和费用，以实际成本和成本限额比较，衡量经营活动的成绩和效果。企业往往通过建立成本控制系统来实现成本控制。标准成本制度是加强成本控制、评价经营业绩的一种成本控制制度。成本差异包括材料差异、工资差异、制造费用差异等。在标准成本制度下，原材料、生产成本、库存商品和销售成本的结转一般都按标准成本进行，对成本差异则单独设立账户加以反映。

案例分析

红光电气有限公司 U 型配电柜，采用标准成本系统控制产品成本，有关资料如下。

① 甲产品每月正常生产量 500 台。

② 每台产品直接材料标准用量 6 千克，每千克的标准价格为 1.5 元，每台产品标准耗用工时 4 小时，每小时标准工资率 4 元。

③ 制造费用预算总额为 10 000 元。其中，变动制造费用为 6 000 元，固定制造费用为 4 000 元。

④ 本月实际生产 440 台，实际材料价格 1.6 元，全月实际耗用 3 250 千克，本月实际耗用直接人工 2 100 小时，支付工资 8 820 元，实际支付变动制造费用 6 480 元，支付固定制造费用 3 900 元。

讨论：

1. U 型配电柜标准成本包括哪些内容？

2. 如何计算和分解产品标准成本差异?
3. 上述差异产生的责任原因是什么?

课后训练

一、思考题

1. 什么是标准成本制度?什么是标准成本?
2. 如何分析直接材料成本差异?
3. 如何分析直接人工成本差异?
4. 如何分析变动制造费用差异?
5. 如何进行固定制造费用差异的分析?
6. 在标准成本制度下,如何计算产品的实际成本?

二、计算分析题

1. 某企业生产甲产品,单位产品耗用的直接材料标准成本资料如下表所示。

成本项目	价格标准	用量标准	标准成本
直接材料	0.5元/千克	6千克/件	3元/件

直接材料实际购进量是4 000千克,单价为0.58元/千克,本月生产产品400件,使用材料2 500千克。

要求:

(1) 计算该企业生产甲产品所耗用直接材料的实际成本与标准成本的差异。
(2) 将差异总额进行分解。

2. 某企业某月固定制造费用预算总额为100 000元,固定制造费用标准分配率为10元/小时,本月制造费用实际开支额为88 000元,生产A产品4 000个,其单位产品标准工时为2小时,实际用工7 400小时。

要求:用二因素分析法和三因素分析法进行固定制造费用差异分析。

第十章 责任会计

学习目标

通过本章的学习,使学生在了解责任会计概念、产生与发展的基础上,掌握责任会计的内容及建立责任会计应遵循的原则;重点掌握责任中心的种类、特征;熟悉内部转移价格的类型、制定方法和适用范围;熟悉责任预算与责任报告的关系。

微课

技能要求

能够结合实际划分收入中心、成本中心、利润中心和投资中心,并制定内部转移价格,编制责任报告。

案例导入

3只老鼠一同去偷油,它们决定叠罗汉,大家轮流喝。而当其中一只老鼠刚爬到另外两只的肩膀上,胜利在望之时,不知什么原因,油瓶倒了,引来了人,它们落荒而逃。回到鼠窝,它们开了一个会,讨论失败原因。最上面的老鼠说:"因为下面的老鼠抖了一下,所以我碰倒了油瓶。"中间的那只老鼠说:"我感觉到下面的老鼠抽搐了一下,于是,我抖了一下。"而最下面的老鼠说:"我好像听见猫的叫声,所以抽搐了一下。"原来如此,谁都没有责任。

像老鼠一样相互"踢皮球"的情况在不少公司都存在,没出事情大家"安居乐业",但问题一出来就互相推卸责任,不解决实际问题,老板很是头痛。但是,如果企业对部门建立起业绩考核,那么责任归谁老总自有定夺,大家也不用"踢皮球"了。老鼠"踢皮球"危害不大,最多下次再来。企业管理中,部门"踢皮球",问题就大了。

思考:如果你是老板,你将采取什么办法解决各部门之间"踢皮球"问题?

第一节 责任会计概述

一、分权管理

分权管理就是企业把一定的日常经营管理的决策权随同相应的责任下放给基层管理人员,许多关键性的经营决策由这些基层的经理人员做出。分权管理的主要表现形式是部门化,即在企业中建立一种具有半自主权的组织结构,通过企业管理中心向下或向外的层层授权,使每一部门都拥有一定的积极性、权力和责任。

二、责任会计的产生与发展

在实行分权化管理的企业中,为了将企业总预算确定的经营目标落实到各有关部门,必须将这些部门划分成若干个分权单位,即责任单位,形成责任预算,明确其应负的经济责任,建立一套计量、控制、考核与业绩评价的内部控制制度。责任会计适应了企业分权化管理的需要,是现代分权管理模式的产物。它是通过在企业内部建立若干个责任中心,编制科学的责任预算,并对其分工负责的责任预算进行规划与控制,实现责任预算、考核与评价的一种内部控制会计。它将经济责任与会计的管理职能相互结合,成为企业管理会计的一个重要组成部分。

责任会计的发端始见于泰罗制的建立,泰罗制的推广使美国会计学者提出了"供管理上用的会计"这一概念,以此为契机,会计与泰罗制相结合,形成了标准成本与预算控制系统,会计的职能有了新的发展。

责任会计的真正发展是在20世纪50年代以后,科学技术的迅速发展为资本增值、经济发展创造了更多的机会,同时也加剧了市场竞争,给企业的经营带来了巨大的风险。为了抵御风险,资本日益集中,企业规模进一步扩大,跨地区、跨行业的企业不断出现,形成多角化经营格局,出现了跨国公司。公司规模过大,投资领域分散,管理层次也日渐增多,组织机构遍布世界各地,反馈渠道过长,使直线职能式的集中管理变得越来越困难,反应迟钝、效率低下,因决策滞后或决策失误带来的损失越来越大。为了加强企业对市场的适应能力,大企业纷纷放弃了过去的集权管理,走上了分权管理之路。但分权管理使企业内部的利益竞争加剧,这不符合企业所追求的整体利益最大化的目标,因而必须从企业的发展战略出发来协调成员组织的行为。于是需要会计师为公司总部提供一套据以评价、考核并协调成员组织行为的会计信息。这套会计信息只提供企业内部管理所用,不需要对外公布,因此不需要遵守公认的会计准则,但它要覆盖企业所有的生产经营活动。它所提供的会计信息不着重于对已发生的经济活动的反映,而是在行为科学理论的指导下,为控制现在、指导未来提供经济信息,在企业内部管理方面发挥出传统会计无可比拟的作用,这就是人们所说的责任会计。可见责任会计是为适应企业分权管理制度的要求而建立的,它以行为科学理论为指导,将会计资料和责任中心相结合,对责任中心进行规划、控制。

三、责任会计的内容

1. 划分责任中心,确定责任范围

实施责任会计,重要的并不在于企业必须划分哪些责任中心,而在于对划分出的每一个责任中心都必须要能准确地界定它们的责任范围。

2. 编制责任预算,确定考核标准

各责任中心的责任范围,必须运用价值指标进行量化反映。这个量化反映的过程就是编制责任预算。责任预算是利用货币形式对责任中心的生产经营活动进行的计划安排。

3. 建立跟踪系统，进行反馈控制

为了反映责任中心的业绩，即责任预算和考核目标的完成情况，必须建立相应的核算系统。但是，责任会计作为一种内部管理会计，它的主要作用不是核算和记录，而是将核算和记录的结果进行分析、比较，并把结果及时反映给上一级管理部门。对预算执行过程中出现的差异进行分析和纠正，以确保预算的贯彻实施，这就需要建立相应的信息反馈系统。在责任会计制度里，这种信息反馈主要是以责任中心提交责任报告的形式进行的。

4. 分析评价业绩，建立奖惩制度

考核指标体系的建立，完善的责任报告制度，为分析评价各个责任中心的业绩提供了"物质条件"。虽然责任会计的最终目的同财务会计一样是提高企业的经济效益，但在行为科学理论指导下建立起来的责任会计制度，其直接目的却是建立激励机制。在企业的各个生产要素中，人是最活跃的，也是决定性因素。企业之间的竞争，最终是人的竞争。企业的活力也来自企业职工的积极性。而如何调动职工的积极性，一直是企业管理者关心的问题。因此，根据责任者的业绩计酬，实际上是为了对责任者的行为实施控制，做到有功者奖、有过者罚、赏罚分明。实践证明，这仍是目前调动职工积极性的最有效的方法。

四、建立责任会计的原则

无论建立和实施哪种形式的责任会计制度，都应当遵循以下原则。

（一）激励原则

在制定责任预算时，采用全员参与制，使预算目标切实可行，并确保实现。在预算执行过程中，通过信息反馈，及时表扬和鼓励优秀员工；在业绩考评时，要赏罚分明，客观公正，使每一位员工心服口服。

（二）目标一致性原则

各责任中心的分目标是企业总目标的一部分，在编制责任预算、计量、控制和业绩评价时，应该始终关注分目标与总目标的一致性，避免各责任中心为了其局部利益而影响企业整体利益，激励各责任中心相互协调，为保证总目标的实现而努力奋斗。

（三）可控性原则

各责任中心权责范围的划分，是以其能控制的范围为前提的。对于责任中心无法控制的活动，不能作为考核范围，以免挫伤员工的积极性。

（四）及时反馈原则

在责任会计实施过程中，各责任中心的预算执行情况，必须及时、准确地以报告形式加以反馈，使责任中心的责任人及时了解其工作结果，找出差距，并迅速采取措施进行改进。

（五）责、权、利相结合原则

这一原则要求在责任会计中，为每个责任单位、每笔收支项目和每项消耗定额，确定应

由谁负责;同时,赋予责任者与其所承担职责范围大小相适应的权利,并规定出相应的业绩考核标准。责、权、利要紧密配合,并使其兼顾国家、集体和个人三方面的利益。

 知识链接

责、权、利三者的关系

各责任中心承担的责任是实现企业总体目标、提高企业经济效益的重要保证,是衡量各责任中心工作成果的标准。赋予各责任中心相应的管理权力,是其能够顺利履行责任的前提条件。而根据各责任中心的责任履行情况给予适当的奖惩,又是调动其积极性、提高企业经济效益的动力。根据这一原则,各责任中心只对其可以控制的生产经营活动负责,而不对其不可控的生产经营活动负责。

(六) 例外管理原则

例外管理原则就是要把主要精力放在超乎常规的问题上,实行重点管理。在管理工作中,时常会出现实际执行与预计情况存在差异的情况,对于这些差异不可能一一进行分析和评价,只能选其中差异较大、性质较重的项目实行重点管理。

第二节 责任中心

一、责任中心概念及分类

实行分权经营的企业,为了进行有效的内部控制,日常经营决策权便被层层下放到企业的各个部门,同时对这些下层部门落实相应的责任,使这些部门权责平衡。这种既承担了一定的经济责任,又享有一定权利和利益的企业内部单位被称为责任中心。

根据企业内部责任单位权责范围及业务活动的特点,责任中心通常可分为收入中心、成本中心、利润中心和投资中心。

二、收入中心

(一) 收入中心的概念及特点

收入中心是对收入负责的责任中心。其特点是只对收入负责,不对成本负责。

(二) 考核指标

收入中心的考核指标包括营业收入目标完成百分比、营业货款回收平均天数和坏账发生率等。

1. 营业收入目标完成百分比

营业收入目标完成百分比是将实际实现的营业收入与目标营业收入相比较,以考核营业收入的目标完成情况。其计算公式为:

$$营业收入目标完成百分比 = \frac{实际实现的营业收入}{目标营业收入} \times 100\%$$

对收入中心来说,这一指标是最主要的考核指标。

例 10-1 某大型商场的女装部为一个收入中心,该女装部的营业收入预算要实现每月 100 000 元,本月实际销售额达到 130 000 元。计算营业收入预算的完成情况。

营业收入目标完成百分比 = 130 000 ÷ 100 000 × 100% = 130%

2. 营业货款回收平均天数

营业货款回收平均天数是评价收入中心回收营业款项是否及时的指标。其计算公式为:

$$营业货款回收平均天数 = \frac{\sum(营业收入 \times 回收天数)}{全部营业收入}$$

将实际的营业货款回收平均天数与计划天数相比较,能反映该收入中心的营业款项的及时情况。

3. 坏账发生率

坏账发生率这一指标主要是用来考核收入中心在履行其职责过程中所发生的失误情况。其计算公式为:

$$坏账发生率 = \frac{某期实际发生的坏账总额}{当期全部赊销收入} \times 100\%$$

以坏账发生率来考核收入中心,能促进收入中心在经营过程中保持认真谨慎的作风。

例 10-2 某企业销售部门当年实现的赊销收入为 1 000 000 元,实际发生的坏账数额为 30 000 元,则:

$$坏账发生率 = \frac{30\ 000}{1\ 000\ 000} \times 100\% = 3\%$$

三、成本中心

(一)成本中心的概念

一个责任中心如果不形成或者不考核其收入,而着重考核其所发生的成本和费用,这类责任中心称为成本中心。

(二)成本中心的分类

成本中心有两种类型,即标准成本中心和费用中心。

标准成本中心必须是所生产的产品稳定而明确,并且已经知道单位产品所需要的投入量的责任中心。通常,标准成本中心的典型代表是制造业工厂、车间、工段、班组等。

费用中心适用于那些产出物不能用财务指标来衡量,或者投入和产出之间没有密切关系的单位,如会计、人事、劳资、计划、研究开发部门等。

(三) 成本中心特点

1. 成本中心只衡量成本费用,不衡量收益

一般的,成本中心只有控制成本的权利,没有其他的经营权和销售权,成本中心的工作成果不会形成可以用货币计量的收入,因此,一个成本中心的业绩考核,只考核其能负责的成本,而不考核收入、利润等指标。

2. 成本中心只对其可控成本负责

可控成本是指责任中心能够计量其消耗并能加以控制的成本。可控成本通常符合以下几个条件:①可预计性,即成本中心可以掌握将来会发生什么成本;②可计量性,即成本中心对将要发生的成本可以计量它的消耗;③可控制性,即成本中心有办法控制并调节成本的发生;④可落实性,即成本中心可以层层分解有关成本到具体的责任人或责任单位,并对其进行绩效考核。

成本的可控性是对特定的责任中心而言的,不是指既定成本的固有性质。把一个组织看成是一个整体,它发生的每一项成本都是可控的。所以,成本的可控性不是针对组织或企业整体,而是针对某一特定的责任中心。

 知识链接

可控成本与不可控成本

可控成本总是针对特定责任中心来说的。一项成本,对某个责任中心来说是可控的,对另外的责任中心来说则是不可控的。例如,耗用材料的进货成本,采购部门可以控制,使用材料的生产单位则不能控制。有些成本,对于下级单位来说是不可控的,而对于上级单位来说则是可控的。例如,车间主任不能控制自己的工资(尽管它通常要计入车间成本),而他的上级则可以控制。

区分可控成本和不可控成本,还要考虑成本发生的时间范围。一般来说,在消耗或支付的当期是可控的,一旦消耗或支付就不再可控。有些成本是以前决策的结果,如折旧费、租赁费等。在添置设备和签订租约时曾经是可控的,而使用设备或执行契约时已无法控制。

从整个公司的空间范围和很长的时间范围来观察,所有成本都是人的某种决策或行为的结果,都是可控的。但是,对于特定的人或时间来说,则有些是可控的,有些是不可控的。

3. 成本中心控制和考评的重点是责任成本

责任中心当前发生的各项可控成本之和就是这个责任中心的责任成本。责任成本不同于产品成本,责任成本是秉承"谁负责,谁承担"的原则进行归属,而产品成本是秉承"谁受益,谁承担"的原则进行归属。比如一个企业下设甲生产车间、乙生产车间、修理车间、供电车间四个成本中心,当期产品经过成本核算,其发生的材料费95 000元,直接人工64 000元,制造费用72 800元,共计231 800元。其中发生在四个成本中心的成本如表10-1所示。

表10-1 责任成本计算单　　　　　　　　　　　　　　　　　　　　单位:元

责任成本＼责任中心	甲车间	乙车间	修理车间	供电车间	总成本
直接材料	50 000	45 000			95 000
直接人工	48 700	15 300			64 000
制造费用					
间接材料	6 500	6 600	5 600	2 600	21 300
间接人工	4 000	1 900	3 300	2 300	11 500
折旧费	5 300	4 200	3 900	4 600	18 000
管理人员薪金	2 700	1 000	1 600	1 700	7 000
水费	4 900	4 200	2 900	3 000	15 000
合计	23 400	17 900	17 300	14 200	231 800

可见,对于甲车间成本中心而言,其可控成本共有7项,合计23 400元,而不是产品全部成本231 800元。

四、利润中心

(一)利润中心的概念

一个责任中心如果能同时控制生产和销售,既要对成本负责,又要对收入负责,但没有责任或没有权力决定该中心资产投资的水平,因而可以根据其利润的多少来评价该中心的业绩,那么,该中心称为利润中心。

(二)利润中心的分类

利润中心有两种类型,一种是自然的利润中心,它直接向公司外部出售产品,在市场上进行购销业务;另一种是人为的利润中心,它主要在公司内部按照内部转移价格出售产品。

(三)考核指标

利润中心的考核指标主要有以下几种:
利润中心边际贡献总额=该利润中心营业收入总额-该利润中心变动成本总额
利润中心负责人可控利润总额=利润中心边际贡献总额-利润中心负责人可控固定成本
利润中心可控利润总额=利润中心负责人可控利润总额-利润中心负责人不可控固定成本
公司利润总额=各利润中心可控利润总额之和-公司不可分摊的各种管理费用、财务费用等

例 10-4 某企业的 A 车间是一个人为利润中心,本期实现内部销售收入 100 万元,销售变动成本为 60 万元,该中心负责人可控固定成本为 10 万元,中心负责人不可控的且应该由该中心负担的固定成本为 14 万元,则该中心实际考核指标分别为:

利润中心边际贡献总额=100-60=40(万元)
利润中心负责人可控利润总额=40-10=30(万元)
利润中心可控利润总额=30-14=16(万元)

五、投资中心

投资中心是指某些分散经营的单位及部门,其经理所拥有的自主权不仅包括制定价格、确定产品和生产方法等短期经营决策权,而且还包括投资规模和投资类型等投资决策权。

投资中心在责任中心中处于最高层次,它具有最大的决策权,也承担最大的责任。投资中心是分权管理模式的最突出表现,在当今世界各国,大型集团公司下面的分公司和子公司往往都是投资中心。在组织形式上,成本中心基本不是独立的法人;利润中心可以是独立的法人,也可以不是独立的法人;投资中心一般都是独立的法人。

投资中心业绩评价和考核除了使用利润指标外,还通常以投资报酬率、剩余收益作为评价和考核的主要指标。

(一) 投资报酬率

投资报酬率是投资中心所获得的利润与其经营资产之间的比率。其计算公式为:

$$部门投资报酬率=\frac{部门营业利润}{部门平均总资产}\times 100\%$$

式中,营业利润是指扣减利息费用和所得税之前的利润,又称为息税前利润;平均总资产是指期初与期末资产占用额的平均数。

例 10-5 假定某公司下属子公司为一个投资中心,本年一季度的有关资料如下:期初资产余额为 400 000 元,期末资产余额为 600 000 元,本季度营业利润为 80 000 元。计算该投资中心的投资报酬率。

$$该子公司投资报酬率=\frac{80\ 000}{(400\ 000+600\ 000)\div 2}\times 100\%$$
$$=16\%$$

(二) 剩余收益

剩余收益是指投资中心获得的利润扣减其最低投资收益后的余额。其计算公式为:

$$剩余收益=部门营业利润-部门平均总资产应计报酬$$
$$=部门营业利润-部门平均总资产\times 要求的报酬率$$

例 10-6 在[例 10-5]的基础上,假设该子公司有一个新的投资机会,需要增加投资额 200 000 元,增加的营业利润为 30 000 元。公司的预期最低投资收益率为 12%,子公司是否应该增加投资？

增加投资的投资报酬率=(30 000÷200 000)×100%=15%<原来的投资报酬率 16%

如果以投资报酬率来考评该投资中心,它可能不愿接受该项目。如果改成以剩余收益指标来考核,情况就不同了,即：

增加投资的剩余收益=30 000-200 000×12%=6 000(元)>0

可见,用剩余收益指标来考评,该子公司肯定会接受该项目,追加投资。

第三节 责任预算与责任报告

一、责任预算

(一) 责任预算的概念

责任预算是指以责任中心为对象,以其可控的成本、收入和利润等为内容编制的预算。责任预算由各种责任指标组成,这些指标包含主要责任指标和其他责任指标。

(二) 责任预算的编制程序

责任预算的编制程序有如下两种基本类型：

(1) 以责任中心为主体,将企业总预算在各责任中心之间层层分解而形成各责任中心的预算。它实质是由上而下实现企业总预算目标。

(2) 各责任中心自行列示各自的预算指标,由下而上、层层汇总,最后由企业专门机构或人员进行汇总和调整,确定企业总预算。

二、责任报告及其编制

(一) 责任报告的概念及内容

责任报告是责任会计的重要内容之一,是每个责任中心根据可控成本和收入编制的反映责任预算执行情况的报告,是对该责任中心过去一段时间生产经营活动情况的系统概括和总结。责任报告主要包括责任预算的资料、实际完成资料,以及两者之间的差异和原因等方面。

(二) 责任报告的编制要求

责任报告是考核责任中心业绩的基本依据,责任中心所编制的责任报告必须客观公正,如实反映本中心实际情况。其具体要求有以下几个方面。

1. 内容的客观性

责任中心的责任报告是反映责任预算执行情况,考核责任中心工作业绩的重要依据。为此,责任报告的编制必须真实可靠、客观公正。

2. 信息的相关性

报告信息的相关性,是指责任报告的编制应充分考虑责任报告的层次差别,不同报告之间的衔接关系,以及不同层次责任人对信息的要求,满足方方面面的需要。

3. 编制的适时性

报告编制的适时性要求责任报告所提供的信息应涵盖整个报告期间,报告的编制日期应适时。只有这样,才能及时地反映和总结各责任中心过去一段时间里的工作业绩,同时为下一个阶段的责任预算提供依据。

4. 列示的明晰性

报告列示的明晰性要求责任报告应条理清晰、突出重点,而不要事无巨细、面面俱到。

(三) 责任报告的编制

责任报告一般是由报表、数据分析和文字说明三部分构成,其中,责任报表是责任报告的主要形式,由于责任中心是自下而上逐级设立的,所以责任报告也应自下至上逐级编制。

例 10-7 以××公司2020年1月份为例,说明责任报告的编制。根据责任会计提供的相关资料编制成本中心责任报告,利润中心责任报告和投资中心责任报告如表10-2、表10-3、表10-4所示。

表 10-2 2020年1月份成本中心责任报告   单位:万元

项目	预算	实际	差异
A 分公司第一车间可控成本			
变动成本			
直接材料	500	600	100
直接人工	50	55	5
变动制造费用	60	65	5
合　计	610	720	110
固定成本			
固定制造费用	70	90	20
合　计	680	810	130
A 分公司第二车间可控成本			
变动成本			
直接材料	300	350	50
直接人工	80	78	-2
变动制造费用	40	35	-5

续 表

项　目	预算	实际	差异
合　计	420	463	43
固定制造费用	60	60	0
合　计	480	523	43
A 分公司制造部门可控成本			
第一车间			
变动成本	610	720	110
固定成本	70	90	20
小计	680	810	130
第二车间			
变动成本	420	463	43
固定成本	60	60	0
小计	480	523	43
制造部门其他费用	70	67	-3
合　计	1 230	1 400	170
A 分公司可控成本			
制造部门	1 230	1 400	170
行政管理部门	190	200	10
销售部门	70	70	0
合　计	1 490	1 670	180

表 10-3　2020 年 1 月份利润中心责任报告　　　　　　单位:万元

项　目	预　算	实　际	差　异
A 分公司销售收入	1 800	2 000	200
A 分公司销售成本			
第一车间	610	720	110
第二车间	420	463	43
小计	1 030	1 183	153
A 分公司贡献毛益	770	817	47
A 分公司固定成本			
第一车间	70	90	20
第二车间	60	60	0
制造部门其他费用	70	67	-3

续表

项目	预算	实际	差异
小计	200	217	17
行政管理部门	190	200	10
销售部门	70	70	0
小计	260	270	10
A 分公司利润	310	330	20
总公司利润			
A 分公司利润	310	330	20
B 分公司利润	270	280	10
合 计	580	610	30

表 10-4　2020 年 1 月份投资中心责任报告　　　　　　　单位:万元

项目	预算	实际	差异
A 分公司利润	310	330	20
B 分公司利润	270	280	10
合 计	580	610	30
经营资产平均占用额	1 450	1 605	155
投资报酬率(%)	40	38	−2
行业平均最低报酬率(%)	20	22	2
剩余收益	290	256.9	−33.1

第四节　内部转移价格的制定

一、内部转移价格

(一) 内部转移价格的概念

内部转移价格是指企业内部各责任中心之间转移中间产品或相互提供劳务而发生的内部结算和进行内部责任转账所使用的结算价格。

(二) 采用内部转移价格进行责任转账

采用内部转移价格进行责任转账有以下两个原因:

(1) 各责任中心之间由于责任成本发生的地点与应承担的地点往往不同,因此要进行

责任转账。

（2）责任成本在发生的地点显示不出来，可能在下道工序或环节才能发现，这也需要转账。

二、制定内部转移价格的原则

合理制定内部转移价格应遵循如下基本原则：

（1）全局性原则。内部转移价格涉及各责任中心的切身利益，在制定时应予以充分考虑。

（2）公平性原则。制定内部转移价格应做到公平合理，应充分体现各责任中心的经营努力或业绩，并使各责任中心得到的利益与其付出的努力相称。

（3）自主性原则。在确保企业整体利益的前提下，给予责任中心一定的自主定价权或激励讨价还价权；同时，在条件成熟的情况下，赋予某些责任中心一定的对外销售权或采购权。

（4）重要性原则。对于原材料、半成品、产成品等重要物资，应从细制定转移价格；对于其他品种繁多、价格低廉、用量不大的次要物资的定价，则可以从粗从简。

三、制定内部转移价格的方法及应用

内部转移价格一般有以下 4 种制定方法。

（一）市场价格

市场价格简称市价，是以产品或劳务的市场价格为基价的内部转移价格。

采用以市价为基价的内部转移价格，应尽可能地促使各责任中心进行内部转让，以维护企业的整体利益。但同时要注意发挥竞价机制的作用，不保护落后、不损伤先进。为此应遵循如下原则：

（1）当销售方愿意对内供应，且售价不高于市价，购买方应履行内部购买的义务。

（2）当销售方的售价高于市价，购买方有向外界市场购买的自由。

（3）当销售方宁愿对外销售，则应有尽量不对内销售的权利。

以市价为基价的内部转移价格也有其局限性，有些内部转移的中间产品往往没有相应的市价作为依据，从而对其使用范围构成限制。

（二）协商价格

协商价格简称议价，是企业内部各责任中心以正常的市场价格为基础，通过定期共同协商而被双方所接受的价格。当中间产品无适当的市价可供参照时，也要采用协商价格。采用协商价格的前提是，责任中心转移的产品应有在非竞争性市场买卖的可能性，在这种市场中，买卖双方有权决定是否买卖这种中间产品。

一般而言，协商价格的上限是市场价格，下限是单位变动成本，具体价格则由买卖双方在其上下限范围内协商议定。在协商时除非双方争执不下、陷于僵局，或者双方所定协商价格有损于企业整体利益,否则,企业高一级领导一般不介入其中,以避免干预过多。例如,某中间产品的市场价格为100元,单位变动成本为50元,单位固定成本为20元,必要的销售费用为10元,确定该产品协商价格的范围。根据上述资料,该中间产品的单位变动成本为50元,则协商价格范围的下限即50元;市场价格为100元,扣除必要的销售费用10元后为90元,则协商价格范围的上限即90元。因此,该产品的协商价格应在50元与90元之间,具体价格视企业的具体情况而定。

(三) 双重价格

双重价格也称双轨制价格,即准许买卖双方分别采用不同的内部转移价格作为计价基础。例如,对产品(半产品)的销售方,可按协商的市场价格计价;对购买方则按销售方的产品(半成品)的单位变动成本计价。其差额由会计最终调整。双重价格通常有以下两种形式:

(1) 双重市场价格,即当某种产品或劳务在市场上出现几种不同的价格时,销售方可采用最高市价,购买方可采用最低市价。

(2) 双重转移价格,即销售方以市价或议价作为计价基础,购买方以销售方的单位变动成本作为计价基础。

(四) 成本转移价格

成本转移价格是指以产品或劳务的成本为基础制定的内部转移价格。成本转移价格通常适用于3种情况:由于种种原因,产品不便或不能对外出售;无合适的市价供参考;由于其他原因不便于用市价或协商价等定价。

由于成本的概念不同,成本转移价格有以下几种不同的表现形式:

(1) 实际成本。

其优点是容易实施。其缺点是销售方的成本如数转给购进方,不利于激励各方努力降低成本,而将前面各责任单位积累的浪费和损失推至最后环节的销售部门承担,从而对整个企业利润目标的实现造成不利影响。

(2) 标准成本。

它适用于企业各成本中心之间产品或劳务的转移,主要优点是将管理和核算工作结合起来,有利于调动各方降低成本的积极性。但采用标准成本作为内部转移价格的基本前提是企业各成本中心均采用标准成本制度。

(3) 标准成本加成。

它是指按产品或劳务的标准成本,加计一定的合理利润作为计价基础。其优点是能够分清相关责任中心的责任,充分调动销售方的工作积极性,并促使买卖双方努力降低自身的成本,以获取更大收益。其缺点是在确定加成利润率时,往往在一定程度上存在主观随意性。

(4) 标准变动成本。

其最大优点是符合成本习性,能够明确揭示成本与产量的关系,也便于对外的特殊定价决策。其不足之处是容易忽视固定成本,不能反映劳动生产率变化对固定成本的影响。

本章小结

责任会计是现代分权管理模式的产物。它是通过在企业内部建立若干个责任中心,实现责任核算、考核与评价的一种内部控制会计。责任中心是指具有一定的管理权限,并具有一定的经济责任和行使相应权利的企业内部单位。责任中心通常分为收入中心、成本中心、利润中心和投资中心。责任报告是责任会计的重要内容之一,是每个责任中心根据可控成本和收入编制的反映责任预算执行情况的报告。责任报表是责任报告的主要形式。为了调动各责任中心的积极性,必须根据各责任中心业务活动的具体特点,制定具有充分经济依据的内部转移价格。内部转移价格一般有4种制定方法:市场价格、协商价格、双重价格和成本转移价格。

案例分析

某公司以分部方式经营,A部门制造甲产品,该产品可对外销售,也可销售给B部门。以目前的生产水平,制造甲产品的单位变动成本为4元,单位固定成本为0.5元,单位市价为6元。B部门将甲产品加工成乙产品,生产乙产品每件增加变动成本2元。

主管人员正在制定公司的内部转移价格政策,下列为讨论中的内部转移价格基础:实际成本、标准成本、变动成本及市价。

讨论:

1. 为了避免将浪费转入B部门,应采用哪种计价基础?
2. 在短期内,哪种转移价格基础将鼓励公司生产效率达到最佳运用?如就长期而言,这种计价基础为什么不真实?
3. B部门如以当时的市价从A部门买入甲产品,B部门和A部门可能获得什么好处?

课后训练

一、思考题

1. 分权管理是怎么产生的?分权管理有什么特征?
2. 责任会计的内容包括哪些?什么是责任中心?责任中心有哪几种形式?
3. 收入中心、投资中心、利润中心的评价指标有哪些?
4. 为什么要制定内部转移价格?制定内部转移价格应遵循哪些原则?

二、业务练习题

1. 某公司中间产品甲产品的市场价格为60元,单位变动成本为20元,单位固定成本为6元,必要的销售费用为5元。

要求: 确定该产品协商价格的范围。

2. 某公司甲部门生产中间产品,经乙部门加工成最终产品对外出售,其成本构成如下表所示。

单位:元

成本项目	甲部门	乙部门
全年固定成本	100 000	150 000
单位变动成本	20	10

乙部门生产的最终产品,目前的年销售量为10 000件,单位售价50元/件,乙部门也可

按每件 28 元从外界取得和甲部门生产的相同的中间产品,假设采用实际成本作为内部转移价格。

要求:确定乙部门应该从甲部门购买该产品还是应该从外部购买。

3. 甲企业的 A 部门为利润中心,利润中心销售收入为 110 万元,利润中心销售产品变动成本和变动销售费用为 50 万元;利润中心负责人可控固定成本为 20 万元,利润中心负责人不可控而应由该中心负担的固定成本为 12 万元。

要求:

(1) 计算该利润中心的边际贡献总额。
(2) 计算该利润中心负责人可控利润总额。
(3) 计算该利润中心可控利润总额。

4. 某公司下设 A、B 两个投资中心。A 中心的投资额为 250 万元,投资利润率为 16%;B 中心的投资额为 300 万元,剩余收益为 9 万元。公司要求的平均投资利润率为 13%,现公司决定追加投资 150 万元,若投向 A 中心,该中心每年增加利润 30 万元;若投向 B 中心,该中心每年增加利润 25 万元。

要求:

(1) 计算追加投资前 A 中心的剩余收益。
(2) 计算追加投资前 B 中心的投资利润率。
(3) 若 A 中心接受追加投资,计算其投资利润率。

第三篇 管理会计新发展

第十一章 作业成本系统

 **学习目标**

通过本章的学习,了解作业成本法的产生背景及基本含义;掌握作业成本法的核算程序;了解作业成本法的主要特点。

技能要求

能够结合实际认定作业成本,采用作业法计算产品成本,并利用成本信息实施作业管理。

微课

案例导入

一家模具生产企业凭借其产品的优良品质、经营的良好信誉一直保持着同行业较高的竞争优势,但最近其一些传统产品却在市场上遭遇了低价竞争,因为高新技术产品定价偏低,所以使得该企业丧失了部分客户和利润。企业经理找到财务和技术管理人员协商对策,得到的答案是根据目前的技术和成本资料其调价的空间几乎没有,无奈只得请教专家。专家通过分析企业产品的生产销售环节,利用作业成本法的计算思路指出了这些产品目前的成本资料的问题,找到了其调价的可能。

思考:为什么在目前成本的约束下仍然可以找到调价的途径?

第一节 作业成本法概述

作业成本计算法(Activity-Based Costing,ABC),简称作业成本法,是指以作业为产品成本计算对象,并以作业动因为基础来分配制造费用的一种成本计算方法。其理论依据是作业消耗资源、产品消耗作业。它是20世纪后期适应新的技术经济条件的发展而逐渐形成和发展起来的管理会计学中的一个新领域。

第十一章 作业成本系统

一、作业成本法产生的时代背景

近年来,社会经济环境变化和管理科学的发展成为影响管理会计发展的两个主要因素,传统的成本管理方法受到冲击,各种新的成本管理方法层出不穷。其中,作业成本管理便是一种最具代表性的方法,其核心是作业成本法。

(一)技术与制造环境的改变

20世纪70年代以来,现代科技的发展为世界社会生产力的高速发展发挥了重要作用,尤其是在电子技术的基础上形成了生产高度的计算机化、自动化,使得产品生产从订货开始,直到设计、制造、销售等所有阶段所使用的各种自动化系统综合成一个整体,由计算机统一调控,这些为生产经营管理进行革命性的变革提供了技术上的可能,并使各国制造企业所处的制造环境发生了巨大变化。在新的制造环境下,机器人和计算机辅助生产系统在某些工作上已经取代了人工,使得人工成本比重从传统制造环境下的30%~40%下降到现在的不足5%,相反,制造费用在产品成本中所占的比重却大大增加,同时其内容构成也大大复杂化。在传统的企业中,生产类型往往属于劳动密集型,制造费用所占成本比重小。此时,企业管理当局往往只重视直接材料、直接人工等直接成本的计算和控制,而对制造费用的计算和控制关注较少。与此相适应,传统制造费用的分配方法是以直接人工工时或机器工时或直接人工成本作为分配标准,只计算一个分配率,依据分配标准将制造费用分配给各产品。这种分配必然会导致产量多的产品要负担较多的制造费用,而产量少、批量小的产品则负担较少的制造费用。而在目前高度自动化的生产条件下,有些制造费用与产量的关系较为紧密,而大部分的制造费用与产量没有必然的联系。在这种情况下,无论是从提高产品成本计算的正确性,还是从提高产品成本控制的有效性上看,都必须把成本计算的重点放在制造费用上,对制造费用的分配进行变革。

(二)生产经营管理理念的改革

为了适应环境变化,西方发达国家越来越重视和推行一种新的企业管理思想——适时生产系统,简称适时制。所谓适时制是指产品要按照顾客需要的时间准时生产出来并准时发送,即以需求带动生产和采购,以达到杜绝浪费、降低成本、提高企业经营效益的目的。与传统生产系统不同的是,传统生产系统是生产推动系统,即企业只按计划安排生产,其产品在某生产工序完工后,即转入后一生产工序继续加工,而不管后者的确切需要量是多少。这种由前向后推动式的生产系统,使前面的生产工序居于主导地位,而后面的生产工序只是被动地接受前一生产工序转移下来的加工对象,这就必然会造成生产经营环节的不直接,其结果必然导致大量的材料、在产品、半成品的存在。而适时制是一种"需求拉动"的生产系统,即由后向前拉动式的生产系统。企业根据顾客订货所提出的有关数量、质量和交货时间等特定要求来安排生产任务,以最终满足客户需求为起点,由后向前进行逐步推移来安排生产任务,前一生产工序只能按后一生产工序所要求的来组织生产,生产经营各个环节无须建立库存储备,实现"零存货"的目标。

适时制影响着企业采购及制造过程的方方面面,包括原材料、在产品和产成品的质量和数量,以及生产设备等硬件的布置。一方面,相对于传统的生产方式而言,适时制要更多地组织、协调产品的生产工作,并为此发生资源耗费,增加企业制造费用。另一方面,适时制要求企业内部不同工序和环节必须紧密相扣、适时相接,从而要求成本管理深入到作业层次,把企业生产工序和环节视为对最终产品提供服务的作业,把企业看成是为最终满足顾客需要而设计的一系列作业的集合。与传统的标准成本制度不同,适时制在确定了与生产成本有关的成本动因后,把工作的重点放在如何改进设计的作业,而不是如何增加成本因素。其发挥功能的大小取决于企业管理水平的高低和能否确定不增值的作业。适时制在制造组织中的应用,要求主要成本的动因易于确认,从而减少不增值作业。但是,传统的成本管理会计无法满足这一要求。

(三) 竞争的要求

企业采用灵活的制造和管理策略是市场竞争的必然结果。20世纪70年代以来,随着社会化大生产和劳动生产率的迅速提高,竞争日趋激烈,买方市场逐步形成,从而要求企业提供更加多样化和更具个性的产品和服务。这迫使企业改变其生产模式,从传统的少品种、大批量生产模式转变为适应客户需要的多品种、小批量的生产模式。在这种情况下,很多与批量(而不是与产量)直接相关的成本在产品成本中的比重日益提高。如果仍采用传统成本计算方法来分配这类成本,必然导致成本信息的严重失真。

传统的成本管理只注重核算生产过程的成本,而忽视管理过程的成本;只注重投产后的成本管理,而忽视投产前的产品开发成本。而事实上,随着新技术的广泛采用,企业的生产过程和生产组织发生了重大变革。由生产作业引起的产品成本大大下降,而由管理作业引起的成本大大上升。从管理的角度而言,产品的成本内容已逐步扩展到企业的各职能领域中,以更大限度地满足产品定价及重要产品决策的需要。如果仍沿用传统的成本管理内容,仅仅对局部成本实施管理,必然会引起产品成本信息失真,从而误导企业管理当局的决策。

为了适应新技术革命和适时制的要求,适应新型企业管理的发展,西方发达国家的学术界和实务界开始积极研究和推行一种新的成本核算与管理方法——作业成本法。作业成本法是一种以作业为基础的管理信息系统。它以作业为中心,通过对作业的分析及作业成本的确认、计量,最终计算并提供相对准确的产品成本信息。

二、作业成本法的起源和发展过程

作业成本的思想最早是美国会计学家埃里克·科勒(Eric Kohler)于20世纪30年代末提出的。他在1938—1941年担任田纳西河谷管理局的主计长和内部审计师,根据水力发电业的成本构成特点,提出了作业成本法的基本思想。水力发电行业的成本构成特点是:原材料是流动的水,人工主要用于对电力设施的监控和维护,人工成本相对较低,水力发电的主要成本是固定资产的折旧和维护费用等制造费用。因而,如果按传统的以人工工时为基础来分配制造费用,就会严重扭曲成本信息。1952年,科勒在其编著的《会计师词典》一书中,首次提出作业、作业账户、作业会计等概念。1971年,乔治·斯托布斯(George Staubus)在《作业成本计算和投入产出会计》一书中,对"作业""成本""作业成本计算"等概念做了全面的阐述。这是理论上依据作业会计的第一部宝贵著作,在作业会计理论框架形成中占有重要地位。

尽管作业成本法早在20世纪30年代末就已经提出,但是直到80年代中期之前并未得到会计界的广泛关注和深入研究。从20世纪80年代开始,由于高新技术的迅猛发展和在生产领域的广泛应用,按照传统的成本计算方法计算出的产品成本信息与现实严重脱节,成本扭曲普遍存在,且扭曲的程度令人吃惊,这促使大批西方会计学者对传统的成本计算方法进行了反思。到了20世纪80年代中期,美国哈佛大学的罗宾·库伯(Robin Cooper)和罗伯特·卡普兰(Robert Kaplan)两位教授撰写了一系列相关案例、论文和著作,这些论文基本上对作业成本法的现实需要、运行程序、成本动因的选择、成本库的建立等方面做了较全面的分析,对作业成本计算进行了系统深入的理论和应用研究,奠定了作业成本法研究的基石,促使大批西方会计学者对传统的成本会计系统进行重新审视,使作业成本计算引起人们的极大关注。库伯还和卡普兰合作在《哈佛商业评论》上发表了《计算成本的正确性:制定正确的决策》一文。这标志着作业成本法开始从理论走向应用。

在实践中,作业成本法的应用已由最初的美国、加拿大、英国迅速地向澳洲、亚洲、美洲及欧洲其他国家扩展。在行业领域方面,也由最初的制造行业扩展到商品批发、零售行业、金融、保险机构、医疗卫生等公用品部门,以及会计师事务所、咨询类社会中介机构等。据福斯特(Foster)(1997年)等人研究,公司内部会计和财务是使用作业成本法信息最多的两个部门,其他按使用频率依次为生产、产品管理、工程设计和销售部门。

三、作业成本法的概念体系

(一) 资源

在作业成本法中,资源是指企业生产经营消耗的原始状态的要素费用。所有在企业生产过程中耗费的人力、物力和财力都属于资源范围,如货币资源、材料资源、人力资源、动力资源及厂房设备等。

(二) 作业

1. 作业的概念

作业是企业提供产品或劳务过程中的各个工作程序或工作环节,即组织内为了某种目的所进行的消耗人力、技术、原材料、方法和环境等资源的活动。作业贯穿产品生产经营的全过程,从产品设计开始,经过物料供应、生产工艺的各个环节,直至产品销售。在此过程中,每个环节、每道工序都可以视为一项作业,如创业构想、筹划、产品设计、设备安装、订单处理、采购、储存等。

作业是连接资源消耗与成本计算对象的桥梁,具有如下特征:①作业是投入产出因果连动的过程,在这个活动过程中它既需要投入资源、耗费资源,但在投入或耗费资源的同时,它又产生一定的效果,实现活动目的,如设计产品,投入的是人力劳动、仪器等,产出的是产品设计图案。②作业消耗一定资源。③作业贯穿生产经营的全过程,企业整个生产经营过程是由一系列作业实现的,每项作业都是前一项作业的延续及后一项作业的开始,这些作业构成包容企业内部和连接企业外部的作业链。④作业是可以量化的,这是作业最重要的特性。作业的可计量性使得作业识别具有了现实意义,也使得基于作业的成本计算有了客观依据。⑤作业的范围可以根据管理要求来限定。

2. 作业的分类

(1) 作业按受益的范围分类。

对作业进行科学分类是作业识别和作业分析的基础。作业按受益的范围不同,如斯托布斯教授从作业的层次上分类,可分为单位层次作业、批别层次作业、产品层次作业、能量层次作业4类。

① 单位层次作业(Unit Activity)。单位层次作业反映对每单位产品产量或服务所进行的工作,即使单位产品或服务受益的作业。此类作业是重复进行的,每生产一个单位产品就需要作业一次,其所耗的成本与产品产量成比例变动。例如,直接材料、直接人工的运用,单位层次作业所耗用的资源量(即成本)与产品产量、服务量或某种属性(如直接人工小时、机器小时、产品重量、长度等)成比例变动。

② 批别层次作业(Batch Activity)。批别层次作业是由生产批别次数直接引起,与生产数量无关,使一批产品或顾客受益的作业。例如,对每批产品的检验、机器调整准备、销货运送、原料处理、生产计划等作业。批别层次作业的成本通常与产品的批数成比例变动,不受产销数量或其他数量基准所影响。此外,整批层次的成本也和各批次的数量多少无关,如无论一次订购1单位还是5 000单位,每次订购成本都不会改变,因而,批别层次作业的成本取决于批数而非各批次的数量。批量水平作业和单位水平作业的主要区别在于完成批量水平作业所需要的资源不依赖于每批次所包含的单位数。

③ 产品层次作业(Product-sustaining Activity)。产品层次作业是每一类产品的生产和销售所需要的工作,即使某种产品的每个单位都受益的作业,如对某种产品编制数控计划、进行工艺设计、编制材料需求清单等作业。其作用在于支援该产品品种的生产,因此,与其他产品品种无关。这种作业的成本与产品产量及批数无关,但与产品种类数或产品线的数量成比例变动。

④ 能量层次作业(Face-sustaining Activity)。能量层次作业也称管理级作业,是指为了维持企业的总体生产经营能力而进行的作业,即使某个机构或某个部门受益的作业,属于企业一般维持性作业,如管理作业、厂房使用、人员培训等。该类作业与企业的整体生产经营活动有关,无法追溯到特定的批次或产品上;与产量、批次、品种数无关,而取决于组织的规模与结构。这种作业的成本为全部生产产品的共同成本。

(2) 作业按是否能增加产品或服务的价值进行分类。

① 增值作业。它是指能够增加产品价值的作业,如采购订单的获取、在产品的加工及完工产品的包装。

② 非增值作业。它是指不能增加产品价值的作业。一个企业的非增值作业主要有以下几种:a. 计划作业。该作业要消耗时间和资源来决定如何生产、生产多少、何时生产。b. 移动作业。该作业要消耗时间和资源将原材料、在产品和产成品从一个部门转移到下一个部门。c. 等待作业。原材料或在产品未被下一道工序及时加工而存在等待作业,这一作业也要耗费时间和资源。d. 检查作业。该作业要耗费时间和资源来确定产品是否符合标准。e. 储存作业。该作业要消耗时间和资源保存原材料或产品。

3. 作业中心

作业中心是负责完成某一项特定目的的一系列相关作业的集合,既是归集成本与分配成本的中心,也是责任考核中心。例如,顾客服务部门就是一个作业中心,它包括处理顾客订单、解决产品问题及提供顾客报告3项作业。一个作业中心是相关作业的集合,它提供有关作业的成本信息、每项作业所耗资源的信息及执行情况的信息。

(三) 作业链与价值链

作业链(Activity Chain)是指企业为了满足顾客需要而设立的一系列前后有序、相互连接的作业的集合体。在作业管理观念下,企业的经营被看作是为最终满足顾客需要而设计的一系列材料消耗作业、工时消耗作业及制造费用作业3条平等而又相互交织的作业链构成。作业链的设计与建立以顾客为出发点,通过作业链分析有助于消除不增加企业价值的作业,从而达到降低产品成本的目的。

与"作业"和"作业链"相关的概念是"价值链(Value Chain)"。价值链的概念是由美国学者迈克尔·波特(Michael Porter)于1985年提出的。波特认为,每一个企业都是在研发、设计、生产、销售、发送和辅助其产品生产的过程中进行种种活动的集合体,所有这些活动都可以用一个价值链来表示。

价值链是企业作业链的价值表现,是分析企业竞争优势的根本。按照作业会计的原理,产品消耗作业、作业消耗资源。企业每项作业的产出均形成一定的价值,作业的转移伴随着其价值的转移,最终产品是全部作业的集合,同时也表现为全部作业的价值集合。因而作业链的形成过程同时也是价值链的形成过程,要想提高价值链,就必须改进作业链;而作业链的完善,是从分析价值链开始的。价值链分析是基于作业的成本管理,其目标在于发现和消除对价值链无所贡献的作业,提高每一增值作业的效率。

(四) 成本动因

产品成本由其在生产中消耗作业引起,而作业的完成又引起了资源的耗用,这种隐藏在成本之后的推动力,就是成本动因,或者说,成本动因就是引起成本发生的因素。例如,机器运转驱动了电力的消耗,机器运转小时便是电力消耗作业的成本动因;采购订单数决定着采购作业的工作负担和资源消耗,采购订单数便是采购作业的成本动因。根据成本动因在资源流动中所处的位置,分为资源动因和作业动因。

1. 资源动因

资源动因反映作业量与资源耗用之间的因果关系,反映作业对资源的消耗情况。它是分配作业所耗资源的依据,是计算作业成本的依据。例如,电力作业的资源动因是有关作业消耗的电力的度数。资源动因可以用于评价作业使用资源的效率。例如,质量检验部门的人数与检验部门的工资、福利费等成正比。在一般情况下,检验作业的增加会引起检验人员的增加,从而引起工资、福利费的增加。

2. 作业动因

作业动因是将作业成本分配到产品或劳务的标准。它计量每类产品消耗作业的比率,反映产品对作业消耗的逻辑关系,可以解释执行作业的原因和作业消耗的大小。作业动因是将作业中心的成本分配到成本对象的依据,也是将资源消耗与最终产出相沟通的中介。通过作业动因分析,可以揭示多余作业的减少可能、关键作业的确认及应密切注意变化的事项等。

作业动因与前述的作业分类有关。若为产量水平作业,则作业动因是产量;若为批次水平作业,则作业动因是产品的批量。一旦作业按流程和作业水平分类后,就必须找出具有相同作业动因(相同的消耗比率)的那些作业。

(五) 成本库

成本库是指将同一(同质)成本动因导致的费用项目归集在一起的成本类别,即相同成本动因的作业成本集。

作业动因计量产品对作业资源的需求,具有相同作业动因的作业,产品对它们的消耗比例相同,为了减少必要的间接费用分配数量和简化分配过程,如果一些作业逻辑相关,或者所有产品对这些作业的消耗比率都相同,就可根据类似特性把它们归于同质集合中,即同质作业中心。与每个作业集合相联系的间接费用集合称同质成本库。

成本库的建立把间接费用的分配与产生这些费用的原因——成本动因联系起来,不同的成本库选择不同的成本动因作为分配标准。因其具有相同的消耗比率,所以每种作业的作业动因用完全相同的比例把作业成本分配到产品。这样,只需一个动因即可分配成本库的成本。一旦定义好了一个成本库,以作业动因的实际能力除以成本库成本,就可计算出选定作业动因的单位成本,即成本库分配率。

四、作业成本计算的基本原理

企业生产经营过程中发生的各项消耗,如果是由生产某产品直接引起的,如直接材料,就把它称为直接成本,在成本计算过程中可按产品数量直接分配到产品成本中。许多消耗虽然不能直接追溯至某种产品,但是可以追溯至有关作业,形成该作业的成本。有些作业大小不与产品直接相关,而与另外一种作业相关,我们把前一类作业称为辅助作业,后一类称为主要作业。因此,应首先根据主要作业消耗辅助作业的多少,将辅助作业成本分配到主要作业中,再根据不同产品消耗主要作业的量,将主要作业成本分配到各产品中。除了上述两类成本外,还有一部分成本,既不能直接追溯到产品,也不能追溯至产品消耗的作业,而是一些共同的成本,则只能选择某种标准将其分配到有关成本计算对象上。作业成本法的基本思想如图11-1所示。

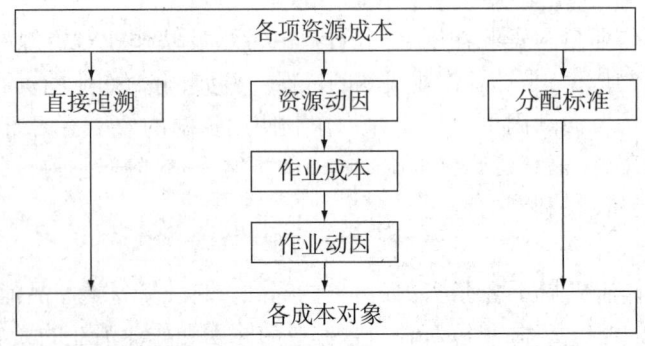

图11-1 作业成本法的基本思想

第二节 作业成本计算法的实施

一、作业成本法计算的基本程序

作业成本计算程序就是把各资源库成本分配给各作业,再将各作业成本库成本分配给最终产品或劳务。这一过程可以分为如下3个步骤:

(1) 确认和计量各种资源耗费,将资源耗费价值归集到各资源库。

资源是企业生产耗费的最原始形态。如果把整个企业看成是一个与外界进行物质交换的投入产出系统,则所有进入该系统的人力、物力、财力等都属于资源范畴。因此,资源可以简单地区分为货币资源、材料资源、人力资源、动力资源等几类。企业应分别为各项资源设立相应的资源库,并将一定会计期间内消耗的各项资源价值加以计量,把计算结果归集到资源库中。

(2) 确认作业,将特定范围内各资源价值进行分解,分配到作业成本库中。

这一步要做的工作包括:①确认作业所包含的资源种类,也就是确认作业所包含的成本要素(项目);②确立各类资源的资源动因,将资源分配到各受益对象(作业),据此计算出作业中该成本要素的成本额。

(3) 将各作业成本库价值分配计入最终产品或劳务,计算完工产品成本或劳务成本。

二、作业成本计算法举例

例 11-1 假设某企业生产 A、B 两种产品,其生产工艺以机械化为主,所需要的人工成本较少。有关两种产品的生产成本的基本资料如表 11-1 所示。

表 11-1 A、B 两种产品的生产成本资料　　　　单位:元

成本项目	A 产品(30 000 件)	B 产品(5 000 件)	合　计
直接材料	60 000	15 000	75 000
直接人工	6 000	2 000	8 000
制造费用			160 000
合　计			243 000

企业制造费用总额为 160 000 元,A、B 两种产品复杂程度不同,耗用的作业量也不一样。在对生产经营过程进行分析后,该公司的会计主管认为有 6 种主要作业,应分别设立 6 个成本库,并选定了相应的成本动因。有关资料如表 11-2 所示。分别用作业成本法与传统成本计算法计算上述两种产品的成本。

表 11-2　制造费用及作业资料　　　　　　　　　　金额单位:元

作业名称	制造费用	成本动因	成本动因数 A产品	B产品	合　计
机器能量	16 000	生产单位产品机器小时	30 000	10 000	40 000
产品设计	8 000	设计时间	100	300	400
机器调整	10 000	调整次数	2	8	10
检验成本	32 000	检验次数	600	1 000	1 600
材料处理	41 200	材料移动次数	600	20 000	20 600
订货成本	13 200	购买订单数量	100	1 100	1 200
其他作业	39 600	机器小时	100	300	400
合　计	160 000	—	—	—	—

说明:A产品每批1 000个,共30批,每批检验20个、移动20次,共移动600次。B产品每批10个,共500批,每批检验2个、移动40次,共移动20 000次。

① 先用作业成本法计算各作业的成本动因分配率,计算结果如表11-3所示。

表 11-3　作业成本动因分配率(各成本动因的制造费用分配率)　　金额单位:元

作业名称	成本动因(作业动因)	制造费用	成本动因数 A产品	B产品	合　计	分配率
机器能量	生产单位产品机器小时	16 000	30 000	10 000	40 000	0.4
产品设计	设计时间	8 000	100	300	400	20
机器调整	调整次数	10 000	2	8	10	1 000
检验成本	检验次数	32 000	600	1 000	1 600	20
材料处理	材料移动次数	41 200	600	20 000	20 600	2
订货成本	购买订单数量	13 200	100	1 100	1 200	11
其他作业	机器小时	39 600	100	300	400	99
合　计	—	160 000	—	—	—	—

说明:每一行的分配率＝该行的制造费用÷对应的成本动因数合计

② 利用作业成本法计算两种产品的制造费用。计算过程与结果如表11-4所示。

表 11-4　制造费用分配　　　　　　　　　　　金额单位:元

作业名称	成本动因数 A产品①	B产品②	分配率③	制造费用 A产品 ④=①×③	B产品 ⑤=②×③	合　计 ⑥
机器能量	30 000	10 000	0.4	12 000	4 000	16 000
产品设计	100	300	20	2 000	6 000	8 000
机器调整	2	8	1 000	2 000	8 000	10 000

第十一章 作业成本系统

续 表

作业名称	成本动因数			制造费用		
	A产品①	B产品②	分配率③	A产品 ④=①×③	B产品 ⑤=②×③	合 计 ⑥
检验成本	600	1 000	20	12 000	20 000	32 000
材料处理	600	20 000	2	1 200	40 000	41 200
订货成本	100	1 100	11	1 100	12 100	13 200
其他作业	100	300	99	9 900	29 700	39 600
合 计	—	—	—	40 200	119 800	160 000

③ 利用传统成本计算法计算两种产品的制造费用(以直接人工成本作为制造费用的分配标准)。计算过程与结果如表11-5所示。

表11-5 传统成本计算法下制造费用分配   金额单位:元

	分配标准①(直接人工成本)	分配率②(160 000÷8 000)	制造费用③=①×②
A产品	6 000	20	120 000
B产品	2 000	20	40 000
合 计	8 000	20	160 000

④ 利用两种成本计算法计算的产品成本,有关结果如表11-6所示。

表11-6 作业成本法与传统成本计算法的计算结果比较   金额单位:元

项 目	A产品(30 000件)				B产品(5 000件)			
	总成本		单位成本		总成本		单位成本	
	传统方法	作业成本法	传统方法	作业成本法	传统方法	作业成本法	传统方法	作业成本法
直接材料	60 000	60 000	2	2	15 000	15 000	3	3
直接人工	6 000	6 000	0.2	0.2	2 000	2 000	0.4	0.4
制造费用	120 000	40 200	4	1.34	40 000	119 800	8	23.96
合 计	186 000		6.2	3.54	57 000		11.4	27.36

由表11-6可以看出,传统成本计算法与作业成本计算法的总成本额和直接材料、直接人工成本并无不同,其不同点就在于制造费用的分配。传统的成本计算法对制造费用的分配是按照直接人工或机器小时来分配的,它忽略了各种产品生产工艺的复杂程度和技术含量的不同。在传统成本计算法下,产量高、复杂程度低的产品成本往往高于其实际发生成本;产量低、复杂程度高的产品成本往往低于其实际发生成本。在制造费用占成本比重较大而人工成本较少时,采用传统的成本计算方法所计算出的各种产品的成本失真度较大,而采用作业成本计算法则在一定程度上克服了传统成本计算法的缺点,使其计算结果较客观、真实。

三、作业成本法的核算程序

作业成本核算程序反映的是以作业为基础获取产品成本的步骤。根据作业成本计算原理,作业成本核算可分为两个阶段:作业消耗资源的核算、产品消耗作业的核算。

(一) 作业消耗资源的核算

这一阶段包括资源的获取及资源成本的计算,以及作业消耗资源引起的作业成本的计量。其账务处理如下:

(1) 获取资源时。

借:资源账户——具体资源名称
　　贷:银行存款、原材料、应付职工薪酬等

(2) 计量作业成本时。

借:作业成本(品种级作业成本等)
　　贷:资源账户——具体资源名称

(二) 产品消耗作业的核算

这一阶段主要是产品消耗作业引起的产品成本的计量。其账务处理如下:

借:生产成本——基本生产成本——产品名称
　　贷:作业成本(品种级作业成本等)
借:生产成本——基本生产成本——产品名称
　　贷:原材料
　　　　应付职工薪酬

承[例 11-1],作业成本核算的账务处理如下:

(1) 发生直接材料成本时。

借:生产成本——基本生产成本——A 产品	60 000
——B 产品	15 000
贷:原材料	75 000

(2) 发生直接人工成本时。

借:生产成本——基本生产成本——A 产品	6 000
——B 产品	2 000
贷:应付职工薪酬	8 000

(3) 将资源分配到各作业中心时。

借:制造费用——机器能量	16 000
——产品设计	8 000
——机器调整	10 000
——检验成本	32 000
——材料处理	41 200
——订货成本	13 200
——其他作业	39 600
贷:银行存款、原材料、应付职工薪酬等	160 000

(4) 将各成本库的成本分配到产品时。

借:生产成本——基本生产成本——A 产品　　　　　　　　　　4 020
　　　　　　　　　　　　　——B 产品　　　　　　　　　　11 980
　贷:制造费用——机器能量　　　　　　　　　　　　　　　　16 000
其他作业略。

第三节　作业成本法的评价

作业成本法与传统成本法最主要的区别在于间接成本的分配。在传统成本法下,通常将间接成本以成本的发生地(如车间、部门)为基础进行归集,再将各车间、部门的成本分配到不同的产品中去;作业成本法则将间接成本以作业为基础进行归集,再将各作业的成本分配到不同的产品中去。

一、作业成本法的特点

(一) 作业成本法的优点

1. 提供更准确的成本资料

传统成本计算提供的成本会计信息不准确,而作业成本法提供的成本会计信息则相对准确,从而可以提高决策的准确性。传统成本计算将成本计算对象所耗费的资源按单一标准进行分配,它是在假定所有的间接费用都与直接人工或机器工作小时或产出物数量有关,并以这些项目的数量为依据分配间接费用。但是,这种假定并不能全面反映成本计算对象及资源耗费之间的本质联系,因而,使得成本信息被严重扭曲。而作业成本法从成本对象与资源耗费的因果关系着手,根据资源动因将间接费用分配到作业,再按作业动因将作业计入成本对象。作业成本法分配基础的广泛性,使间接费用分配更具精确性和合理性。

2. 提供更有用的成本信息

传统成本计算是以产品为中心的,在成本计算时,以产品作为成本计算对象,归集生产费用和计算成本的;作业成本法是以作业为中心,通过对作业成本的确认和计量,尽可能消除"不增加价值的作业"、改进"可增加价值的作业"、及时提供有用的成本会计信息等。作业成本法把重点放在成本发生的前因后果上。在作业成本法系统中,成本是由作业引起的,该作业是否应当发生,是由产品的设计环节所决定的。在产品设计中,要设计出产品由哪些作业所组成、每一项作业预期的资源消费水平;在作业的执行过程中,应分析各项作业预期的资源消耗水平及预期产品最终可为顾客提供价值的大小。对这些信息进行处理和分析,可以促使企业改进产品设计、提高作业水平和质量、减少浪费、降低资源的消耗水平。

传统成本计算模式由于提供的成本信息不准确,因而影响了企业的成本决策。采用作业成本法,由于间接费用不再是均衡地在产品之间进行分配,而是通过成本动因追踪到产品,因而有助于改进产品的定价决策,并为是否停产老产品、引进新产品和指导销售提供准确的信息。另外,采用作业成本法还可以不断地改进企业的业绩评价体系,调动各部门挖掘盈利潜力的积极性。

(二) 作业成本法的缺陷

作业成本法也有其本身的一些缺陷,其主要表现在以下几个方面:

(1) 成本动因的选择具有主观性。由于作为分配间接费用标准的成本动因的选择具有较强的主观性,若选择不合适,会引起成本信息的失真。

(2) 实施成本较高。由于作业成本法是以作业为基础归集间接资源成本的,各作业根据不同的成本动因来分配作业成本,这不仅增加了会计人员的工作量,还需要其他人员提供更多的数据。此外,在激烈的市场竞争中,企业要想取胜,就要不断地进行技术革新和产品结构调整,这就需要重新进行作业划分,从而增加了采用作业成本法的耗费。

(3) 作业成本法提供的信息仍以历史成本为基础,并且具有内部导向,所以与未来的战略决策还是缺乏战略相关性。

二、作业成本法的实施条件

(一) 间接费用较高

间接成本在产品成本中所占的比重越大,采用传统成本法分配间接成本,越会使成本信息受到严重的歪曲,进而影响到成本决策的正确性。如果采用作业成本法,便会提高成本信息的精确度,使成本决策更具相关性。

(二) 产品种类较多

产品种类繁多的企业,通常存在将间接成本在不同种类产品之间进行分配的问题。当与产出量相关的费用与非产出量相关的费用不呈同比例变动时,传统成本计算法笼统地将不同质的间接成本统一以产出量为基础进行分配,显然会使成本信息不可靠。而作业成本法则以作业为基础,区分不同质的费用并采用不同的动因进行分配,能更准确地将成本追溯到各种产品。

(三) 产品工艺过程复杂

产品工艺过程复杂的企业,作业环节往往较多。作业环节越多,间接成本的发生与产出量不相关的可能性就越大,采用传统成本计算法来分配间接成本得到的成本信息失真度就越高。同时,作业环节越多,非增值性作业的可能越多,这时采用作业成本法,对消除非增值性作业、降低产品成本大有裨益。

(四) 生产调整准备成本较高、各次投产数量相差较大的企业

生产准备成本通常与投产批次相关,若将这种成本按与产出量相关的基础分配到各产品中,则会导致分配结果的不准确。而作业成本法则把该成本按批量层次的成本动因分配,大大提高了分配的准确性。

(五) 管理要求高

采用传统的成本计算方法所计算出来的产品成本,由于没有考虑高新技术条件下间接

第十一章 作业成本系统

费用较高的实际情况,而仍沿用原来的方法进行间接费用的分配,因而计算出来的成本指标没有反映出产品的真实成本,据此进行的决策经常发生失误,导致管理层对传统成本计算方法提供的信息准确程度不满意。而作业成本法由于考虑了新经济环境对企业成本计算的影响,其计算出来的成本指标能够满足企业管理层的要求。

(六) 有现代化的计算机技术

采用作业成本法进行成本计算时,由于需要进行作业的划分、费用的分配等诸多环节,因而其计算分配工作较为复杂。如果全部采用手工操作比较麻烦,有时也难以做到。而若在成本计算工作中采用计算机处理,则可免去这些不必要的麻烦,提高了成本计算工作的效率和准确性。

(七) 有素质较高的成本会计人员

作业成本法的具体操作程序、方法,作业的确认和成本动因的确定都是一些较复杂的工作,要求会计人员具有较高的素质。要进行作业成本法的推广,应对会计人员进行培训。

三、作业成本法的发展——作业管理

现代市场经济中的企业是一种"顾客驱动型"的组织,应以"顾客为中心"实行"顾客化"的生产。在不断提高"顾客满意程度"的基础上,尽量以最少资源消耗来提高"顾客价值"(顾客为取得企业提供的产品愿意支付的代价),以不断提高企业生产经营的效率和效果。新兴的作业管理应围绕这一中心思想来进行。

实施作业管理应围绕着作业及作业链的分析来进行,并与传统成本控制的一般程序相结合。作业管理的具体运用思路如下。

(一) 分析供应商和客户

企业进行作业分析不能仅局限于企业内部,还应将作业分析延伸至供应商和客户。如果企业的材料采购价格高,企业应帮助供应商改进生产工艺、降低材料的购入价格。另外从长远来看,企业应缩减供应商的数量,保持与供应商的稳定关系。

企业的作业链同时表现为价值链,企业的价值最终通过客户愿意支付的价格来实现,因此进行作业分析,应以分析客户的需求为出发点。通过客户意向调查等方式,了解客户对企业产品的性能、质量、外观等的要求,了解客户的偏好。只有这样企业才能进一步分析哪些作业增加了企业的价值、哪些作业为无效的作业,从而为进一步的作业分析奠定基础。企业内部、企业与供应商等的不同作业环环相扣形成作业链,但有些作业不能增加最终提供给顾客的产品的价值。企业在用作业成本法编制出销售预算后,再以订单方式确定各环节、各生产步骤的作业水平,并分析原有作业是否必要,能否增加顾客的价值。

(二) 确定企业作业链

作业链贯穿企业生产经营的全过程,进行作业分析,必须搞清楚企业的作业究竟有哪些,它们之间的内在联系是什么,各项作业产生的原因在哪里,它们是如何发生的。企业整合、优化作业链,消除重复迂回等一切不合理的作业。通过作业分析,可能会发现企业目前存在的闲置作业、作业链连接中的重复与开断之处,这些都是非增值作业,应消除。

(三) 区分增值作业与非增值作业

这种分类对于优化和改进作业链意义重大。凡增值作业,企业必须保持,不能消除,否则会降低企业的价值;凡非增值作业,作为企业的过剩作业,在不降低产品质量、企业价值的前提下可以消除。

(四) 搜集实际作业成本数据,分析作业预算执行的结果

根据作业成本法先将成本归集到各作业中心,再根据耗费作业量的不同将作业成本分配给成本计算对象。按作业动因分配成本,可增强产品与实际消耗资源的相关性;采用多重标准分配间接费用,可提高成本信息的可靠性。企业应定期将作业执行的实际结果与作业预算进行对比,通过对比、分析作业水平的高低及作业的利用效果,以便及时发现问题,采取措施,从而达到降低作业成本、合理配置企业资源的目的。

(五) 分析偏差、寻找原因、加以改进,改善企业的生产经营作为动态的管理过程

作业基础预算管理的关键是进行作业分析和价值分析。由于各种原因,企业实际作业成本会偏离标准作业成本,企业要不断地消除不必要的、无效的作业,并对新作业链进行再次整合。企业应在作业分析的基础上,采用先进的方法及有效的措施,优化作业链,同时尽量提高增值作业的利用效率,从而达到不断改善生产经营、确保低成本竞争优势的最终目的。

 知识链接

作业成本法的发展——作业基础预算

作业基础预算(ABB)的基础是作业成本法(ABC),而作业基础预算的编制路径正好与作业成本计算的路径相逆。其关键编制步骤如下:①将战略与预算联系起来。编制作业预算,首先需要将战略目标分解为作业层次的目标,分解过程中常用的方法包括顾客调查、核心竞争力分析、标杆法等。②对现有的作业进行分析。通过作业分析,尤其是增值作业和非增值作业的区分,可以了解作业存在的必要性,并据以进行岗位的分散、组合等。它一方面增强了业务的可控程序,另一方面,也能从根本上达到降低成本、提高效益的目的。③按照改进后的作业和流程估计未来的作业量,并以此为依据进行资源分配,编制预算草案。④按照战略目标确定的作业优先顺序调整资源需求和资源限额之间的差异,并形成最终的作业预算。

作业基础预算建立在资源消耗观的基础上,根据"作业消耗资源,产品消耗作业"的原理,首先预测产出量,再预测产出消耗的作业量,最后预测作业消耗的资源量。

本章小结

作业成本法与传统成本法最主要的区别在于间接成本的分配。与传统成本法相比,其优点主要是提供了更准确的成本资料;提供更有用的成本信息。其缺陷主要表现在成本动

第十一章 作业成本系统

因的选择具有主观性;实施成本较高;作业成本法提供的信息仍以历史成本为基础,并且具有内部导向,所以与未来的战略决策缺乏战略相关性。作业成本法的实施要求具备的条件为:间接费用较高;产品种类较多;产品工艺过程复杂;生产调整准备成本较高、各次投产数量相差较大的企业;管理要求高;有现代化的计算机技术;有素质较高的成本会计人员。

案例分析

厦门三德兴公司是生产硅橡胶按键的企业,主要给遥控器、普通电话、移动电话、计算器和计算机等电器设备提供按键。企业的生产特点为品种多、数量大,成本不易精确核算。1997年下半年的亚洲金融风暴造成整个硅橡胶按键市场需求量的大幅度下降,硅橡胶按键生产商之间的竞争变得异常激烈,产品价格一跌再跌,产品价格已经处在产品成本的边缘,稍不注意就会亏本,因此,对订单的选择也开始成为一项必要的决策。厦门三德兴公司的成本核算及管理变得非常的重要和敏感。此时,硅橡胶按键已经从单纯的生产过程转向生产和经营过程,一方面,生产过程复杂化了,厦门三德兴公司每月生产的产品型号多达数百种,且经常变化,每月都不同,其中消耗物料达上千种,工时或机器台时在各生产车间很难精确界定,已经无法按照传统成本法对每个产品分别进行合理、准确的成本核算,也无法为企业生产决策提供准确的成本数据;另一方面,企业中的行政管理、技术研究、后勤保障、采购供应、营销推广和公关宣传等非生产性活动大大增加,为此类活动而发生的成本在总成本中所占的比重不断提高,而此类成本在传统成本法下又同样难以进行合理的分配。如此一来,以直接人工为基础来分配间接制造费用和非生产成本的传统成本法变得不适用,公司必须寻找其他更为合理的成本核算和成本管理方法。

厦门三德兴公司实施作业成本法主要包括以下3个步骤。

1. 确认主要作业,明确作业中心

根据厦门三德兴公司产品的生产特点,可以从公司作业中划分出备料、油压、印刷、加硫和检查5种主要作业。其中,备料作业的制造费用主要是包装物,油压作业的制造费用主要是电力的消耗和机器的占用,印刷作业的成本大多为与印刷相关的成本与费用,加硫作业的制造费用则主要为电力消耗,而检查作业的成本主要是人工费用。各项制造费用先后被归集到上述5项作业中。

2. 选择成本动因,设立成本库

在厦门三德兴公司,备料、油压、印刷、加硫和检查5项主要作业里,确认的成本动因如下:

(1) 备料作业。该作业很多工作标准或时间的设定都是以重量为依据。因此,该作业的制造成本与该作业产出半成品的重量直接相关,也就是说,产品消耗该作业的量与产品的重量直接相关。所以以产品的重量作为该作业的成本动因。

(2) 油压作业。该作业的制造成本主要表现为电力的消耗和机器的占用,这主要与产品在该作业的生产时间有关,即与产品消耗该作业的时间有关。因此,以油压小时作为该作业的成本动因。

(3) 印刷作业。从工艺特点来看,该作业主要与印刷的道数有关,因此,以印刷道数作为该作业的成本动因。

(4) 加硫作业。该作业有两个特点,一方面,该作业的制造成本主要为电力消耗,而这

与时间直接相关;另一方面,该作业产品的加工形式为成批加工的形式,因此,以批产品的加硫小时作为该作业的成本动因。

(5) 检查作业。该作业以人工为主,而厦门三德兴公司的工资以绩效时间为基础,因此,以检查小时作为该作业的成本动因。

此外,厦门三德兴公司还有包括工程部、品管部及电脑中心等基础作业,根据公司产品的特点,产品直接原材料的消耗往往与上述基础作业所发生的管理费用没有直接相关性,所以,基础作业的分配中没有选择直接原材料,而是以直接人工为基础予以分配。

3. 计算最终产品成本

首先根据所选择的成本动因,对各作业的动因量进行统计;再根据该作业的制造费用求出各作业的动因分配率,将制造成本分配到相应的各产品中去;然后根据各产品消耗的动因量算出各产品的总作业消耗及单位作业消耗;最后将所算出的单位作业消耗与直接原材料和直接人工相加得出各个产品的实际成本。

依据上述计算步骤,以2000年9月份的生产数据为基础,对378种型号的产品分别核算其产品成本。如下表所示的两组主要的、有代表性的计算结果中,上表为根据传统成本法计算亏本,而经作业成本法重新计算并没有亏本的产品型号;下表为在传统成本法下没有亏本,而按作业成本法再计算却显示为亏本的产品型号。

金额单位:美元

产品型号	单价	生产数量	传统成本法		作业成本法	
			单位成本	单位利润	单位成本	单位利润
3DS06070ACAA	0.12	385 233	0.120 7	−0.000 7	0.11	0.01
3DS06070AEAA	0.12	434	0.120 7	−0.000 7	0.11	0.01
7505832X01	0.34	424 376	0.36	−0.02	0.31	0.03

金额单位:美元

产品型号	单价	生产数量	传统成本法		作业成本法	
			单位成本	单位利润	单位成本	单位利润
EUR51CT785H	0.05	25	0.03	0.02	0.07	−0.02
3DS07206ACAA	0.19	3 015	0.02	0.17	0.47	−0.38
UR51CT984E	0.06	103	0.04	0.02	0.24	−0.18
ST-3000	0.04	1 519	0.038	0.002	0.043	−0.003
3104-207-73731	0.11	456	0.07	0.04	0.20	−0.09
3104-207-68052	0.16	1 533	0.12	0.04	0.18	−0.02
3139-227-64762	0.09	210	0.06	0.03	0.22	−0.13
3135-013-0211	0.09	68	0.07	0.02	1.99	−1.90
20578940	0.41	12	0.14	0.27	0.64	−0.23
BHG420008A	0.11	401	0.06	0.05	0.112	−0.002

资料来源:厦门三德兴公司作业成本法的实施[J].财务与会计,2001(4).

讨论：
1. 如何设置作业中心？
2. 作业成本法较传统成本核算及成本控制的先进之处是什么？

课后训练

一、思考题

1. 简述作业成本法产生的时代背景。
2. 与作业成本法相比，传统成本计算法存在哪些问题？
3. 作业成本法中有哪些基本概念？
4. 作业成本计算程序是什么？

二、计算分析题

某机械制造公司有一个多功能机加工部。该部门产品一直采用分批成本计算，制造费用按直接人工小时分配，假设每直接人工小时制造费用为115元。最近公司的产品设计、机械工程和会计等部门对生产过程进行考察，提出成本计算应采用作业成本法。制造费用分5个成本库，有关作业成本分配资料如下表所示。

作业项目	成本动因	分配率
材料整理准备	部件数	0.4元/件
激光处理	转数	0.2元/转
钻洗	机加工小时	20元/小时
磨光	部件数	0.8元/件
检试	部件数	15元/件

目前有两批产品正在生产过程中，有关资料如下表所示。

成本项目	甲产品	乙产品
直接材料成本(元)	9 700	59 900
直接人工成本(元)	750	11 250
直接人工小时(小时)	25	375
批量(件)	500	2 000
激光处理(转)	20 000	60 000
机器加工小时(小时)	150	1 050
检试数量(件)	10	190

要求：
（1）用传统成本计算法计算每批产品的生产总成本和单位产品成本。
（2）用作业成本法计算每批产品的生产总成本和单位产品成本。

第十二章

质量成本

学习目标

通过本章的学习,了解质量成本的概念和类型;掌握质量成本的计量、核算和控制的方法。

技能要求

能够结合实际分析质量成本的类型,计量质量成本并对质量成本进行预测、分析、控制和改进。

微课

案例导入

利群公司为提高产品质量,扩大产品份额,提出了零缺陷的质量管理目标。公司为此实施了一系列质量改进方案,其中一项措施是决定通过实施供应商选择计划而改善原材料投入的质量,计划的目的是找出并采用愿意达到特定质量的供应商。企业实施这一计划,便会发生一些控制成本(如审查供应商、与供应商沟通及合同协商)。随着方案的全面实施,产品的返工次数逐渐减少,顾客投诉次数降低,退货率和返修率不断下降。随着供应商的选定,公司逐渐减少了原材料进货的检验成本并降低了产品验收的成本,此时企业产品的质量提高了,而质量成本却降低了。

思考:企业应采取怎样的方案和措施,在大幅度削减质量成本的同时提高质量?

第一节 质量成本的确认

质量成本的概念是由美国质量专家 A. V. 菲根堡姆在 20 世纪 50 年代提出来的。他将企业中质量预防和鉴定成本费用与产品质量不符合企业自身和顾客要求所造成的损失一并考虑,形成质量报告,为企业高层管理者了解质量问题对企业经济效益的影响,进行质量管理决策提供了重要依据。此后人们充分认识了降低质量成本对提高企业经济效益的巨大潜力,从而进一步提高了质量成本管理在企业经营战略中的重要性。

在当前国际经济一体化和国际经济竞争日趋激烈的环境下,产品或服务的质量在一定程度上决定企业能否确保并扩展市场份额。"以质取胜"已成为世界各国各企业谋求生存和发展的战略措施,也是世界各国振兴经济中采取的一种极为重要的战略方针,各企业都应按照这个战略思想来规划自身的发展,规范自己的经济行为。

第十二章 质量成本

一、质量成本的概念

质量成本是企业为了保证和提高产品质量而发生的一切费用,以及因未达到产品质量标准,不能满足用户和消费者的需要而产生的一切损失。质量成本是一个经济范畴,它客观存在于企业经营管理活动的各项耗费和损失之中。

由此可知,质量成本可以分为以下两部分:①由于产品质量未达标而造成的各种损失。这里又包括两部分内容,一是内部故障成本;二是外部故障成本。②为保证和提高产品质量而发生的一切费用。其分为两部分,一是预防成本;二是鉴定成本。内部故障成本和外部故障成本属于质量损失成本,预防成本和鉴定成本属于质量保证成本,这是两种不同性质的成本。

上述概念也可用计算公式表示为:

质量成本=预防成本+鉴定成本+内部故障成本+外部故障成本

知识链接

产品质量

产品质量的概念有狭义和广义之分。狭义的质量是指产品质量。广义的质量是指产品满足用户需要及企业内外的服务质量,即除了产品质量以外,还包括工作质量。

产品质量是指产品满足使用者要求的程度,包括性能、可靠性、寿命、安全性、可销售性和使用成本的经济性。产品质量还可细分为设计质量和符合质量。设计质量是指产品或服务的规格和功能能够符合使用者需要的程度。例如,钟表的功能就是显示时间,时间显示越方便、得当,设计质量就越高。符合质量是指生产的产品或提供的服务符合其设计功能和规格的程度。例如,钟表显示时间的准确性越高,符合质量就越好。质量控制的重点在于符合质量。一件高质量的产品,其设计质量和符合质量都必须达到要求。

工作质量是指与产品质量有关的工作对产品质量的保证程度。在企业里,除了生产部门以外,设计、材料采购、后勤服务等各部门的工作也会对产品质量产生影响。工作质量的范围广泛,无污染、成本较低和交货期等因素皆在考虑之中。

工作质量是产品质量的保证,产品质量是各方面的工作质量的综合。

拓展提高

思考:企业是否应追求无限的质量提高?

二、质量成本项目构成

(一)预防成本

预防成本是指企业在生产产品的过程中,为防止质量不良产品的产生而发生的成本。

增加预防成本,将会减少因不符合质量要求而产生的损失。例如,为了维持质量而设计使用的质量工程、培训技术员工费用、新材料应用、对供应商的培训和认证费用、统计流程控制费、消费者需求研究及质量改进措施费等费用。

(二) 鉴定成本

鉴定成本是指事关检查生产以确保产品内在和外表均能满足顾客要求的那些成本。例如,进货检验费用,工序检验费、成品检验费、产品试验用材料和劳务费用、检测计量设备的折旧、维护保养、校准等费用。

(三) 内部故障成本

内部故障成本又称内部质量损失成本,是指产品出厂前因质量达不到规定的要求而发生的费用或造成的损失。例如,废品损失费用、返修损失费用、复检费用、停工损失费用、事故分析处理费用、产品降级损失费用等。

(四) 外部故障成本

外部故障成本又称外部质量损失成本,是指产品出售后由于产品质量缺陷而造成的各种损失,如索赔费用、退货费用、保修费用、折价损失、诉讼费用和质量三包管理费等。

一个企业质量总成本的高低,取决于各构成要素之间的相互关系。当企业产品质量差时,说明用于预防和鉴定上的开支较少,从而导致内外部故障成本升高,质量总成本随之升高;当企业产品质量大幅度提高时,说明用于预防费用上的开支大幅增加,虽导致内外部故障成本下降,但总质量成本仍比较高;当企业产品质量有一定提高,用于预防上的成本虽有上升,但内部故障成本则相对下降,使质量总成本处于一个比较适当的水平。因此,科学地选择一个既能满足市场需要的质量产品,又能使企业总质量成本处于相对合理(较低)的范围之内,是质量成本控制的最终目的。

 **知识链接**

质量成本弥补百万次品率的不足

造价不同的产品,质量问题带来的损失不同;同一次品,出现在供应链的不同位置,造成的损失也不一样(如更换、维修、保修、停产、丧失信誉、失去以后生意等)。例如,坏在客户处,影响最大,假设权重为100;坏在公司生产线,影响相当大,假设权重为10;坏在供应商的生产车间,影响最小,假设权重为1。该产品价格为1 000元,在上述3个环节各出现次品一个,总的质量成本就是111 000元(=100×1 000+10×1 000+1×1 000)。这个指标有助于促使在供应链初端解决质量问题,在一些附加值高、技术含量高、供应链复杂的行业比较流行。例如,在美国,飞机制造业、设备制造行业等设备原厂(OEM)采用得比较多。

第二节 质量成本的计量

一、质量成本的计量

在进行质量成本管理时,企业首先要采用合理的方法计算质量成本,继而确定质量问题后,才能够采取适当的措施改进和提高产品质量。

对于预防成本、鉴定成本、内部故障成本和部分外部故障成本,它们均属于显性质量成本——可以从会计记录中得到相应数据。而某些外部损失成本则是由于质量低劣所导致的失去销售份额而形成的不列示在会计记录中的机会成本,属于隐性质量成本。隐性质量成本可采用乘数法和塔古奇质量损失函数法取得。

(一)显性质量成本的计量

例 12-1 大众公司生产并销售打印机,质量对大众公司的客户来说很重要。公司发现尽管公司在质量上花费很多,但这些成本掩盖在传统会计中的原材料、工资、制造费用中,为确定与质量有关的成本,会计人员通过调查分析,得到 2016 年的相关资料。

资料一 原材料
(1) 在所有原材料花费中,约有 194 940 元用于损坏和返修零部件。
(2) 194 940 元中,40%用于企业发现的次品,剩余 60%属于顾客发现的次品的花费。
内部发现的次品:内部故障成本=77 976(元)
外部发现的次品:外部故障成本=116 964(元)

资料二 管理人员的工资
管理人员在下列质量相关作业所花费的时间如下。
(1) 出席预防质量问题研讨会 15 天。
(2) 分析质量检查结果 2 小时/周。
(3) 查找生产问题原因 10 小时/周。
(4) 会同销售人员解决顾客发现的质量问题 1 小时/周。
(5) 已知管理人员一年工作 50 周,每周工作 5 天,每天工作 8 小时,全年工资为 64 000 元。
预防成本=64 000÷250×15=3 840(元)
鉴定成本=64 000×2÷(8×5)=3 200(元)
内部故障成本=64 000×10÷(8×5)=16 000(元)
外部故障成本=64 000×1÷(8×5)=1 600(元)

资料三 监管人员工资
监管人员用于质量相关作业上的时间如下:
(1) 质量培训 3 小时/周。
(2) 监督对企业内部发现的次品返工 5 小时/周。

（3）监督对顾客发现的次品返工 7 小时/周。

（4）已知监管人员一年工作 50 周，每周工作 5 天，每天工作 8 小时，全年工资为102 000元。

预防成本＝102 000×3÷(8×5)＝7 650(元)

内部故障成本＝102 000×5÷(8×5)＝12 750(元)

外部故障成本＝102 000×7÷(8×5)＝17 850(元)

资料四　组装工人工资

组装工人的质量作业所需的时间如下：

（1）每年每人质量培训 8 小时/年。

（2）检查外购零部件 28 800 小时/年。

（3）检查部门内组装打印机 18 000 小时/年。

（4）21 名组装工人的全部时间用于对部门内发现的不合格产品的返工。

（5）24 名组装工人的全部时间用于对顾客退回的不合格产品的返工。

（6）企业共有 120 名组装工人，每人一年工作 50 周，每周工作 5 天，每天工作 8 小时，每小时工资为 14 元，120 名工人全年工资为 3 360 000 元。

预防成本＝120×8×14＝13 440(元)

鉴定成本＝28 800×14＝403 200(元)

鉴定成本＝18 000×14＝252 000(元)

内部故障成本＝21×(8×5×50−8)×14＝585 648(元)

外部故障成本＝24×(8×5×50−8)×14＝669 312(元)

资料五　组装部门设备相关费用

组装部门设备相关费用共计 91 500 元，包括以下质量项目：

（1）用于测试设备 8 500 元。

（2）用于改正企业内部发现问题的设备折旧 45 000 元。

（3）用于改正顾客所发现问题的设备折旧 38 000 元。

鉴定成本＝8 500 元

内部故障成本＝45 000 元

外部故障成本＝38 000 元

资料六　租金

组装部门分担的工厂租金为 270 000 元，分析显示如下：

（1）组装部门占用约 10% 的场所用于检查。

（2）组装部门占用约 30% 的场所用于对不合格产品的返工，其中 60% 的返工产品为企业内部发现，其余 40% 为顾客发现。

鉴定成本＝270 000×10%＝27 000(元)

内部故障成本＝270 000×30%×60%＝48 600(元)

外部故障成本＝270 000×30%×40%＝32 400(元)

（二）隐性质量成本的计量

1. 乘数法

该方法假设全部外部故障成本是所计量到的故障成本的某个倍数。其计算公式为：

第十二章 质量成本

全部外部故障成本＝K×所计量到的外部故障成本

式中,K 为乘数效应,根据经验确定。

例12-2 某公司计量到的外部损失成本为 80 万元,最小的 K 值为 3,最大的 K 值为 4。用乘数法估算外部质量成本。

最小的外部质量损失成本＝80×3＝240(万元)
最大的外部质量损失成本＝80×4＝320(万元)

由此可知,该公司总体外部损失成本为 240~320 万元。

2. 塔古奇质量损失函数法

假设隐性质量成本只有在超过规格范围的上下限时才会发生。在此假设下,塔古奇质量损失函数认为对于质量特征目标值的任何偏差都会引起隐性质量成本,并且随着偏离程度的加大,隐性成本会成平方倍增加。其计算公式为:

$$L(y) = k(y-T)^2$$

式中,y 为质量特征的实际值;T 为质量特征的目标值;k 为常数,取决于企业的外部故障结构;L 为质量损失。

例12-3 企业生产某零部件,质量特征用零部件的直径来表示:T=10 寸,k=400。现在生产 4 件产品,直径分别为 9.9 寸、10.1 寸、10.2 寸、9.8 寸。

表 12-1 资料　　　　　　金额单位:元

	实际值 y	$y-T$	$(y-T)^2$	$k(y-T)^2$
A	9.9	-0.1	0.010	4
B	10.1	0.10	0.010	4
C	10.2	0.20	0.040	16
D	9.8	-0.20	0.040	16
总数			0.100	40
平均数			0.025	10

如果企业生产 2 000 件产品,则 2 000 件产品的预期损失为:2 000×10＝20 000(元)

3. 市场研究法

市场研究法是指在市场调查的基础上利用统计推断和相关分析等技术考察不良质量对销售和市场份额影响的一种方法。

市场研究法的分析结果可用于预测未来不良质量所带来的利润流失数。

二、质量成本的核算方法

质量成本核算是对生产经营活动过程中实际发生的质量费用进行记录、归集、计算和分配,为质量成本管理决策提供有用信息的过程。

（一）质量成本核算方法

目前，国内外企业对质量成本的核算主要采用3种基本方法。

1. 统计核算方法

无论显性质量成本还是隐性质量成本都采用统计的方法进行核算。其基本特征为采用货币、实物量、工时等多种计量单位，运用一系列的统计指标和统计图表；运用统计调查的方法取得资料，并通过对同级数据的分组、整理获得所要求的各种信息。

2. 会计核算方法

其特点是：采用货币作为统一量度；采用设置账户、复式记账、填制凭证、登记账簿、成本计算和分析、编制会计报表等一系列专门方法，对质量管理全过程进行连续、系统、全面、综合地记录和反映；严格以审核无误的凭证为依据，质量成本资料必须准确、完整，整个核算过程与现行成本核算相似。其缺点是隐形质量成本无法纳入会计核算。

3. 会计与统计相结合的核算方法

这是指根据质量成本数据来源的不同而采用灵活的处理方法。显性质量成本纳入成本核算体系，隐性质量成本采用统计核算方法。其特点是：采用货币、实物量、工时等多种计量手段；采用统计调查、会计记账等方法搜集数据，方式灵活机动，资料力求完整。

（二）质量成本科目的设置

在实际工作中将质量成本纳入现有会计核算体系，成为会计核算的组成内容之一，这对现代企业来讲十分必要。质量成本核算的有效进行必须借助于合理的会计科目。质量成本项目的设置，一是要着重考虑企业的具体情况，包括企业行业类型、生产规模、质量成本费用特点等；二是要考虑现行会计制度的有关规定。根据企业实施质量成本管理的经验，将质量成本科目设置为3级，有利于质量成本管理的实际运作。

（1）一级科目：质量成本。

（2）二级科目：预防成本、鉴定成本、内部故障处理成本和外部质量保证成本。

（3）三级科目：按二级科目展开，每个二级科目下设置若干项三级科目。

（三）质量成本报表的编制

质量成本核算无论采用账外或账内方式，在各个会计期（月、季、年）终了时，均应编制质量成本报表，以考核质量成本升降情况，进一步研究分析，提出改进措施，挖掘成本潜力。

质量成本报表大体上可以分为两类：一类是反映全厂或各个部门的质量成本情况，可按质量成本的各个项目分别设置"预算数""实际数"和"差异数"3栏，逐项进行比较并计算其百分比；另一类是按各主要产品编制质量单位成本表，分别与历史先进水平、上年实际、本年预算等进行比较分析。

第三节　质量成本控制

一、质量成本控制的意义

质量成本控制是对质量成本发生的全过程实施控制,包括从产品的研制、开发、设计、制造,一直到售后服务的整个寿命周期内的质量成本管理活动。质量成本控制是调动一切积极因素,动用一切手段,对各项实际发生和将要发生的质量成本进行审核,对质量成本费用的形成过程进行监督,及时揭示质量成本计划指标执行过程的偏异并采取措施,不使之超出规定范围的活动过程。

开展质量成本控制要在有效的质量成本管理体系下,建立科学的预算控制指标和误差范围,对产品寿命周期的全过程进行全程性、全员性和全面性的控制,揭示产品设计、制造、售后服务过程中存在的问题,改善企业生产经营管理水平,使产品质量进一步提高,从而增加产品市场占有率,为企业带来更多的效益。

二、质量成本控制的原则

(一) 效益性原则

把质量成本控制在适宜的水平上应以企业的经济效益和社会效益为原则,只有经济和社会效益为最佳的情况下,质量成本才是经济的。

(二) 全面性原则

必须要做到全员和全过程的质量成本控制。

(三) 闭环控制原则

一旦质量成本控制部门发现质量成本有偏异现象时,应及时分析原因并将信息发送给责任者,责任者针对偏异现象分析原因并采取措施进行改进,然后将改进结果反馈给控制部门,形成闭环控制。

三、质量成本控制的内容

(一) 产品开发设计阶段质量成本控制

1. 设计质量成本控制

设计阶段的质量成本主要包括市场调研的质量成本、策划的质量成本和正式设计产品图样的质量成本等。

2. 设计验证和评审质量成本控制

设计验证和评审是把住设计质量关,防止失败的设计通过,保证后续各个阶段工作能够顺利进行,这是成本的最大节约。

3. 试制和试验质量成本控制

试制是检验设计的可行性和可制造性的重要手段,通过试制可以发现设计中许多没有考虑的问题。在试制中要进行工艺评审,及早纠正工艺设计中的缺陷以达到降低产品成本和质量成本的目的。

(二) 生产制造过程质量成本控制

生产制造过程是产品实物质量的形成阶段,这个阶段要控制人、机、料、法、环、测各个环节,重心是控制人的工作质量,这是降低生产制造过程质量成本的最根本方法。

(三) 销售过程质量成本控制

这个阶段的质量成本虽不以销售人员和售后服务人员的意志为转移,但只要把工作做好,降低质量成本的潜力是很大的,特别是服务工作质量。

(四) 日常质量成本控制

日常的质量成本控制可从三方面进行:一是确定质量成本控制网点,通过建立质量成本管理系统可以实现;二是建立质量成本分级归口控制的责任制度;三是建立高效灵敏的质量成本信息反馈系统。

四、质量标准的选择

质量成本的传统观点认为,讲究质量、生产高质量产品可能涉及高成本,必须要对产品进行检验,这是保证质量的一个途径。而质量成本的现代观点却认为,保证产品的质量反而是降低成本的关键,没有缺陷产品就不需要检验;一个产品的工艺缺陷,才是引起产品缺陷的最大根源。

(一) 传统质量成本控制方法

传统质量成本控制方法采用的是允收质量标准,即对生产和销售的产品规定一个可以允许的不良品率。在产品质量上存在着一个理想点,那就是当产品质量确定在这一点时,产品的质量总成本最低,因而企业的收益也最大。这就是所谓"最佳质量成本的决策"问题。

关于"最佳质量成本的决策"问题,主要有美国著名质量管理专家费根堡姆和朱兰提出的两种最佳质量成本模型。费根堡姆的最佳质量成本模型如图12-1所示。

图12-1中,C点为最佳质量水平,D点为最低质量成本。

在实际工作中,可根据统计资料和经验估计,进行质量成本决策分析。

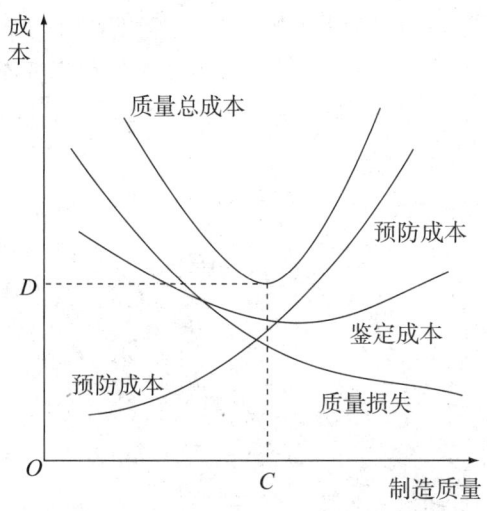

图 12-1 费根堡姆的最佳质量成本模型

例 12-4 假设某公司根据统计资料及专家的经验估计,发现每生产 A 产品 8 000 件,其合格品率与质量成本之间存在着如表 12-2 所示的关系。找出最佳质量成本点。

表 12-2　A 产品合格品率与质量成本的关系　　　　金额单位:元

A 产品数量	合格品	合格品率(%)	质量损失	检验费用	预防费用	质量总成本	单位产品质量成本
8 000	0	0	3 200	0	0	3 200	0.400
8 000	800	10	2 880	20.00	32.00	2 932	0.367
8 000	1 600	20	2 560	28.00	56.00	2 644	0.331
8 000	2 400	30	2 240	40.00	90.00	2 370	0.296
8 000	3 200	40	1 920	58.20	91.80	2 070	0.259
8 000	4 000	50	1 600	88.60	111.40	1 800	0.225
8 000	4 800	60	1 280	132.80	167.20	1 580	0.198
8 000	5 600	70	960	200.60	299.40	1 460	0.183
8 000	6 400	80	640	320.60	479.40	1 440	0.180
8 000	7 200	90	320	510.80	689.20	1 520	0.190
8 000	8 000	100	0	722.40	1 177.60	1 900	0.238

从表 12-2 的合格品率与质量总成本的关系中可以看出,当合格品率在 80% 时,相应的质量总成本最小,单位产品所负担的质量成本当然也最低,因此,该点即为最佳质量成本点;合格品率低于或高于 80% 时,质量总成本或单位产品应负担的质量成本都会上升。

(二) 现代质量成本控制方法

传统的质量成本观是可接受质量成本观,它默许一定数量的次品生产,这种观点在 20

世纪 70 年代后期,受到了零缺陷质量水平的挑战。零缺陷质量水平观认为不合格产品的数量为 0 是符合成本效益原则的,因为质量保证成本和质量损失成本并不像可接受水平认为的那样存在此消彼长的关系。实践证明故障成本和控制成本之间不一定存在此消彼长的关系,如图 12-2 所示。

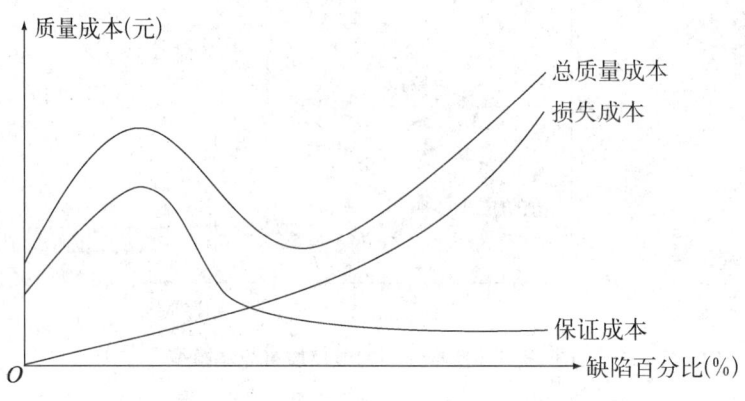

图 12-2　质量成本关系

从图 12-2 可以看出,与传统的质量成本观相比,现代质量成本观中的质量成本曲线具有 3 个完全不同的特点:①当产品质量接近零缺陷状态时,企业的保证成本并不会无限制的增加;②随着产品质量接近零缺陷状态,保证成本可能先增加而后减少;③故障成本可以趋向于 0。

零缺陷质量水平观是目前许多企业对质量控制所持的态度,被认为是更合理的标准。该标准要求产品(或劳务)必须完全无误地按照质量标准的要求来生产和交货,这是全面质量管理的理念,也是准时化生产中最重要的环节。在实践中,零缺陷质量标准是一项无法完全达到的标准,但是按照这种理念进行质量成本控制,将会使企业永无休止地追求质量成本的改善。

拓展提高

思考:通过网上搜索,回答什么是全面质量管理。

五、质量成本控制分析

(一) 目的

用于评价目前的实际质量成本,以便于企业改进和控制质量成本。

(二) 方式——报告质量成本信息

(1) 按类别显示质量成本的分布,以便评价每类质量成本的重要性。
(2) 将质量成本表示为实际销售收入的比重,以便评价财务影响,如表 12-3 所示。

第十二章 质量成本

表 12-3　质量成本构成　　　　　金额单位：元

项　目	预防成本	鉴定成本	内部故障	外部故障
原材料			77 976	116 964
管理人员工资	3 840	3 200	16 000	1 600
监管人员工资	7 650		12 750	17 850
组装工人工资	13 440	655 200	585 648	669 312
设备		8 500	45 000	38 000
租金		27 000	48 600	32 400
合计	24 930	693 900	785 974	876 126
占销售额比重	0.2%	5.8%	6.6%	7.4%

（3）趋势统计表。质量成本报告（见图12-3）揭示了质量成本的大小及4个类别中的成本分布，从而揭示了改善的机会。但质量成本报告无法揭示改善是否已经发生，因此通常需要编制趋势统计表，如表12-4所示。

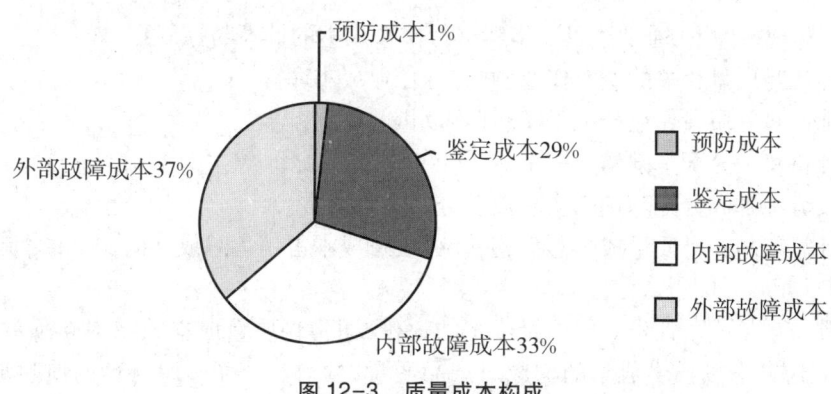

图 12-3　质量成本构成

表 12-4　质量成本趋势分析　　　金额单位：元

年　份	质量成本	成本占销售额比重(%)
2016	440 000	20
2017	423 000	18
2018	412 000	15
2019	392 000	14
2020	280 000	10

六、作业管理条件下的质量成本控制

为降低质量成本，企业不仅要生产符合顾客需要的产品，以品种多、质量优、功能强的优势去争取顾客，还应采用适时制的生产方式，有效地组织和协调生产工作。这就要求把企业内部不同工序和环节视为对最终产品服务的作业，把企业看成是为满足顾客需要而设计的

一系列作业的集合。

作业管理将作业区分为增加价值作业与非增加价值作业两大类,并努力保持增加价值作业,尽可能减少非增加价值作业。这一原理与质量管理的观念是一致的,即强调顾客满意,并把管理重点放在满足顾客需求,消除不能增加产品价值的一切浪费、缺陷和作业上。

因为在适时生产系统下,企业实行零存货管理,生产经营中任何质量问题都将造成作业链的紊乱。因此,要求企业在每一个环节都严格把握质量关,使之达到零缺陷,从而消除因质量问题而引起的一切不必要作业,优化企业的作业链——价值链。

如前所述,质量成本可以分成两大类,即预防和检验成本、质量损失成本,与之相对应的作业也可以确认,因此,可利用作业成本法将这些作业区分为增加价值作业和非增加价值作业。一般来说,内部质量损失作业和外部质量损失作业及其相关的成本均为非增值作业,应尽量减少或消除。预防作业因其能增加产品价值应作为增加价值作业,努力给予保留。检验作业可分为两类:一类是为预防作业而必需的,如质量审计,应作为增加价值作业;另一类则为与增加价值无关的其他检验作业。

在进行各种作业分类之后,即可根据资源动因将成本分配到各种作业中去,寻求降低质量成本的途径。

在作业管理条件下,通常按以下步骤进行质量成本的计算与控制:

(1) 确认与质量相关的所有作业,并建立作业成本库。
(2) 确认每一质量作业分配基础(成本动因)的数量。
(3) 计算每一分配基础的分配率。
(4) 按分配率和分配基础的实际数量分配质量成本。
(5) 计算产品各类质量成本总额,并计算质量成本占销售总成本的比重,编制质量成本报告。
(6) 进行质量成本评价。对质量成本的评价,通常将质量成本的结构同预算标准或以前年度进行比较,分析质量成本的构成对产品质量的影响,从而确定合理的质量成本结构,以最少的质量成本向客户提供最优质量的产品和劳务。

例 12-5 某公司2020年根据有关的质量成本资料编制的质量成本报告,如表12-5所示。

表 12-5 2020年某公司质量成本的有关资料

质量成本类别	分配基础(成本动因) 数量	分配基础(成本动因) 分配率	分配成本(元)	占销售成本百分比(%)
预防成本:				
设备维护	800 小时	100 元/小时	80 000	1.33
人员培训	900 小时	80 元/小时	72 000	1.20
合　计			152 000	2.53
检验成本:				
检验	2 800 小时	50 元/小时	140 000	2.33
测试	1 600 小时	60 元/小时	96 000	1.60
合　计			236 000	3.93

第十二章 质量成本

续 表

质量成本类别	分配基础(成本动因) 数量	分配基础(成本动因) 分配率	分配成本(元)	占销售成本百分比(%)
内部质量损失成本:				
返工	500 件	500 元/件	250 000	4.17
合 计			250 000	4.17
外部质量损失成本:				
客户服务	400 件	40 元/件	16 000	0.27
退货运费	400 件	50 元/件	20 000	0.33
维修保证	600 件	450 元/件	270 000	4.50
合 计			306 000	5.10
质量成本合计			944 000	15.73

该公司销售总成本为 6 000 000 元,质量成本分别按不同质量作业设成本库归集分配,如设备维护、人员培训按时间分配,检验和测试成本也按时间分配,返工成本按返工产品数量分配,客户服务、退货运费、维护保证按修复产品的数量分配。

根据企业有关资料编制的质量成本分析,如表 12-6 所示。

表 12-6 质量成本分析

质量成本	2019 年 金额(元)	2019 年 占质量成本比重(%)	2020 年 金额(元)	2020 年 占质量成本比重(%)
预防成本	82 200	6.85	152 000	16.10
检验成本	114 720	9.56	236 000	25.00
内部质量损失成本	382 920	31.91	250 000	26.48
内部质量成本合计	579 840	48.32	638 000	67.58
外部质量损失成本	620 160	51.68	306 000	32.42
质量总成本	1 200 000	100	944 000	100
销售总成本	5 000 000		6 000 000	
质量成本占销售成本比重(%)	24		15.73	

表 12-6 表明,该公司 2020 年度的质量成本比 2019 年度有了较大的降低,质量成本占销售成本的比重由 24% 下降到 15.73%。比较两年的质量成本数据可以看出,由于 2020 年增加了预防成本和检验成本的支出,提高了产品质量,降低了损失成本的发生,从而使质量总成本得以降低。

本章小结

本章介绍了质量成本的构成和确认,详细阐述了质量成本的计量和核算方法,并且具体分析了质量成本控制在实际中的应用。目前,我国多数企业对质量成本控制比较注重采用精打细算、减少浪费等绝对成本控制措施,而对采用现代科学技术和先进成本控制方法重视不够。

案例分析

甲公司针对面临的市场情况,想对公司产品质量做进一步改善。2020年,公司制订了一套方案,旨在降低存货水平,提高生产率,及时将商品交付到顾客的手中,以及减少顾客对质量的投诉。年度结束后,管理层要求编制一份截至2020年年底的年度质量成本报告,以对该项方案实施的效果做出评价。管理层一致担心最近实施的该项计划是否成功。财务总监认为,尽管本年的销售额与2019年基本相同,但利润却下降了,而且利润的下降全部是由于检验、停工、返工及类似成本的增加造成的。这些成本的增加远远超过了顾客投诉减少带来的成本节约。2020年发生的质量成本相关数据如下表所示。

2020年质量成本相关数据   单位:元

质量成本项目	金 额	质量成本项目	金 额
销售额	8 100 000	除保修项目外赔偿额的评定	60 000
外购原材料的检验费	65 000	保修项目赔偿额的评定	60 000
完工产品的检验费	120 000	销售退回和折让	10 000
返工	90 000	检验部门的间接成本	28 000
废品的处置成本	45 000	制订质量控制培训计划	12 000
产成品的复检费	10 000	因为质量问题引起的停工	280 000
制订为制造而设计的计划	8 000		

讨论:

1. 对上述成本项目做适当分类,编制质量成本报告。
2. 对财务总监的问题做出答复。

课后训练

一、思考题

1. 什么是质量?什么是质量成本?
2. 质量成本包含哪几类?
3. 如何对质量成本中的隐性成本进行估算?
4. 如何进行质量成本分析?
5. 传统质量成本观与现代质量成本观有什么区别?
6. 如何进行质量成本管理?

二、业务练习题

1. 请把下列质量成本分为预防成本、鉴定成本、内部故障成本、外部故障成本。

接受检验、产品收回、产品责任诉讼、为评价新产品的质量而进行的设计验证、新职员的培训计划、停工以纠正故障、返工的重新检验、由于不合格的产品而失去的销售机会、工程设计变更、次品的更换、机器测试的人工、供应商评价。

2. 康华公司 2016—2020 年的质量成本与销售收入资料如下表所示。

2016—2020 年的质量成本与销售收入　　　　　　　　　　单位:元

年　份	2016	2017	2018	2019	2020
预防成本	20 000	40 000	25 000	10 000	5 000
鉴定成本	10 000	10 000	10 000	5 000	5 000
内部损失成本	50 000	55 000	40 000	20 000	10 000
外部损失成本	50 000	25 000	15 000	55 000	65 000
销售收入	1 000 000	1 500 000	1 600 000	1 200 000	1 000 000

要求:
(1) 按质量成本的种类和金额,编制质量成本金额变动趋势分析报告。
(2) 将质量成本表示为销售收入总额的百分比,编制质量成本比率变动趋势分析报告。
(3) 分析各质量成本变化之间的相互关系,得出该公司应如何控制质量成本的结论。

第十三章
业绩评价

学习目标

通过本章的学习,了解业绩评价的含义及传统业绩评价的局限性;了解业绩评价体系;了解平衡计分卡的含义及内容;掌握业绩评价相关指标及平衡计分卡的实施程序。

技能要求

能够应用业绩评价的基本方法对企业业绩进行评价,应用平衡计分卡评价企业业绩。

微课

案例导入

某公司生产的主要产品为保健品,春节期间市场旺销。在春节前后,市场上常常脱销,供不应求,因此,公司销售部门要求进行突击生产,加班加点,生产更多的产品以增加销售,提高利润。然而,公司生产部门却反对这一做法,认为这样做要打乱全年的生产计划,花费的代价太大。另外,按照法律规定,节假日加班加点往往要支付3倍的工资,因此产品成本很高,在进行成本指标考核时,对生产部门显然不利,甚至要影响奖金。但销售部门则提出,生产部门是否能够承担失去大量客户的责任,是否考虑到销售收入和利润等指标。双方争执不下,最后问题上交总经理。

思考:*如果你是该公司总经理,应该如何处理这个问题?*

第一节 业绩评价概述

一、业绩评价的概念及功能

企业的业绩评价是指企业根据财务管理的要求,通过业绩报告的编制,把计划数与实际数进行对比,揭示差异并分析差异产生的原因,用来控制和调节日常发生的经济活动,借以确定责任单位的经济责任,评价和考核它们的业绩。企业的业绩评价系统是企业财务管理控制系统的一部分,它在很大程度上影响着企业的经营业绩,建立健全业绩评价系统是企业财务管理的重要课题。

一个理想的业绩评价系统可以对企业经营起到四个方面的作用,即控制、考核、激励和导向作用。科学地评价企业业绩,可以为出资人行使经营者的选择权提供重要依据;可以有效地加强对企业经营者的监管和约束;可以为有效激励企业经营者提供可靠依据;可以为政府有关部门、债权人、企业职工等利益相关方提供有效的信息支持。

二、业绩评价体系

企业业绩评价体系是指由一系列与业绩评价相关的评价制度、评价方法、评价标准及评价机构等形成的有机整体。企业业绩评价体系由业绩评价制度体系、业绩评价组织体系和业绩评价指标体系3个子体系组成。

目前我国采用的企业业绩评价方法除国有资本金业绩评价体系外,一些企业还积极采用了由美国学者和实业界提出的"杜邦财务分析体系""平衡记分卡"和"经济增加值"等评价方法。传统的业绩评价体系如"经济增加值""杜邦分析体系"大多使用财务指标,而现代业绩评价体系如"平衡计分卡""关键业绩指标"等则在依靠财务评价指标的同时引进了非财务评价指标。除"经济增加值"评价以单指标为主,其他业绩评价体系都包括多个评价指标。

(一) 业绩评价指标

在设计企业管理者业绩评价指标时,必须遵循4个原则:①指标的选择必须能使企业的管理者关注企业目标,为实现企业目标而努力;②指标的选择必须容易从企业的公开资料中获得;③指标的选择必须科学合理,各指标之间在涵盖的经济内容上不重复,在解释功能上要互相配合;④指标的选择必须简便易行,指标的数量不能太多,指标的含义要准确。这几个原则中,第一个原则是最重要的。

(二) 业绩评价指标的比较研究

1. 单指标与多指标

单指标作为评价指标的优点是:①若选用适当,单指标能够反映管理者的主要工作成绩;②简化评价过程,并且易于理解;③易操作,避免多项指标转换成最后单一业绩指标时的主观判断。在国外,投资报酬率是最常用的单一业绩评价指标,而我国上市公司则以净资产收益率作为单一业绩评价指标。单一指标评价的缺陷是明显的,"你评价什么,就会得到什么"使得管理者目标仅局限于提高所评价的指标,而忽视了企业的整体发展和长远规划。

多指标评价考虑了企业经营过程中的目标多元性,从多个侧面来考察企业的业绩和管理者的贡献,更加综合地反映经营业绩。

2. 内部指标与外部指标

内部指标是指来自企业内部的评价指标,主要是企业的财务指标,也包括一些涉及企业内部经营管理、技术和人员方面的非财务指标。外部指标主要是指外部利益相关者对企业的反映和评价,包括投资者对企业的反映,对上市公司而言,主要是指股票价格,另外还有顾客满意度、社会的反映等。

这两类指标各有优劣,内部指标尤其是财务指标数量众多,既有绝对指标又有相对指标,运用得当的话,可以真实地反映企业的经营业绩,但是内部指标存在着被操纵的可能性,在信息的获得上存在着明显的信息不对称现象。外部指标与内部指标相比更为客观,它反映外部利益相关者对企业的评价,不易受到内部人员的控制,但缺陷是外部的利益相关者不能完全了解企业的实际情况,有可能做出错误的判断和选择。

3. 财务指标和非财务指标

财务指标是指可以通过企业的财务报告中的数据计算的指标。用财务指标来评价业绩简单明了,但是仅用财务指标来评价管理者的业绩存在以下缺陷:①财务指标面向过去而不反映未来,不利于评价企业在创造未来价值的能力上的业绩。②财务指标容易被操纵,过分注重企业财务报告中的会计利润,使得企业管理当局采用各种方法操纵利润。③财务指标主要来自财务报表资料,不包含大多数影响企业长期竞争优势的因素,如产品质量、员工的素质和技能,也不能反映经营过程和顾客的满意程度等。

非财务指标评价的优点主要表现在以下几个方面:

(1) 更适用于现代经营环境。那些使企业获得成功的关键因素多为一些非财务指标,产品成本不再是决定企业竞争力的唯一关键因素,特别是对于一些高科技公司,顾客首先关心的是产品设计是否美观、功能是否齐全、交货是否及时。

非财务指标可以弥补传统业绩评价导致的短期行为,有利于实现企业长远利益的最大化。

(2) 非财务指标对于准确、完整地评价企业的管理者有着重要作用。财务指标受会计确认、计量等方面的限制,对管理者的许多工作无法衡量。例如,管理者在创造和谐的员工关系,良好的顾客关系,树立良好的企业形象,建立快速、高效的营销网络等方面的努力对于企业的长期健康发展有很大帮助,这些因素只能通过一些非财务指标来加以衡量。

(3) 非财务指标在时间和空间两个方面延伸了传统业绩评价的评价范围,因此更完整、更准确。从时间来看,非财务指标更多地着眼于未来的发展。例如,企业增加技术开发费用,在短期内会影响企业的营利性,但是从长远来看,这项决策将有利于企业未来的发展,只有通过非财务方面的计量才能准确地衡量这种趋势。从空间范围来看,非财务指标更能体现各利益相关者的要求,如顾客方面、员工方面和技术革新等方面,能更全面地评价管理者的业绩。

在业绩评价中引入非财务指标最大的问题来自计量方面。一方面这需要企业管理当局要注意搜集和整理生产经营活动中的非财务信息;另一方面如何把非财务指标的改善值进行定量的计量或如何寻找到非财务指标与财务指标之间的关系,用财务指标来间接地衡量非财务指标,是将非财务指标成功引入业绩评价的关键。

(三) 业绩评价标准

业绩评价标准是对评价客体进行分析评判的标尺,进行业绩评价的时候,必须确定一个参照系,通过与参照系进行比较,来确定业绩的好坏。由于评价的目的、范围和出发点不同,必然要有相应的评价标准与之相适应。常见的评价标准如下。

1. 历史标准

历史标准是以企业的前一年度或前几个年度的平均值或最佳值作为评价标准,以确定当前年度的业绩。以历史为标准最大的优点是数据可靠、容易取得、比较简单,但最大的缺陷是:①承认过去年份的不足或偶然性,并将其不足作为合理成分延续到以后;②目前经营期间的经营环境及内部条件可能已经发生了变化,与以前年度可能不可比;③评价结果只能作为企业自行测评,缺乏企业间的可比性。

2. 预算标准

预算标准是指以事先制订的年度计划、预算和预期达到的目标作为评价标准。预算标准在业绩评价中的应用很广泛,如标准成本。预算标准主观性较大,人为因素较强,但如果预算是建立在对未来的合理预期上,制定得科学合理,应该是一种好的标准,会有很好的激励效果。

3. 公认标准

公认标准是指根据经济发展规律和长期的企业管理经验而产生的评价标准,并且已经进入了教科书。例如,流动比率的公认标准是2,速动比率的公认标准是1等。但公认标准只能提供一个大致的范围,并没有考虑不同国家、不同行业的差异,作为评价标准显然不合适。

4. 行业标准

行业标准是指以其他同类企业的业绩状况作为评价标准。它是以一定时期一定范围内的同类企业作为样本,采用一定的方法,对相关数据进行测算而得出的平均值,比公认标准更接近企业的实际情况。一个行业往往有相似的经营环境,具有较强的可比性。

(四) 综合性的业绩评价指标体系

通过以上对财务和非财务指标的分析可以看出,如果要全面地评价企业的业绩,就必须将财务指标和非财务指标结合起来,以形成一个综合性的业绩评价指标体系。综合性的业绩评价指标体系除了包括财务和非财务指标外,还应具有能够反映企业的战略、适应公司的管理层次、促使企业各个职能部门之间的横向联系等特点。因此,在设计综合性的指标体系的时候,应该注意遵循以下几点原则。

1. 从战略出发

这一原则包含两层含义。首先,业绩评价指标体系不应是僵硬不变的,它应该产生于战略,并随战略的改变而改变。其次,业绩评价应能够对战略和目标的影响因素进行计量和评价,保证业绩评价对战略的相关性。

2. 反映关键的成功因素

在设计评价指标体系时,应注意控制指标的数量。指标数量太多,容易分散管理人员的注意力;指标数量太少,又会流于片面。为了使指标能提供恰当的信息,指标的设计除了要从战略的需要出发外,还要注意反映企业成功的关键因素。

3. 业绩评价指标应具有层次性

业绩指标应该与企业的层次结构相适应,公司、分公司、经营单位、制造单元应使用不同的指标。不同的指标能反映不同的责任。沿着公司的层级结构,越往下业绩评价指标越具体,报告周期就越短,就更加强调对成本的评价;下一层次的指标能够对上一层次的指标产生影响,所有层次的指标都必须从企业战略出发,体现出战略对不同层次工作的相关要求。这种层级关系如图13-1所示。

4. 职能部门的横向联系性

如果只考虑评价指标的纵向层次性,而忽视了指标在各个职能部门之间的横向联系,业绩评价指标体系仍有可能与战略脱节,因为战略的执行需要各职能部门的通力合作。

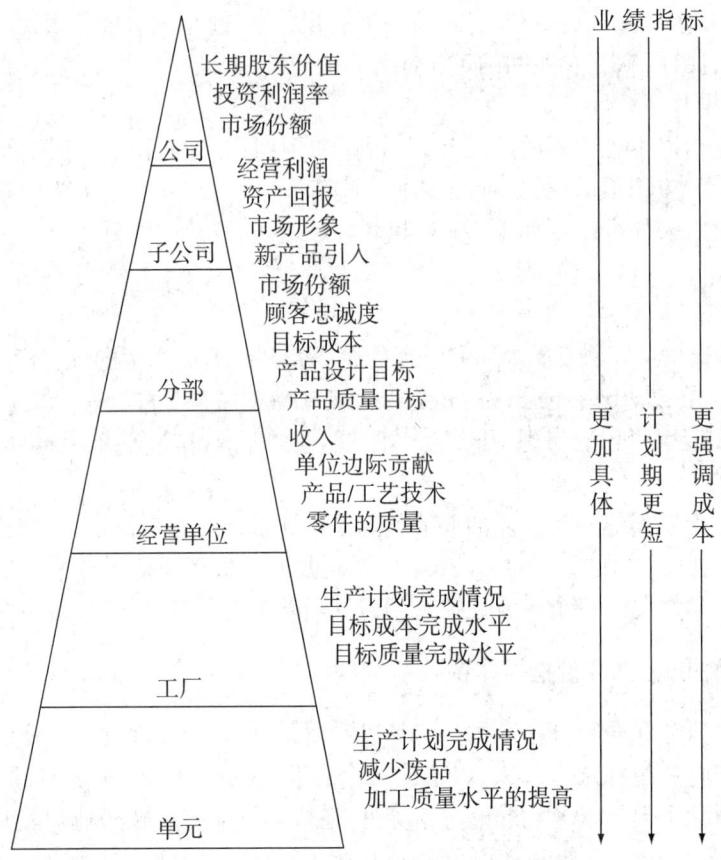

图 13-1 业绩评价层次示意

5. 评价指标应该全面

财务指标仅能反映公司业绩的某一方面,同样,仅以非财务指标来评价企业的业绩,也难免会"只见树木,不见森林"。过分注重非财务指标,企业很可能因为财务上缺乏弹性而导致财务失败。因此,良好的业绩指标体系应体现全面、平衡的原则,具体应做到:财务指标与非财务指标相结合、内部指标与外部指标相结合、过程指标和结果指标相结合。

第二节　平衡计分卡

一、平衡计分卡的含义及基本内容

正是由于业绩评价指标体系的重要意义,西方学者纷纷致力于指标体系的开发研究。现在西方国家开发的综合性的评价指标主要有业绩评价调查表和平衡计分卡等,其中最有影响的就是平衡记分卡。平衡计分卡(Balanced Score Card,BSC)是美国会计学家罗伯特·S. 卡普兰和戴维·P. 诺顿于 1992 年首先创制的,目前在世界上许多企业中都得到了应用。据调查,《财富》杂志上排名前 1 000 家的企业中,有大约 60% 的企业已经或正准备使用平衡记分卡。

平衡计分卡是一个集长期指标和短期指标、财务指标与非财务指标、内部指标与外部指标为一体的业绩评价新方法。它认为影响公司经营成败的关键因素有客户、学习和成长、内部过程、财务4个方面。因此,业绩评价也应该以上述4个方面为基础。平衡计分卡的基本框架如图13-2所示。

(一) 客户方面

客户方面体现了企业对外界变化的反应。在"富裕社会"里,顾客的消费需求已从温饱型转向价值型,生产者主权经济正在让位于消费者主权经济。越来越多的企业已经将"一切以顾客满意为中心"作为新一代的经营战略。只有了解顾客的需要,不断地满足顾客的需求,产品的价值才能够得以实现,企业才能获得持续增长的经济源泉。对客户的评价主要包括几个方面:交货期、质量、成本、产品和服务的属性。对于现有产品,交货期是指公司接到客户订单到把产品送到客户手中的时间;如果是新产品,则还应包括产品市场定位和开发时间。产品和服务是指产品和服务给客户带来的效用。质量、成本都是指来自客户的评价。明确了影响客户满意的因素后,就可以在此基础上建立一系列评价指标,比较典型的指标可以是客户的满意度、交货时间、新客户的获得、市场份额、产品和服务的质量等。

(二) 学习和成长方面

企业的学习来自3个主要的资源,即员工、信息系统和企业的程序。强调员工的能力是以人为本的管理思想的结果。传统的管理思想把员工看作生产的附属物,员工的任务只是体力劳动而不需要思考。事实上,没有比激发员工的士气和参与更能为企业做出更大贡献的了。例如,摩托罗拉公司花费了1.5亿美元对其132 000名员工进行了培训,结果使公司5年内生产率提高了5倍。这方面的指标有培训支出、员工建议被采纳的次数、员工满意度、员工生产率等。

(三) 内部过程方面

内部过程是指企业从输入各种原材料和顾客需求到企业创造出对顾客有价值的产品(或服务)为终点的一系列活动。它是企业改善其经营业绩的重点,顾客满意、股东价值的实现都要从内部过程中获得支持。现代管理学对内部过程做了细致而密集的研究工作,提出了许多新的管理思想和技术,如适时制生产、全面质量管理、工程再造、作业成本管理等。而平衡记分卡通过对影响客户、股东、核心竞争力等的关键因素的衡量,为改善内部过程提供了信息支持。内部经营过程可以按内部价值链划分为3个过程,即创新、经营、售后服务。

1. 创新

创新表现为企业的确立和培育新的市场、新的客户,开发新的产品和服务。根据生命周期理论,只有不断地创新,才能为企业带来持续不断的活力和经营利润。因此,企业必须重视设计创新指标来进行激励和评价。企业的创新能力可以用以下指标来衡量:新产品开发所用的时间、新产品销售收入占总收入的比例和损益平衡时间。

2. 经营

经营是指把现有的产品和服务生产出来并支付给顾客的过程。经营过程一向为企业管理者所重视,但传统的业绩评价过分强调财务成本,而忽视了时间和质量指标。平衡记分卡则把三者综合起来了。评价经营业绩的指标有主导时间、周转时间、质量、成本、反应时间、返工率等。

3. 售后服务

售后服务是内部价值链的最后一个阶段,该阶段包括保证书、修理、退货和换货、支付手段的管理。售后服务可以用公司对产品故障的反应时间、售后服务一次成功的比例、客户付款的时间等指标衡量。

(四) 财务方面

财务指标可以体现股东的利益,但单一的财务评价会给企业的决策带来误导性的信息,只有与非财务评价相结合,财务评价才能发挥更大的作用。在平衡记分卡里,其他3个方面的改善必须要反映在财务指标上。财务数据可以不时地提醒管理者,质量、客户满意、生产率的提高必须转化为市场份额的扩大、收入的增加、经营费用的降低等财务成果,否则做得再好也无济于事。从这一点看,财务方面是其他3个方面的出发点和归宿。

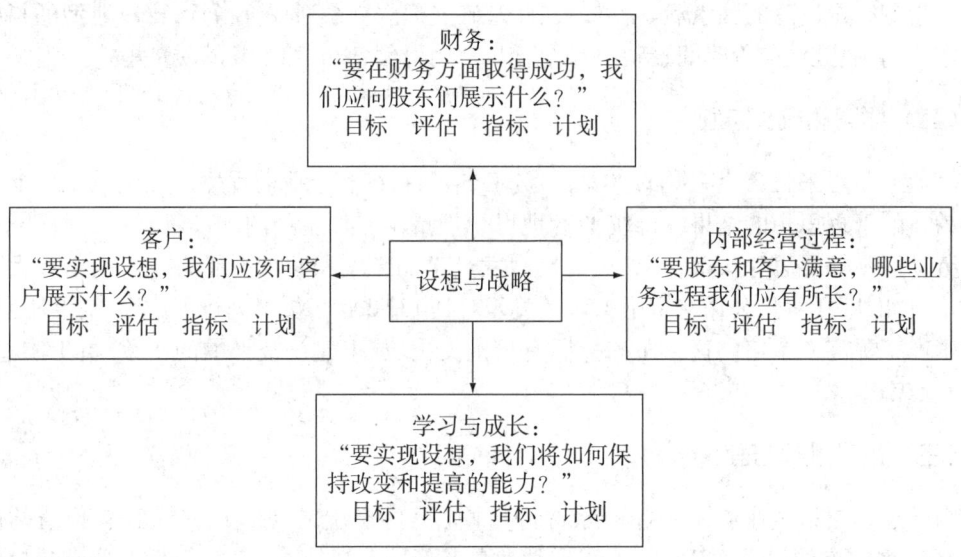

图 13-2 平衡计分卡的基本框架

二、平衡计分卡的特点

与传统业绩评价体系相比,平衡计分卡更强调创造长期经济效益的因素,如顾客、内部流程和企业的学习与成长等。平衡计分卡的主要特点如下:

(1) 强调以顾客为焦点。在目标市场分类中满足并留住已有的顾客,争取新顾客。

(2) 重视商业运作。平衡计分卡通过产品和服务创新,灵活和反应灵敏的操作程序及优质的售后服务为目标顾客提供价值方案。

(3) 重视组织的学习和成长。平衡计分卡强调通过组织学习培养技术熟练、积极肯干的员工,并提供战略信息接触渠道,使组织不断的成长。

平衡计分卡为管理当局提供一个全面的框架,它把公司的憧憬和战略转变成连贯的一系列绩效衡量方法。许多公司采用了使用声明书来向所有雇员传播带有根本重要性的价值观和信念。

平衡计分卡使经营单位的一系列目标超越了概括性的财务衡量方法。如今,公司经理能够衡量自己的经营单位如何为目前和将来的客户创造价值,以及他们为什么必须提高内部能力和改善未来业绩所需的人力、系统和程序的投资。该方法关注技能高超的、干劲十足的企业人员创造价值的活动,一方面通过财务视角保持对短期业绩的关注;另一方面可明确揭示如何确保长期的财务和竞争业绩。

三、平衡计分卡的实施程序

随着经济环境的变化,短期指标对企业中长期目标的解释能力在不断削弱,基于对有形资产的开发和利用而建立起来的以财务指标为核心的业绩评价系统已无法满足管理的需要。平衡计分卡帮助企业弥补了过去存在的一个鸿沟——战略制定和战略实施之间的脱节。平衡计分卡在理论和实践之间架起了一座"桥梁",不仅仅是一个战略性的或经营性的衡量系统,更是一个战略管理系统,从长期的角度规划企业战略。

从最初的平衡计分卡到战略地图,平衡计分卡已经发展为一个"描述战略、衡量战略和管理战略"的严密逻辑体系。

(一)阐明并诠释愿景与战略

1. 阐明愿景

企业设计和推广平衡计分卡的过程就是在企业组织内部就战略和战略执行方案达成共识的过程。通过这个创造性过程,提供了一套系统性的思想结构与方法,将组织整体的资源及行动聚焦在战略上,将组织的愿景和战略转化成执行性语言。平衡计分卡用统一的、有启发性的方式——战略地图来描述战略。平衡计分卡的战略地图可以使战略假设清晰化,每一个指标都成为连接战略目标和驱动因素的因果逻辑链条中的重要元素;清晰地描绘了将无形资产转换为有形的客户和财务成果的过程。

战略地图的开发是自上而下的。首先从高层次的针对增长、利润及股东价值的财务战略开始。创造股东价值是每一战略所追求的终极目标。公司通常会选择一个最上层的或主导的目标作为公司长期奋斗目标。不管公司采用哪个指标作为最高的财务目标,他们都会采用两个基本战略来驱动财务绩效——增长战略和生产力战略。因此,在确定财务目标时,管理层需要考虑是注重收入、市场成长、盈利能力,还是创造现金流。

客户角度是整个战略的核心,定义了增长是如何实现的。任何商业战略的核心都是为客户提供价值定位。价值定位决定了什么才是公司战略重要开发的目标市场,以及组织如何在这一目标市场中区别于其他竞争对手。

财务和客户的目标既已确定,接着企业就应确认其内部业务流程的目标和指标,这是平衡计分卡方法的一大特点和优点。客户的价值定位及如何将其转化为股东所关注的增长和盈利是战略的基础,但是客户的价值定位和财务结果只是组织想要达成的目标。战略不仅仅要明确具体的目标,更要描述如何实现这些目标。平衡计分卡强调为客户和股东获得突破性业绩的流程是最关键的。

最后一环——学习和成长目标,揭示出企业为什么必须大量投资于员工的知识更新、信息技术和系统、强化企业管理程序等;定义了组织需要什么样的无形资产,以使得组织的活动和客户关系保持比较高的水平;明确了支持优先级的流程和活动所需要的能力、方法、技术和氛围。学习和成长战略是所有战略的基础。

2. 达成共识

建立平衡计分卡的过程使得战略目标得到阐明,并为实现战略目标确认了几个关键的驱动因素。与此同时,建立平衡计分卡也要求企业的管理层对战略目标的相对重要性达成充分的共识。平衡计分卡目标成为高级管理层的共同责任,促使各高层管理者摒弃个人经历和专业成见,建立共识和团队精神。

(二)沟通与连接战略目标和指标

企业中的每一个人,上至董事会成员,下至普通员工,都应理解战略,并知道自己的行动是如何支持企业的战略的。平衡计分卡通过沟通将战略和个人目标连接,使所有员工建立共识并承担相应的责任。企业简报、快报、录像、网络等,都是推广平衡计分卡战略目标和指标的手段。这种推广的目的是让全体员工明白他们必须完成哪些重大目标。当所有员工都了解了高层目标和指标,他们才能确定局部目标来支持经营单位的总体战略,企业的战略才能得以成功。

平衡计分卡也为总公司管理者和董事会对经营单位的战略进行沟通和做出承诺提供了基础,平衡计分卡驱动经营单位同总公司管理者和董事会进行对话,不仅讨论短期的财务目标,而且涉及制定和实施一个为获得未来突破性业绩的战略。

当沟通和连接组织结束时,各层次应围绕战略协同化。企业中的每个人都应当了解经营单位的长期目标和达到这些目标的战略,每个人所制订的局部行动方案将为实现经营单位的目标做出贡献。

(三)计划、制定目标值并协调战略行动方案

沟通和联系过程协调了人力资源和企业战略,但仅仅有人力资源的协调是不够的,还需要将财务和实物资源结合起来,以计分卡来整合长期战略规划及营运预算编制的流程。

高层管理者需要量化预计的长期结果,为计分卡指标设计3~5年的飞跃性的财务目标值。为了实现这种雄心勃勃的财务目标值,经理们必须为其客户、内部业务流程、学习和成长等层面确定挑战性目标值。设定挑战性目标的方法很多,高标定位法就是一个值得参考的方法,可以用来效法他人的最佳模式,并使得内部建议的目标值不至于落后于他人。

一旦有关客户、内部流程、学习和成长的指标确立,就需要评估目前的行动方案是否能够帮助他们实现这些目标,是否需要新的行动方案来配合。管理者需要对其战略质量、反应时间、行动方案再造进行安排,以达到突破性的具体目标。平衡计分卡不是急功近利地对局部过程实行基本改造,而是努力完善和改造对企业的战略成功至关重要的流程。计分卡指标的当前业绩与挑战性目标值之间的差距,使得管理层能够定出资本投资和行动方案的优先顺序,以缩小现实和期望之间的差距。对那些与计分卡目标关系不大的行动方案,则予以撤销或"降温"。

平衡计分卡还应把整合战略计划和年度预算结合起来。当管理层为企业的战略指标确

定3~5年的挑战性目标,并确定资源分配和行动计划部署后,就意味着这一流程的启动,但不能等三五年后再来评价他们的战略和经营理论是否奏效,而是需要不断地检验战略所依据的理论及战略实施的情况。因此,企业在确定长期的战略目标值后,还需同时预测每个指标的下个会计年度目标——战略计划在第一年的12个月的进度,即把长期计划中的第一年目标,转换成计分卡4个层面的战略目标和指标。这些短期的里程碑为经营单位长期战略进程中的近期评估提供了具体的目标值。以平衡计分卡作为行动的战略框架如图13-3所示。

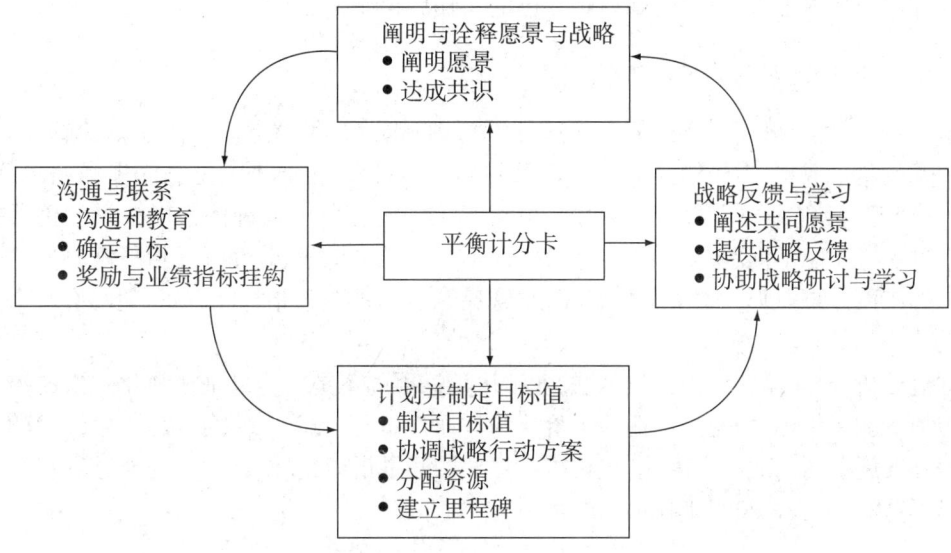

图13-3 以平衡计分卡作为行动的战略框架

(四) 加强战略反馈与学习

一个完整的战略管理系统需要一个反馈、分析和反思的流程,检验和调整战略以适应将会出现的各种情况。整个平衡计分卡管理流程中,把平衡计分卡融入战略学习的框架的过程是最具创新性也是最为重要的方面。

战略反馈的目的在于检验、证实和修正业务单位的战略假设。平衡计分卡包含的因果关系,使管理者能够制定短期目标值,反映他们对滞后目标的最佳预测,以及业绩驱动因素对结果指标的影响。平衡计分卡帮助管理者监督和调整自身战略的实施,并在必要时对战略本身进行根本性的改变。这一过程使得组织学习得以在高级管理层进行。

四、平衡计分卡案例分析——美孚石油公司平衡计分卡的实施

通过下面的案例将看到平衡计分卡的具体实施步骤、业绩评价指标的设计过程、平衡计分卡在实施过程中给企业的管理理念和方式上带来的变化。

(一) 问题的提出

在20世纪90年代早期,美孚公司面临这样一种局面,即汽油和其他石油产品需求平缓,竞争加剧,以及资金投入严重不足。一次公司内部调查表明,雇员们感到内部的报告关

系、管理过程、通信上面的方针等都窒息了创造性和创新性,与顾客间的关系也是敌对的,人们以一种非常狭隘的方式追求着个人和各自职能部门的业务成果。

这次调查的结果推动了开展对于业务过程和组织有效性的研究,使公司高层明确,要使公司继续发展,必须充分运用其现存资产,并且更加密切地关注顾客,给汽车族以他们需要的东西,而不是组织中的职能专家认为他们应当需要的东西。所要做的工作包括控制职员成本、学会关注顾客、让组织中的每个人考虑如何将其全部精力投入到提升美孚为顾客提供的产品和服务质量上,而不只是如何将自己的工作做得好一点。

（二）原有的业绩评价体系分析

长期以来,美孚公司一直依靠一些局部性的、职能性的测量指标。例如,对制造和分销单位要求的是低成本,对经销商要求的是可用性,对营销单位要求的是利润率和销量,而对负责环境、卫生和安全的职能部门要求的是环境和安全指标。这种体系反映出的仍然是以控制者的思维来思考问题,只是在检查过去而不是指导未来,职能性测量指标难以反映公司所追求的东西。事业部的财务分析确实很"漂亮",大量的测量指标和分析,但没有一个同事业部的战略相结合。

通过分析,公司高层认识到,有效的业绩评价需要的不是那些只是在强化过去的控制性思维习惯的测量指标,而是要使业绩评价成为沟通过程的一部分,使之有助于组织中的每个人理解和实施公司的战略。因此,公司需要更好的测量指标,以使计划过程能够和行动结合起来,以鼓励人们去做组织正在追求的事情。

（三）业绩评价体系革新的过程

1994年年初,美孚公司的高层批准了平衡计分卡项目。1994年1月项目开始时,项目小组同领导班子的每个成员分别进行了2个小时的会谈,目的在于了解他们对于新战略的看法。小组对会谈中得到的信息进行了汇总,并且在平衡计分卡的发明人之一——诺顿的帮助下,召开了若干次研讨会以制定各种目标和测量指标。这些目标与测量指标分别涉及平衡计分卡的四个方面,即财务、顾客、内部业务过程及学习和成长。

到1994年5月,项目小组开发出一套试验性的美孚公司平衡计分卡。在这一阶段,他们吸收了更多管理人员进来并且分成了8个小组来改进战略目标和测量指标。这些小组包括:一个财务小组;两个顾客小组,一个着重于经销商,另一个着重于普通消费者;一个制造小组,主要关注在改进和加工成本方面的测量指标;一个供应小组,关注存货管理和运输成本;一个环境、健康和安全小组;一个人力资源小组;一个信息技术小组。每个小组负责确定其相应领域中的目标和测量指标。

各小组还确认了何时应当建立新机制以提供所期望的测量指标。例如,使两个目标市场的顾客满意这一战略,要求所有的美孚加油站都能迅速交货、员工应友善且乐于助人,并且能够奖励忠诚的顾客。

着重于经销商类顾客的小组采取了一项举措以支持经销商训练战略。他们开发出一套工具,帮助营销代表评价经销商,并与之一起改进7个方面的业务绩效。这7个方面是:财务管理、服务港、人事管理、洗车、便利店、汽油购买及顾客美好购买体验。营销代表针对经销商评分,确定现有优势和改进机会。

第十三章　业绩评价

1994年8月,8个小组已经为平衡计分卡的4个栏目制定了特定的战略目标,并初步选定了一套相应的测量指标。在这一过程中,常务领导班子全体成员,全身心投入了两三周的时间。

(四) 平衡计分卡项目的成果

1994年8月,美孚公司对其最初的平衡计分卡颁发了说明性的小册子。它给公司带来了很多方面的变化。

(1) 它教会经理们什么是战略,什么是先行指标和滞后指标,以及如何考虑组织全局,而不是只考虑自己的职能"碉堡"。它促使经理们去了解自己不熟悉的问题,并且理解了它和组织其他部分的联系。人们开始谈论超出他们直接责任以外的事情,如安全、环境及便利店等。计分卡为沟通提供了一种通用的语言,一个良好的基础。

(2) 过去经理人员是一群控制者,只会坐在一起讨论变化。而现在他们讨论什么是对的,什么是错的;应该继续做什么,停止做什么;公司要回到战略轨道上需要什么资源,而不是再去费力解释由于一些数量变化而导致的负面变异。这个过程使公司高层管理人员看到了经理们是如何思考、计划和实施战略的,在此过程中存在什么样的差距,通过了解他们的文化和思想状况,高层管理者能制定出使业务经理成为更好的经理的有针对性的办法。

(3) 公司上下认识到只依赖一个诸如收入或投资回收率这样的财务指标是很危险的。大股东可以不关心具体的业务情况或竞争环境,只需实现12%的资本回报率,只要赚钱,不用告诉我你的问题,这是他作为股东的权利。但在激励人们时还必须注意到另外一方面,有些事情是经理们能够左右的,也有些事情是他们所不能左右的。在好的市场环境中,即使干得极差也可能取得相当不错的结果;反之,当市场很糟糕时,即使干得非常好也可能会入不敷出。计分卡中有几个因素可以帮助公司高层了解管理者在市场中的表现。假使没有从计分卡中所获得的认识,公司高层便会强迫人们为达到短期收入目标而去做一些怪异的事情,他们或许会在问题暴露之前就开溜了。管理者们也开始自觉地应用计分卡。他们不是因强迫才做的,他们知道人人都在应用这一系统,所有其他的业务单位都依靠同一规则生存。

(4) 平衡计分卡还是一种很好的学习工具。人们清楚他们的日常工作是如何影响公司绩效的,所以这时他们所面临的挑战是如何保持这个绩效。

(五) 美孚公司平衡计分卡的设计

(1) 战略目标描述,如表13-1所示。

表13-1　平衡计分卡对公司战略目标描述

财务部分
1. 实际投入资本回报。将公司实际投入资本的回报率始终保持在全美"下游"产业领先的水平,而且不得不低于公司的既定目标——12%
2. 现金流量。妥善管理公司的经营活动,保证其中产生的现金至少足以支付公司的资本支出、净融资成本及相应的股东分红
3. 盈利能力。通过提高销售利润率(美分/加仑)不断增强盈利能力,使其始终保持在全美"下游"产业前两名的水平
4. 成本最低化。通过有效整合价值链中的各个部分将成本降至最低,从而赢得可持续竞争优势
5. 实现有盈利增长目标。使销售量的增长快于行业的平均水平,同时,在保证与公司整体产品划分战略保持一致的前提下,勇于抓住市场机会进军新的燃料油及润滑油市场,从而增加收入,实现业务的快速增长

续表

顾客部分
1. 不断取悦目标顾客。在不牺牲新顾客利益的前提下,兑现对公司目标顾客承诺的价值(速度、微笑和努力) 2. 提高公司批发商/经销商的盈利能力。通过向批发商/经销商提供令顾客满意的服务和产品,帮助他们提高其商业竞争能力来改善他们的盈利能力
内部目标
市场 1. 产品、服务及预备利润中心的开发。开发新颖的、有利可图的服务及产品 2. 经销商及批发商的质量。提高特许经营团队的经营水平,使其达到石油工业以外零售商的最佳水平 **制造** 1. 比竞争者更快地降低制造成本。通过比竞争者更快地提高销售利润总额及降低制造费用来获得竞争优势 2. 改善硬件性能。通过提高产出水平及减少停产检修时间来优化炼油厂的设备性能 3. 供货、交易及后勤安全。通过对雇员不断进行安全教育及防范工作地点的危险来尽力消灭工伤现象 4. 降低中转成本。不断降低供货及运输成本,减少产品的中转成本,从而使我们能够以比竞争者更低的成本向最终用户提供产品 5. 交易优化。根据炼油厂里完工与未完工产品的中转成本实现现货市场的销售额最大,从而使我们能够以比竞争者更低的成本向最终用户提供产品 6. 存货管理。在不影响满意水平的前提下优化存货水平 7. 提高我们健康、安全及环境方面的表现。致力于提高我们所有设施的安全性,积极关心生产对周围社区及环境的影响,树立好雇主、好领导的形象 8. 质量。通过确保业务过程在整个价值链中及时、准确,在第一时间内无差错来保证顾客能够得到高品质的产品
学习与成长
1. 组织改进。通过加强对组织战略的理解及营造一个雇员们主动参与并获得充分授权以实现公司愿景的氛围来实现公司的愿景目标 2. 核心技能。①一体化的观点,鼓励并帮助我们的员工对公司营销与精炼业务有更广的理解。②卓越的职能表现。为实现我们的愿景建立必要的技能水平。③领导能力。为实现愿景,提高综合业务思维能力及发展我们自己,改进领导的技巧 3. 开放战略信息资源。为实施我们的战略,开发战略信息支持系统

(2) 业绩评价指标设计,如表 13-2 所示。

表 13-2　平衡计分卡指标设计

目　标	考评指标	评价频率
财　务		
实际使用资本回报	ROE(%)	少量
现金流量	部门外现金流量(亿美元)	中等
	部门内现金流量(亿美元)	中等
收益性	利润与负债(税后)(亿美元)	中等
	销售净利率(税前)(每加仑美分)	中等
	销售净利率,6个中的排名	大量

续 表

目 标	考评指标	评价频率
最低成本	总运营开支(每加仑美分)	中等
实现利润增长目标	销量增长,汽油零售量(%)	中等
	销量增长,蒸馏物大量销量	中等
	销量增长,润滑油(%)	中等
顾 客		
持续取悦目标顾客	市场份额(%)	大量
	行路族(%)	大量
	忠诚族(%)	大量
	3F 族(%)	大量
	神秘购买者(%)	中等
内 部		
提高我们伙伴的收益性	总毛利,分成	大量
提高 EHS 绩效	安全事件(离岗工作日)	大量
	环境事件	大量
产品、服务和 APC 发展	APC 销售毛利率[(店/月)/百万美元]	大量
更低制造成本和竞争	精炼厂 ROE(%)	大量
	精炼厂开支(美分/UEDC)	中等
	精炼厂可靠性指数(%)	中等
改进硬件绩效	精炼厂安全事故	大量
	LDC 与最好的公司供应对比——汽油(每加仑美分)	大量
降低投入成本	LDC 与最好的公司供应对比——地区(每加仑美分)	大量
存货管理	存货水平(MMBbl)	中等
	可提供产品指数(%)	中等
	质量指数	大量
学习和成长		
组织参与	环境调查指数	中等
核心竞争力和技能	战略能力有效性(%)	充分
战略性信息的获得	战略系统有效性	充分

本章小结

企业的业绩评价系统是企业组织管理控制系统的重要构成部分,它在很大程度上影响着企业的经营业绩。平衡记分卡是一个集长期指标和短期指标、财务指标与非财务指标、内部指标与外部指标为一体的业绩评价新方法。它认为影响公司经营成败的关键因素有顾客、学习和成长、内部过程、财务4个方面。平衡计分卡在理论和实践之间架起了一座"桥梁",不仅仅是一个战略性的或经营性的衡量系统,更是一个战略管理系统,从长期的角度规划企业战略。从最初的平衡计分卡到战略地图,平衡计分卡已经发展成一个"描述战略、衡量战略和管理战略"的严密逻辑体系。

案例分析

凯利公司是一家从事服务业的中型企业。2020年年初,公司开始尝试采用平衡计分卡来评价其业绩,并作为公司激励机制的基础。为此,公司采取了一系列的行为:制定并向所有员工传达了公司的战略目标,搜集资产的数据,对内部经营成本进行细致分析,搜集并定期报告顾客数据等。在此基础上,公司列出了12项评价指标,并将其填入一张平衡计分卡中。平衡计分卡制定之后,公司开始关注与员工的沟通,积极开发客户,定期与客户进行交流,有计划地进行员工培训,进行内部成本核算等。2020年年底,在公司的年度总结会议上,总经理意外发现,平衡计分卡并没有带来预期的利润增加、成本降低、员工满意度提高等效果;相反,相当一部分员工并不认可这种创新性的管理活动,甚至一些部门的主管还抱怨平衡计分卡的指标不符合本部门的实际情况。面对这种状况,总经理开始考虑是否要继续实施平衡计分卡。

讨论:
1. 为该公司设计一张以注重经营改进为目标的平衡计分卡。
2. 帮助总经理分析,为什么平衡计分卡的实施并没有取得预期的效果?

课后训练

思考题

1. 什么是业绩评价?
2. 财务业绩评价的局限性有哪些?
3. 什么是平衡记分卡?
4. 平衡记分卡包括哪些内容?
5. 简述平衡记分卡的实施步骤。

第十四章
战略管理会计

 **学习目标**

通过本章的学习,了解企业战略管理会计与企业战略之间的关系;了解战略管理会计产生及其背景和特点;掌握战略管理会计研究内容、方法;了解战略管理会计发展趋势。

微课

技能要求

学会从企业战略的高度去理解并掌握企业日常经营决策,使企业任何一项决策都符合战略的要求。

案例导入

戴尔通过"按订单装配"的大规模定制生产模式,利用现代化的网络技术将批量生产的低成本优势与个性化定制生产的高附加值优势完美地结合起来,这不仅降低了其库存成本、搜集到了顾客的需求信息,而且还大大提高了顾客的满意度。戴尔通过建立一个超高效的供应链和生产流程管理,实现了即时生产和零库存,并且与供应商虚拟整合,构建了核心竞争力,而这一切都依赖于标准化的产品零部件设计和先进的信息技术平台。戴尔正在逐步转向全球范围的综合供应链管理,这样各生产工厂和供应商之间就形成了巨大的供应链体系,在全球范围内有效地实现了整合,使资源配置更加高效合理。面对竞争日益激烈的市场,企业要想在市场竞争中占得先机并持续发展,生产模式和管理思想的革新就势在必行,即要建立战略合作的外部协作关系,快速整合企业外部资源,确保组织能够快速供应,并且应对所有供应厂商的制造资源进行统一调配与集成,有效地对供应商进行整体评价,与供应商建立战略合作同盟;同时要准确、快速地把握客户需求,建立以顾客为中心的客户关系管理;建立及管理客户数据库系统,开展"一对一"营销,建立网络营销平台,这样才能确保在战略管理中获得成功。

思考:分析战略管理会计与传统管理会计的区别。

第一节 战略管理会计概述

一、战略管理与战略管理会计的产生

20世纪50年代,战略作为一种企业管理的方法或手段成为企业管理学中的一个研究领

域。随着市场需求结构变化、科技进步加快、竞争日趋激烈、资源短缺等这些企业生存和发展依赖的外部环境发生重大变化,战略管理的大门渐渐开启。管理者越来越认识到企业之间的竞争已从低层次的产品营销竞争发展到高层次的全局性战略竞争,战略上的成功是企业在全球性激烈竞争中求生存、谋发展的根本保证。而作为管理支持系统的管理会计也必须具备战略管理的功能——提供企业外部市场和竞争对手的信息,协助企业制定实施战略计划以获取竞争优势。

 **知识链接**

战略管理的发展

企业战略理论研究时间并不长,自20世纪60年代到现在仅50多年的理论发展。从时间跨度来看,主要经历了以下几个发展阶段。① 20世纪60年代,管理学家钱德勒被公认为环境—战略—组织理论的第一位企业战略专家。② 20世纪80年代的战略管理理论。这时期以哈佛大学商学院的迈克尔·波特为代表的竞争战略理论取得了战略管理理论的主流地位。③ 20世纪90年代早期战略管理理论。形成了战略理论中的核心能力学派和企业的资源观,公司的竞争优势取决于其拥有的有价值的资源。④ 20世纪90年代后期战略管理理论新发展。通过创新和创造来超越竞争开始成为企业战略管理研究的一个新焦点。20世纪90年代后期制定战略应着眼于创造新的微观经济和财富,即以发展新的循环来代替狭隘的以行业为基础的战略设计。

战略管理会计的概念是由英国学者肯尼斯·西蒙兹在20世纪80年代提出的。20世纪80年代是管理学界新概念、新方法大量涌现的时代。战略管理会计的产生折射出时代发展的必然性。

(一)市场需求结构的变化

20世纪60年代以后,以美国为代表的发达国家进入了后工业化时代。由于工业时代的发展,基本消费品需求日趋饱和,大批基本消费品生产企业陷入困境,社会需求由数量增长向质量、多样化和个性化转化,产品寿命周期缩短,这要求企业必须跟随市场需求不断创新、调整产品。

(二)科技进步和制造环境的变化

需求的结构变化刺激了科技进步,使得技术进步和更新速度加快,技术周期缩短。一些高级的制造技术和生产技术使企业的生产组织方式发生了根本变化。市场需求的多样化促使企业必须对市场细分,于是由原来的大规模、大批量生产转化成多产品、小批量生产。这就对企业市场调研能力和产品开发水平的要求越来越高,因此,管理会计必须能够提供及时有效的信息。

(三)企业管理内外部环境的变化

传统的内部管理体制已不能满足日新月异的外部变化,为了取得竞争优势,实现可持续发展,企业管理者不仅要提高内部运营效率,更要关注竞争对手,关注对外部环境变化的预测和把握,以便对企业的发展方向和道路做出全局性的长期筹划。所以,管理上对灵活性的要求也越来越高,这就要求企业建立新型的管理信息系统。

二、战略管理会计的特点

战略管理会计不是管理会计的新领域,而是突破了传统的管理会计研究内容,是管理会计发展的新方向。

(一) 围绕"战略三角"提供外向型信息

战略管理会计是为企业战略管理服务的会计,应该从战略的高度,围绕本企业、顾客和竞争对手组成的"战略三角",为企业高层领导站在战略的高度做出正确的决策,及时提供与企业战略性相关的有关顾客和竞争对手的外向型信息和相应的分析研究资料,使企业高层领导能够及时把握企业内外部环境和条件的变化,充分了解竞争对手,正确分析目前和潜在客户的需求,进而在以后较长的时间内能敏锐捕捉机遇和清醒认识风险。所有这些都是战略管理会计在企业正确制定战略决策及顺利实施方面的具体体现。

(二) 提供多样化信息

多样化信息克服了原始意义上的会计只强调提供财务信息的局限,为适应战略管理的要求,把会计提供的信息扩展到了更广的范围和更深的层次,包括财务的、非财务的,数量的、质量的,物质的、精神的,等等,从而为企业改善竞争地位实现长期的竞争优势创造有利条件。

(三) 综合性风险管理系统

战略管理会计要为企业战略服务就要不断地关注外部市场,关注"战略三角",而企业内外部环境随时面临不确定性和多变性,任何一项活动都使得企业时时面临风险。要实现企业长远、健康发展就必须进行综合性的风险管理。

(四) 对管理会计工作和工作人员的素质有了更高的要求

战略管理会计拓宽了管理会计人员的职能范围,使管理会计人员能够在更广泛的领域发挥聪明才干,但也面临着前所未有的挑战。战略管理会计对管理会计人员的要求更高,不仅提供简单的财务信息,更要求他们能够运用多种分析方法对包括财务信息在内的所有信息进行分析、评价,向管理层提供具有战略性的信息和建议。这些要求使得管理会计人员自身的素质必须加强和提高,将自己变为跨专业,具有广博知识、战略眼光、敏锐洞察力的高级管理顾问。

三、战略管理会计与传统管理会计的关系

传统管理会计只着重服务于本企业内部,仅履行内部管理职能,基本不涉及"战略三

角"。当企业的竞争尚处于低层次的产品营销竞争时,传统管理会计提供的信息能发挥重大作用,但当企业间的竞争已达到高层次的全球性战略竞争时,传统管理会计已跟不上形势变化,这时战略管理会计的兴起就成为历史的必然。所以,二者的不同是源于它们据以形成的社会经济发展的阶段性不同,但是不能认为战略管理会计取代了传统管理会计或是对传统管理会计的否定,而应该把战略管理会计看成是适应社会经济环境条件的变化对传统管理会计的丰富和发展。传统管理会计在战略时代的内部管理方面还是有广泛适用性的。因此,二者的关系不是互相排斥、非此即彼,而是不同层次、不同范围的互补关系。

知识链接

我国战略管理会计的发展

从 1996 年开始,战略管理会计在我国受到越来越多的关注,我国学者也对战略管理会计进行了大量的研究,并提出了自己的观点。我国早期对战略管理会计的研究主要集中于对战略管理会计的内涵、目标、地位、特征等进行介绍性研究。最近几年,一些学者进行了有关战略管理会计方法的研究,其中,比较具有代表性的研究有:余海宗将预警分析、目标成本管理法、作业成本法及产品生命周期成本法作为战略管理会计的方法;谢琨和刘思峰将价值链分析、竞争对手分析及质量成本分析列入战略管理会计的方法中,并加以论述。

第二节 战略管理会计的研究方法和主要内容

战略管理会计从战略的高度,围绕"战略三角",不仅提供具有战略相关性的外向型信息,也对企业内部信息进行战略审视,帮助企业进行竞争战略的制定和实施,并不断创造长期竞争优势,以实现企业可持续发展。因此,战略管理会计的研究方法和主要内容应以本企业为基点,着眼于竞争,用战略的眼光看待企业内外部信息和竞争对手信息。

一、研究方法

(一) 价值链分析法

战略管理会计对传统管理会计的突破之一在于分析问题不局限于一个会计主体,虽然立足本企业,但通过对比企业竞争对手、外部市场的变化来考察企业的竞争能力,前后联系分析企业的价值创造,从而形成价值链分析。

"价值链"由波特于 1985 年在其《优势竞争论》一书中提出。他认为任何企业的价值链都是由一系列相互联系的能够创造价值的作业构成。这些作业分布在从最初的原材料到最终的产品消费之间的每一个环节。价值链分析将价值的形成过程分解为战略性相关作业,把每个企业都当成整个价值创造作业链中的一环,分析每一个环节上的成本和效益。企业要想获得和保持竞争优势,仅仅了解企业所处的价值链阶段是不够的,还需要了解整个价值链系统。供应商、客户及供应商的供货商、客户的客户,他们的边际利润对企业的成本和产品优势有着密切的关系,因为价值链的终端即客户支付是整个价值链上所有边际利润的总和。

价值链法下,企业管理人员认真分析企业内外增值的每一个环节及相互之间的联系,提高企业创造价值的效率,降低一切可能降低的成本,为企业取得成本优势和竞争优势创造条件。

(二) SWOT 分析法

SWOT 分析法又称为态势分析法,是美国学者韦里克于 20 世纪 80 年代初提出来的,经常被用于企业战略制定、竞争对手分析等。SWOT,这 4 个英文字母分别代表:优势(Strength)、劣势(Weakness)、机会(Opportunity)、威胁(Threat)。企业用 SWOT 分析法进行战略分析时首先综合考虑企业内部条件和外部环境各项因素,确认企业各项业务活动面临的强势和弱势、机会与威胁,并据此选择企业战略。SWOT 分析法有 4 种不同的组合:SO 组合——优势+机会;WO 组合——弱点+机会;ST 组合——优势+威胁;WT 组合——弱点+威胁。

SO 战略是一种企业内部优势与外部机会相结合的战略,是一种理想的战略模式。当企业具有特定方面的优势,而外部环境又为发挥这种优势提供有利机会时,可以采取该战略。例如,良好的产品市场前景等外部条件,配以企业市场占有率提高等内在优势可成为企业收购竞争对手、扩大生产规模的有利条件。在此组合下,企业面临较多的机会和优势,宜执行增长战略。

WO 战略是利用外部机会来弥补内部弱点,使企业改劣势而获取优势的战略。虽然存在外部机会,但由于企业存在一些内部弱点而妨碍其利用机会,可采取措施先克服这些弱点。例如,当企业原材料供应不足或生产能力不够时但在产品市场前景看好的前提下,企业可利用供应商扩大规模、新技术设备降价、竞争对手出现意外等外部机会,实现纵向整合战略,重构企业价值链,以保证原材料供应,最终赢得竞争优势。在此组合下,企业的业务活动有较大的市场机会,同时内部弱势也较明显,这时企业应有效利用市场机会努力减少内部弱势,宜执行扭转战略。

ST 战略是指企业利用自身优势,回避或减轻外部威胁所造成的影响。例如,竞争对手采用较新的生产工艺和新技术来大幅度降低成本,给企业造成很大成本压力;同时消费者要求大幅度提高产品质量等,这些都会导致企业成本支出加大,使之在竞争中处于非常不利的地位,但如果企业现金充足、技术工人技术熟练、产品研发能力较强,那么企业便可利用这些优势开发新工艺,简化生产工艺过程,提高原材料利用率,从而降低材料消耗和生产成本。在此组合下,企业以自身的强势面对不利环境,利用现有强势在其他产品或市场上建立长期机会,执行多种经营战略。

WT 战略是一种旨在减少内部弱点,回避外部环境威胁的防御性战略。当企业现金状况恶化,原材料供应不足,生产能力不够且设备老化,使企业难以降低成本,同时外部环境不理想,市场不景气时,企业宜执行防御战略。

(三) 作业成本法

作业成本法是战略管理会计的基本理念和方法之一。该法以作业为基础,着眼于成本发生的动因,根据资源耗费的因果关系进行成本分析。其基本思路是:产品消耗作业,作业消耗资源。作业成本法克服了传统成本计算方法对间接费用处理模糊、不精确等缺陷,将一些不可控的间接成本变成了可控成本,为企业战略决策提供了相对精确的成本信息。作业成本法是一种先进的成本计算方法,也是成本计算与成本控制相结合的成本管理制度。其主要目的在于消除一切不增加价值的作业,提高增加价值的作业的运作效率和效益。

拓展提高

思考:战略管理会计是否还有其他的研究方法?如果有,请举例。

二、研究内容

战略管理会计的研究内容非常丰富,最常见的有成本战略管理、竞争战略分析、客户战略管理、战略性业绩评价、战略性投资规划等内容。

(一) 成本战略管理

成本战略管理是为了提高和保持企业持久的竞争优势而建立的成本系统。由于企业需要面对越来越复杂的顾客群,企业的生产战略就需要从产品价格、性能、质量综合考虑。因此企业的成本管理必须是一套集质量、性能、成本于一体的综合管理体系。在该体系中,由于外部环境的变化多端,成本便成为比产品质量、性能更为重要的令企业成功的因素。

1. 目标成本法

目标成本法是对未来产品进行成本管理的一种方法,是在产品生命周期的研发和设计阶段设计好产品的成本,而不是在制造过程中试图降低的成本。为了降低未来产品的成本,不仅要求对本企业成本进行有效管理,还要对整个供应链成本进行有效管理,真正降低未来产品成本。其计算公式为:

$$目标成本 = 目标价格 - 目标利润$$

目标价格是市场上客户可以接受的价格。目标利润是企业根据现有实际情况和对竞争优势分析计算出来的预期利润。这个目标成本法与传统管理会计所提到的目标成本法类似,只不过战略管理会计中的目标成本更具有约束性和刚性,不能突破,因为要保证投产以后的利润。目标成本法是一种管理方法,而不仅仅是成本控制方法,是一种利润计划和成本管理综合的方法,不论在生产方面还是在服务成本方面都可以进一步增加效率。

2. 作业成本法

与目标成本法不同的是,作业成本法更多的是对现有产品进行成本管理。作业成本法除了前面提到的方法外还可以将间接的制造费用归属于每一项作业后,再由每一项作业分配到生产线中去而不是直接分配给产品。这样做的理由是企业并不因为一种产品的亏损而停止该产品的生产,而是以整个生产线所有产品的盈亏总额作为决策的依据。作业成本管理以作业为纽带,结合成本核算和成本管理,不断消除非增值环节,实现持续改善,达到客户价值主张,最终实现企业战略目标。

(二) 竞争战略分析

"竞争战略"是由当今全球第一战略权威,被誉为"竞争战略之父"的美国学者波特于1980年在其出版的《竞争战略》一书中提出的,属于企业战略的一种。它是指企业在同一使用价值的竞争上采取进攻或防守的长期行为。

(1) 竞争战略的第一个中心思想是企业必须要深入了解决定"产业吸引力"的竞争法则。因为决定企业获利能力的首要因素是产业吸引力。竞争法则可以用五种竞争力来具体分析,这五种竞争力是:新加入者的威胁、客户的议价能力、替代品或服务的威胁、供货商的议价能力及既有竞争者。这5种竞争力能够决定产业的获利能力,会影响产品的价格、成本与必要的投资,也决定了产业结构。企业如果要想拥有长期的获利能力,就必须先了解所处的产业结构,并塑造对企业有利的产业结构。

(2) 竞争战略分析的第二个中心思想是:企业在产业中的相对位置。竞争位置会决定企业的获利能力是高出还是低于产业的平均水平,即使在产业结构不佳,平均获利水平差的产业中,竞争位置较好的企业,仍能获得较高的投资回报。

每个企业都会有许多优点或缺点,任何优点或缺点都会对相对成本优势和相对差异化产生作用。成本优势和差异化都是企业比竞争对手更擅长五种竞争力的结果。将这两种基本的竞争优势与企业相应的活动相结合,就可得出可让企业获得较好竞争优势位置的3种一般性战略,即总成本领先战略、差别化战略及专一化战略。

1. 总成本领先战略

总成本领先战略要求企业必须建立起高效、规模化的生产设施,全力以赴地降低成本,严格控制成本、管理费用及研发、服务、推销、广告等方面的成本费用。为了达到这些目标,企业需要在管理方面对成本给予高度的重视,尽管质量、服务及其他方面也不容忽视,但贯穿整个战略之中的是使成本低于竞争对手。该公司成本较低,意味着当别的公司在竞争过程中已失去利润时,这个公司依然可以获得利润。总成本领先地位非常吸引人。一旦公司赢得了这样的地位,所获得的较高的边际利润又可以重新对新设备、现代设施进行投资以维护成本上的领先地位,而这种再投资往往是保持低成本状态的先决条件。例如,西南航空、戴尔、沃尔玛、丰田等公司都十分成功地向它们的客户提供了总成本最低的价值主张从而实现了自己的总成本领先战略。

2. 差别化战略

差别化战略是将产品或公司提供的服务差别化,树立起一些全产业范围中具有独特性的东西。实现差别化战略可以有许多方式,即设计名牌形象、技术上的独特、性能特点、顾客服务、商业网络及其他方面的独特性。最理想的情况是公司在几个方面都有其差别化特点。如果差别化战略成功地实施了,它就成为在一个产业中赢得高水平收益的积极战略,因为它建立起防御阵地对付五种竞争力量,虽然其防御的形式与成本领先有所不同。例如,像索尼、英特尔、奔驰这样的公司强调的就是差别化战略,它们总能提供性能出众、特征独特的产品,而这些特征和性能是最前卫的客户看重并愿意支付高价购买的。当然在建立公司的差别化战略的过程中总是伴随着很高的成本代价,有时即便全产业范围的顾客都了解公司的独特优点,也并不是所有顾客都将愿意或有能力支付公司要求的高价格。所以波特认为,推

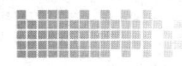

行差别化战略有时会与争取占有更大的市场份额的活动相矛盾。推行差别化战略往往要求公司对于这一战略的排他性有思想准备。这一战略与提高市场份额之间,二者不可兼顾。

3. 专一化战略

专一化战略是主攻某个特殊的顾客群、某产品线的一个细分区段或某一地区市场。正如差别化战略一样,专一化战略可以具有许多形式。虽然低成本与差别化战略都是要在全产业范围内实现其目标,专一化战略的整体却是围绕着"很好地为某一特殊目标服务"这一中心建立的,它所开发推行的每一项职能化方针都要考虑这一中心思想。这一战略依靠的前提思想是:公司业务的专一化能够以更高的效率、更好的效果为某一狭窄的战略对象服务,从而超过在较广阔范围内竞争的对手们。波特认为这样做的结果是公司或通过满足特殊对象的需要而实现了差别化,或者在为这一对象服务时实现了低成本,或者二者兼得。这样的公司可以使其盈利的潜力超过产业的普遍水平。这些优势保护公司抵御各种竞争力量的威胁。但专一化战略常常意味着限制可以获取的整体市场份额。专一化战略必然包含着利润率与销售额之间互以对方为代价的关系。

波特认为,这3种战略是每一个公司必须明确的,因为徘徊其间的公司处于极其糟糕的战略地位。这样的公司缺少市场占有率,缺少资本投资,从而削弱了"打低成本牌"的资本。全产业范围的差别化的必要条件是放弃对低成本的努力,而采用专一化战略,在更加有限的范围内建立起差别化或低成本优势,更会有同样的问题。徘徊其间的公司几乎注定是低利润的,所以它必须做出一种根本性战略决策,向3种通用战略靠拢。一旦公司处于徘徊状况,摆脱这种令人不快的状态往往要花费一定时间并经过一段持续的努力。而相继采用这3个战略,波特认为注定会失败,因为它们要求的条件是不一致的。

竞争优势是所有战略的核心,企业要获得竞争优势就必须做出选择,必须决定希望在哪个范畴取得优势。全面出击的想法既无战略特色,也会导致低于水准的表现,它意味着企业毫无竞争优势可言。

(三) 客户战略管理

客户管理较多地反映了现代企业战略的新内容。在工业时代,战略是由产品驱动的,建立客户关系并不是优先考虑的事。新经济已经提升了客户关系的重要性,从战略成功角度看,尽管创造和日常运营管理仍很重要,但计算机、网络、数据库软件等的发展已经将力量从生产者一方转移到消费者一方,现在是由客户发起交易。例如,戴尔和李维斯的客户利用各自的网址来设计自己的产品规格;在沃尔玛销售终端记录的客户采购数据将引发卖方生产场所的生产转运。企业必须以客户为中心,按照市场要求快速反应,提高客户满意度,最终实现客户价值主张。

卡普兰和诺顿在二人出版的《战略地图》一书中对客户战略管理提出以下4个管理流程。

1. 选择客户

确定哪些细分市场是企业要重点管理的,并积极构思吸引这些客户的价值主张,创建公司产品和服务品牌来吸引这些客户。

2. 获得客户

获得新客户是客户战略管理中最困难和成本最高的流程。企业必须通过他们已经选择

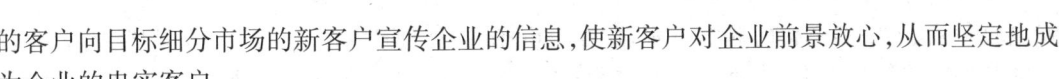

的客户向目标细分市场的新客户宣传企业的信息,使新客户对企业前景放心,从而坚定地成为企业的忠实客户。

3. 保留客户

企业认识到保留客户远比用新客户取代老客户的成本费用低得多,所以,企业必须持续不断地提高产品和服务的质量,必须重视客服中心和呼叫中心等部门,增强客户的忠诚度,以减少客户的流失。当客户对企业的产品或服务表示满意或不满意时,表明这部分潜在的客户给企业提供了改善问题和抓住机遇的信息,这对企业是很重要的。

4. 增加客户

客户增加是客户战略管理的最终目标。企业在维持现有顾客方面的收益超过成本时,增加新客户才是有意义的。客户的保留和增加是客户满意度、客户价值实现的最终体现。

(四) 战略性业绩评价

企业传统的业绩评价系统是财务会计系统,这种系统将员工能力、数据信息、客户关系、质量、创新、服务等方面的投资简单地作为当期的费用,仅以财务指标的形式考核组织业绩,却无法衡量和管理诸如人力资本、信息资本、组织管理这样的无形资产能力的提高所创造的价值,所以用财务指标作为业绩评价的依据时效性差,与决策的相关性低,这显然不能满足日益变化的外部环境和企业战略竞争的需要,引入与战略决策相关性较高的其他非财务指标作为业绩评价指标已是一种必然。从战略的角度讲,非财务指标比财务指标更能说明问题。财务指标只注重结果而忽略过程,而引入非财务指标的战略性业绩评价系统则将评价指标和企业战略相结合,根据不同的战略采用不同的指标,既能考核分析企业战略执行结果又能评价分析取得这一结果的过程。所以,战略管理会计中的业绩评价体系是一个整体业绩评价体系,能获得成本及其他相关信息并在战略管理的每一步具体应用,强调业绩评价必须要满足管理者的信息需求,以便于企业寻找战略优势。

卡普兰提出的平衡计分卡是目前应用最为广泛的一种战略绩效管理及评价工具,是加强企业战略执行力的最有效的战略管理工具。平衡计分卡是从财务、客户、内部运营、学习与成长4个角度,将组织的战略落实为可操作的衡量指标和目标值的一种新型绩效管理体系。设计平衡计分卡的目的就是要建立"实现战略制导"的绩效管理系统,从而保证企业战略得到有效的执行。

拓展提高

思考: 目前比较流行的业绩评价方法还有 EVA 法,能不能把二者结合起来构建一个综合的适应战略性业绩评价的体系。

(五) 战略性投资规划

投资决策是管理会计中一项非常重要的内容,对投资项目进行传统评价主要是通过对项目持续期间产生的全部净现金流量按照既定的贴现率(资本成本率或最低的投资回报率)贴现为净现值或年均成本(年均净现值),然后进行比较研究。这种方法主要考虑的是财务效益,这与传统的劳动密集型和低技术生产条件相适应。但是,随着全球经济一体化,企业间的竞争已不再是单纯的产品竞争,所以对投资项目的取舍也不能简单地以财务效益来衡量,要更多地考虑多样化的非财务效益,如对市场的反应速度、生产经营的协调性、对企业日后的长期影响等。可见,投资项目的取舍不能僵化地用财务效益模式,而是必须把数量因素与质量因素并重,结合货币计量与非货币计量、综合计算与综合分析。

在战略性投资管理中,除了定量分析方法,使用更多的是定性分析方法,如价值链分析、竞争优势分析等。使用定性方法主要是因为一些影响投资项目的因素无法准确地用数字计算和货币计量,而这些因素往往对投资方案有着重要的影响。例如,当企业投资的一个项目所生产出来的产品因为质量问题得到客户的投诉,发生的一些修理费等是可以用货币计量的,但由此形成的对企业形象造成的不良影响、客户流失等损失却是无法计量的。这些非财务效益就必须通过定性分析方法加以考虑。

第三节 战略管理会计在实际中的应用举例

例 14-1 从战略管理会计角度进行零部件自制与外购的决策。某公司是一家小型企业,由于公司在服务和产品方面有很好的信誉,因此顾客数量在不断增长。该公司所需零部件的采购成本是 500 元,其中价值 300 元的部分也可以自制,自制的单位材料成本是 190 元/件,每月的人工和设备成本是 55 000 元。该公司目前拟进行该部分零部件是自制还是外购的决策。

如果该公司自制零部件,还拟将营销、运送货物和服务外包给 M 公司,这样每月可为该公司节约成本 175 000 元。外包的合同价是每月平均销售 600 件产品的基础上,每件的价格是 130 元。该公司利用价值链、竞争能力等分析对此进行最终的综合决策。

该公司利用价值链分析确定,价值链上所有作业环节包括产品设计、原材料采购、零部件的取得、产品的装配、销售与最终到消费者手中 6 个。除上述资料外,该公司目前的主要作业生产是将从外部公司购入的零部件和少量的金属加工件装配成产品,装配的单位成本是 250 元/件。依据上述资料,该公司据此编制的价值链分析如表 14-1 所示。分别按传统管理会计和战略管理会计的方法为该企业做出零部件是自制还是外购的决策。

表 14-1 公司的价值链分析

价值作业		方案 维持目前状况 (外购零部件)	自制零部件(同时外包销售、 货物运送和服务)
设计		该公司与此价值链无关	该公司与此价值链无关
原材料采购		该公司与此价值链无关	该公司与此价值链无关
零部件	外购的零部件	采购这些零部件的单位成本是 200 元/件	采购这些零部件的单位成本是 200 元/件
	既可自制又可外购	采购这些零部件的单位成本是 300 元/件	该公司的单位材料成本为 190 元,外加每月固定费用 55 000 元
装配		单位成本为 250 元/件	单位成本为 250 元/件
销售、货物运送和售后服务		每月成本为 175 000 元	外包给 M 公司,单位成本为 130 元/件

第十四章 战略管理会计

依据题意,假设该公司的月销售量为 600 台。

① 按照传统管理会计,两个方案的相关成本计算如下:

方案一的相关成本=300×600+175 000=355 000(元)

方案二的相关成本=(190+130)×600+55 000=247 000(元)

计算结果表明,该公司应选择方案二,这样可以使该公司每月节约成本 108 000 元(=355 000-247 000)。

② 从战略管理会计的角度看,该公司必须结合公司的竞争战略情况进行综合考虑。首先,如果该公司认为销售之所以不断增长的原因是顾客满足于该公司的服务和产品,这是该公司的优势。如果将该公司的销售、货物运送和服务外包给其他公司,这是不明智的,这样做有可能会降低该公司的市场份额。其次,如果该公司变外购零部件为自制零部件,这样就会走向与其他制造商进行低成本竞争的道路。而该公司的规模较小,若与产业价值链该环节中已经存在并富有竞争力的大公司相互竞争,该公司实行低成本竞争成功的可能性不大,因为这不是其优势所在。

因此,从战略管理会计的角度来看,应选择方案一。但该方案的成本较高,应予以高度重视,经过进一步的分析,该公司确定了成本高的相关作业,从而为采取措施降低成本提供了依据。另外通过上述分析,该公司的竞争优势和劣势予以充分揭示,这为公司的战略修订与决策提供了重要的信息。

例 14-2 从战略管理会计角度进行项目投资的综合决策。甲公司是一个进行多种经营的企业,拟投资开发一种销路没有问题的 A 产品。全部投资均由自有资金解决,行业基准折现率为 20%;相关的固定资产投资为 250 000 元,使用寿命期为 10 年,期末无残值,按直线法折旧;不涉及追加流动资金和其他投资。建设期为 0,于 2017 年年初完工投产。预计年生产能力为 40 000 件,新产品的单价为 10 元/件,单位变动成本为 5 元/件,固定成本为 100 000 元(不考虑所得税)。

该公司依据上述资料进行如下计算:

年利润=(10-5)×40 000-100 000=100 000(元)

年折旧=(250 000-0)÷10=25 000(元)

各年的净现金流量为:

NCF_0=-250 000(元)

NCF_{1-10}=100 000+25 000=125 000(元)

投资利润率=(100 000÷250 000)×100%=40%

静态投资回收期=250 000÷125 000=2(年)

项目净现值=NCF_0+NCF_{1-10}×(P/A,20%,10)

=-250 000+125 000×4.192 47≈274 059(元)

计算结果表明,生产该新产品的净现值 NPV 大于 0,投资利润率很高,具有财务的可行性,因此该公司决定生产该新产品。对这种分析进行评价。

上述分析依据传统的投资评价指标仅局限于投资项目本身进行分析,它没有考虑投资项目未来对其他竞争者所产生的影响,其决策建立在没有其他竞争者介入的前提下,而这种假设在现实中是不成立的。因为由于该新产品的盈利能力强,投资利润率高达 40%,而市场又看好,产品销路不成问题,这样其他企业就会设法进入该领域,成为甲公司的竞争对手,从而降低甲公司的未来投资利润率,而这种威胁不能不加以考虑。

因此传统项目投资分析的不足之处在于战略估计不足,考虑的问题不够全面,需在原有分析的基础上,站在战略的高度进一步研究该项目对其他竞争者所产生的影响,并进行最终的综合决策。

假设甲公司没有采取任何有利的防御措施,致使新成立的乙公司轻易介入该产品的生产。乙公司于2018年年初正式投产,产品的单价为9元/件,单位变动成本为4.5元/件,其他条件与甲公司保持一致。

乙公司进行的分析评价如下:

年利润=(9−4.5)×40 000−100 000=80 000(元)

年折旧=(250 000−0)÷10=25 000(元)

各年的净现金流量为:

NCF_0=−250 000(元)

NCF_{1-10}=80 000+25 000=105 000(元)

投资利润率=(80 000÷250 000)×100%=32%

静态投资回收期=250 000÷105 000≈2.38(年)

净现值=NCF_0+NCF_{1-10}×(P/A,20%,10)

　　　=−250 000+105 000×4.192 47≈190 209(元)

由于乙公司的介入,必将对甲公司产生影响。假设2018年由于经验效应,甲公司的单位变动成本降至4元/件,而售价下降为9元/件,则甲公司2018年所获实际利润为100 000元[=(9−4)×40 000−100 000]。

可见,甲公司由于经验效应,单位变动成本的下降抵消了产品售价下降的不利影响,从而使2018年的利润与2017年的利润相等。

在这种情况下,甲公司仍没有采取任何有利的防御措施。而乙公司由于刚刚成立,阻止新的竞争对手进入本行业的措施不佳,效果不明显。这样,资金实力雄厚的丙公司看到该产品的盈利能力仍然很强,因此投入比甲公司多1倍的资金用于购建固定资产,年生产能力达80 000件,并于2019年年初正式投产。

由于经济规模的效应,丙公司的成本明显偏低,产品的单位变动成本为3元/件,固定成本为96 000元。在这种情况下,丙公司将产品售价定为6.5元/件,则丙公司进行的项目评价如下:

年利润=(6.5−3)×80 000−96 000=184 000(元)

年折旧=(250 000×2−0)÷10=50 000(元)

各年的净现金流量为:

NCF_0=−500 000(元)

NCF_{1-10}=184 000+50 000=234 000(元)

由于丙公司的进入,使产品的售价大幅度下降,这样对原有的甲、乙两个公司均产生重大的冲击。甲、乙两个公司由于经验效应,其单位变动成本分别下降为3.5元/件、4元/件,两个公司2019年所获利润分别计算如下:

甲公司利润=(6.5−3.5)×40 000−100 000=20 000(元)

第十四章　战略管理会计

乙公司利润=(6.5-4)×40 000-100 000=0(元)

可见,由于丙公司的冲击,甲公司由原来的高盈利变为微利,而乙公司则由原来的高盈利转为保本,这样乙公司会被迫停产或被其他公司兼并;至于甲公司,如果不采取任何有力措施而继续生产,很有可能会由于其他新竞争者的进入而变为亏损。在这种情况下,甲公司如果想在竞争中重新获得竞争地位,应采取的措施是:一方面采用比丙公司更为先进的工艺和技术,更新换代原有产品;另一方面由于市场容量无限制,应兼并乙公司或扩大投资规模,从而形成更新换代产品的经济规模,否则就应停止该产品的生产或转产。

甲公司失败的教训给我们的启示如下:

(1) 竞争者进入的前提条件。如果某一产品或某一产业的投资利润率很高,则必然会吸引更多的竞争者进入。乙公司、丙公司正是基于此而进入该产业的。

(2) 项目评价时,应进行非确定条件下的分析评价。上述实例中的分析评价均为确定条件下的分析评价,而实际上,进行非确定条件下的战略评价更为重要。如果甲公司在充分估计竞争对手可能进入的基础上来预计产品的售价及成本,可能所得出的评价结论并不会那么乐观。例如,将上述实例中前3年的数据作为甲公司项目最初评价的预测值,并在此基础上估算后7年的各年利润,甲公司会发现后几年可能会亏损。

(3) 对于新竞争者的进入,企业应采取有效的措施防范。在上述实例中,如果甲公司已估计到可能存在新的竞争者,而市场容量又无限制时,甲公司应继续投资,这样可以形成经济规模,从而扩大市场份额,对新进入者构成一种威胁。另外,当新竞争者进入后,甲公司应更新产品,这样可保持其原有的竞争地位,不断吸引潜在的顾客,从而扩大市场份额。一旦市场容量存在限制,在这种情况下,就可以挤垮竞争者。

本章小结

战略管理会计是以战略管理为基础,是为企业战略管理服务的会计,是一种具有真正创新意义的新型管理会计。它突破了现代管理会计的局限,别开生面地形成了信息系统,构成企业战略管理的中枢神经系统,贯穿企业战略的始终。战略管理会计的特点、研究方法和主要研究内容都不同于传统管理会计,体现了战略的思想和管理艺术。

案例分析

胜利啤酒最近在一个拥有500万人口的M市收购了一家啤酒厂,不仅在该市取得了95%以上市场占有率的绝对垄断,而且在全省的市场占有率也达到了60%以上,成了该市啤酒业的龙头老大。M市还有一个凯胜啤酒公司,3年前也是该市啤酒业的"老大"。然而,最近凯胜啤酒因经营不善全资卖给了一家境外公司。凯胜啤酒在被收购后,该境外公司立刻花近亿的资金搞技改,还请了啤酒厂的专家狠抓质量。但是新老板很清楚凯胜啤酒公司"最短的那块板"就是营销。为一举获得M市的市场,凯胜不惜代价从外企挖了3个营销精英,高薪招聘20多名大学生,花大力气进行培训。市内啤酒市场的特点是季节性强,主要在春末、夏季及初秋的半年多时间。一年的大战在4、5、6三个月基本决定胜负。作为快速消费品,啤酒的分销网络相对稳定,主要被大的一级批发商控制。凯胜啤酒没有选择正面强攻,主要依靠直销作为市场导入的铺货手段,由销售队伍去遍布M市的数以万计的零售终端销售,覆盖率和重复购买率都大大超出预期目标。但是,凯胜在取得第一轮胜利的同时,也遇到了内部的管理问题:该公司过度强调销售,以致把结算流程、财务制度和监控机制都甩在一边;销售团队产生了骄傲轻敌的浮躁,甚至上行下效,不捞白不捞;公司让部分城区经理自任经销商,出现了赊公司货、白用公司的运货车做生意的现象,同时还拿经理级别的工资;库房出现了无头账,查无所查,连去哪都不知道。

面对竞争,胜利啤酒在检讨失利的同时,依然对前景充满信心。他们认为对手在淡季争得的市场份额,如果没有充足的产量做保障,肯定要跌下来;而且胜利的分销渠道并没有受到冲击,凯胜公司强入零售网点不过是地面阵地的穿插。如今,啤酒销售的旺季,也就是决胜的时候快到了,你认为胜利啤酒应该怎样把对手击退,巩固自己的市场领导地位呢?

讨论:
1. 运用SWOT分析法,分析胜利啤酒所面临的环境。
2. 如何评价凯胜啤酒的竞争战略?
3. 胜利啤酒应采用哪种战略?

课后训练

思考题

1. 战略管理会计与传统管理会计的关系是什么?
2. 战略管理会计与传统管理会计相比具有哪些主要特征?
3. 战略管理会计主要研究哪些内容?

附录A 一元复利终值系数表(FVIF表)

n	3.00%	4.00%	5.00%	6.00%	7.00%	8.00%	10.00%	12.00%	14.00%	16.00%	18.00%	20.00%	25.00%	30.00%
1	1.030	1.040	1.050	1.060	1.070	1.080	1.100	1.120	1.140	1.160	1.180	1.200	1.250	1.300
2	1.061	1.082	1.103	1.124	1.145	1.166	1.210	1.254	1.300	1.346	1.392	1.440	1.563	1.690
3	1.093	1.125	1.158	1.191	1.225	1.260	1.331	1.405	1.482	1.561	1.643	1.728	1.953	2.197
4	1.126	1.170	1.216	1.262	1.311	1.360	1.464	1.574	1.689	1.811	1.939	2.074	2.441	2.856
5	1.159	1.217	1.276	1.338	1.403	1.469	1.611	1.762	1.925	2.100	2.288	2.488	3.052	3.713
6	1.194	1.265	1.340	1.419	1.501	1.587	1.772	1.974	2.195	2.436	2.700	2.986	3.815	4.827
7	1.230	1.316	1.407	1.504	1.606	1.714	1.949	2.211	2.502	2.826	3.185	3.583	4.768	6.275
8	1.267	1.369	1.477	1.594	1.718	1.851	2.144	2.476	2.853	3.278	3.759	4.300	5.960	8.157
9	1.305	1.423	1.551	1.689	1.838	1.999	2.358	2.773	3.252	3.803	4.435	5.160	7.451	10.604
10	1.344	1.480	1.629	1.791	1.967	2.159	2.594	3.106	3.707	4.411	5.234	6.192	9.313	13.786
11	1.384	1.539	1.710	1.898	2.105	2.332	2.853	3.479	4.226	5.117	6.176	7.430	11.642	17.922
12	1.426	1.601	1.796	2.012	2.252	2.518	3.138	3.896	4.818	5.936	7.288	8.916	14.552	23.298
13	1.469	1.665	1.886	2.133	2.410	2.720	3.452	4.363	5.492	6.886	8.599	10.699	18.190	30.288
14	1.513	1.732	1.980	2.261	2.579	2.937	3.797	4.887	6.261	7.988	10.147	12.839	22.737	39.374
15	1.558	1.801	2.079	2.397	2.759	3.172	4.177	5.474	7.138	9.266	11.974	15.407	28.422	51.186
16	1.605	1.873	2.183	2.540	2.952	3.426	4.595	6.130	8.137	10.748	14.129	18.488	35.527	66.542
17	1.653	1.948	2.292	2.693	3.159	3.700	5.054	6.866	9.276	12.468	16.672	22.186	44.409	86.504
18	1.702	2.026	2.407	2.854	3.380	3.996	5.560	7.690	10.575	14.463	19.673	26.623	55.511	112.455
19	1.754	2.107	2.527	3.026	3.617	4.316	6.116	8.613	12.056	16.777	23.214	31.918	69.389	146.192
20	1.806	2.191	2.653	3.207	3.870	4.661	6.727	9.646	13.743	19.461	27.393	38.338	86.736	190.050
25	2.094	2.666	3.386	4.292	5.427	6.848	10.835	17.000	26.462	40.874	62.669	95.396	264.698	705.641
30	2.427	3.243	4.322	5.743	7.612	10.063	17.449	29.960	50.950	85.850	143.371	237.376	807.794	2 619.996

附录 B 一元复利现值系数表（PVIF 表）

n	3.00%	4.00%	5.00%	6.00%	7.00%	8.00%	10.00%	12.00%	14.00%	16.00%	18.00%	20.00%	25.00%	30.00%
1	0.971	0.962	0.952	0.943	0.935	0.926	0.909	0.893	0.877	0.862	0.848	0.833	0.800	0.769
2	0.943	0.925	0.907	0.890	0.873	0.857	0.826	0.797	0.770	0.743	0.718	0.694	0.640	0.592
3	0.915	0.889	0.864	0.840	0.816	0.794	0.751	0.712	0.675	0.641	0.609	0.579	0.512	0.455
4	0.889	0.855	0.823	0.792	0.763	0.735	0.683	0.636	0.592	0.552	0.516	0.482	0.410	0.350
5	0.863	0.822	0.784	0.747	0.713	0.681	0.621	0.567	0.519	0.476	0.437	0.402	0.328	0.269
6	0.838	0.790	0.746	0.705	0.666	0.630	0.565	0.507	0.456	0.410	0.370	0.335	0.262	0.207
7	0.813	0.760	0.711	0.665	0.623	0.584	0.513	0.452	0.400	0.354	0.314	0.279	0.210	0.159
8	0.789	0.731	0.677	0.627	0.582	0.540	0.467	0.404	0.351	0.305	0.266	0.233	0.168	0.123
9	0.766	0.703	0.645	0.592	0.544	0.500	0.424	0.361	0.308	0.263	0.226	0.194	0.134	0.094
10	0.744	0.676	0.645	0.558	0.508	0.463	0.386	0.322	0.270	0.227	0.191	0.162	0.107	0.073
11	0.722	0.650	0.585	0.527	0.475	0.429	0.351	0.288	0.237	0.195	0.162	0.135	0.086	0.056
12	0.701	0.625	0.557	0.497	0.444	0.397	0.319	0.257	0.208	0.169	0.137	0.112	0.069	0.043
13	0.681	0.601	0.530	0.469	0.415	0.368	0.290	0.229	0.182	0.145	0.116	0.094	0.055	0.033
14	0.661	0.578	0.505	0.442	0.388	0.341	0.263	0.205	0.160	0.125	0.099	0.078	0.044	0.025
15	0.642	0.555	0.481	0.417	0.362	0.315	0.239	0.183	0.140	0.108	0.084	0.065	0.035	0.020
16	0.623	0.534	0.458	0.394	0.339	0.292	0.218	0.163	0.123	0.093	0.071	0.054	0.028	0.015
17	0.605	0.513	0.436	0.371	0.317	0.270	0.198	0.146	0.108	0.080	0.060	0.045	0.023	0.012
18	0.587	0.494	0.416	0.350	0.296	0.250	0.180	0.130	0.095	0.069	0.051	0.038	0.018	0.009
19	0.570	0.475	0.396	0.361	0.277	0.232	0.164	0.116	0.083	0.060	0.043	0.031	0.014	0.007
20	0.554	0.456	0.377	0.312	0.258	0.215	0.149	0.104	0.073	0.051	0.037	0.026	0.012	0.005
25	0.478	0.375	0.295	0.233	0.184	0.146	0.092	0.059	0.038	0.025	0.016	0.011	0.004	0.001
30	0.412	0.308	0.231	0.174	0.131	0.099	0.057	0.033	0.020	0.012	0.007	0.004	0.001	0.000

附录 C 一元年金终值系数表(FVIFA 表)

n	3.00%	4.00%	5.00%	6.00%	7.00%	8.00%	10.00%	12.00%	14.00%	16.00%	18.00%	20.00%	25.00%	30.00%
1	1.000	1.000	1.000	1.000	1.000	1.000	1.000	1.000	1.000	1.000	1.000	1.000	1.000	1.000
2	2.030	2.040	2.050	2.060	2.070	2.080	2.100	2.120	2.140	2.160	2.180	2.200	2.250	2.300
3	3.091	3.122	3.153	3.184	3.215	3.246	3.310	3.374	3.440	3.506	3.572	3.640	3.813	3.990
4	4.184	4.246	4.310	4.375	4.440	4.506	4.641	4.779	4.921	5.066	5.215	5.368	5.766	6.187
5	5.309	5.416	5.526	5.637	5.751	5.867	6.105	6.353	6.610	6.877	7.154	7.442	8.207	9.043
6	6.468	6.633	6.802	6.975	7.153	7.336	7.716	8.115	8.536	8.977	9.442	9.930	11.259	12.756
7	7.662	7.898	8.142	8.394	8.654	8.923	9.487	10.089	10.730	11.414	12.142	12.916	15.073	17.583
8	8.892	9.214	9.549	9.879	10.260	10.637	11.436	12.300	13.233	14.240	15.327	16.499	19.842	23.858
9	10.159	10.583	11.027	11.491	11.978	12.488	13.579	14.776	16.085	17.519	19.086	20.799	25.802	32.015
10	11.464	12.006	12.578	13.181	13.816	14.487	15.937	17.549	19.337	21.321	23.521	25.959	33.253	42.619
11	12.808	13.486	14.207	14.972	15.784	16.645	18.531	20.655	23.045	25.733	28.755	32.150	42.566	56.405
12	14.192	15.026	16.917	16.870	17.888	18.977	21.384	24.133	27.271	30.850	34.931	39.581	54.208	74.327
13	15.618	16.627	17.713	18.882	20.141	21.495	24.523	28.029	32.089	36.786	42.219	48.497	68.760	97.625
14	17.086	18.292	19.599	21.015	22.550	24.215	27.975	32.393	37.581	43.672	50.818	54.196	86.949	127.910
15	18.599	20.024	21.579	23.276	25.129	27.152	31.772	37.280	43.842	51.660	60.965	72.035	109.690	167.290
16	20.157	21.825	23.657	25.673	27.888	30.324	35.950	42.753	50.980	60.925	72.939	87.442	138.110	218.470
17	21.762	23.698	25.840	28.213	30.840	33.750	40.545	48.884	59.118	71.673	87.068	105.930	173.640	285.010
18	23.414	25.645	28.132	30.906	33.999	37.450	45.599	55.750	68.394	84.141	103.740	128.120	218.050	371.520
19	25.117	27.671	30.539	33.760	37.379	41.446	51.159	63.440	79.969	98.603	123.410	154.740	273.560	483.970
20	26.870	29.778	33.066	36.786	40.995	45.762	57.275	72.052	91.025	115.380	146.630	186.690	342.950	630.170
25	36.459	41.646	47.727	54.865	63.249	73.106	98.347	133.330	181.870	249.210	342.600	471.980	1 054.800	2 348.800
30	47.575	56.085	66.439	79.058	94.461	113.280	164.490	241.330	356.790	530.310	790.950	1 181.900	3 227.200	8 730.000

附录 D 一元年金现值系数表（PVIFA 表）

n	3.00%	4.00%	5.00%	6.00%	7.00%	8.00%	10.00%	12.00%	14.00%	16.00%	18.00%	20.00%	25.00%	30.00%
1	0.970	0.961	0.952	0.943	0.935	0.925	0.909	0.892	0.877	0.862	0.847	0.833	0.799	0.769
2	1.913	1.886	1.859	1.833	1.808	1.783	1.735	1.690	1.646	1.605	1.565	1.527	1.440	1.360
3	2.828	2.775	2.723	2.673	2.624	2.577	2.486	2.401	2.321	2.245	2.174	2.106	1.952	1.816
4	3.717	3.629	3.545	3.465	3.387	3.312	3.169	3.037	2.913	2.798	2.690	2.588	2.361	2.166
5	4.579	4.451	4.329	4.212	4.100	3.992	3.790	3.604	3.433	3.274	3.127	2.990	2.689	2.435
6	5.417	5.242	5.075	4.917	4.767	4.622	4.355	4.111	3.888	3.684	3.497	3.325	2.951	2.642
7	6.230	6.002	5.786	5.582	5.389	5.206	4.868	4.563	4.288	4.038	3.811	3.604	3.161	2.802
8	7.019	6.732	6.463	6.209	5.971	5.746	5.334	4.967	4.638	4.343	4.077	3.837	3.328	2.924
9	7.786	7.435	7.107	6.801	6.515	6.246	5.759	5.328	4.946	4.606	4.303	4.030	3.463	3.019
10	8.530	8.110	7.721	7.360	7.024	6.710	6.144	5.650	5.216	4.833	4.494	4.192	3.570	3.091
11	9.252	8.760	8.306	7.886	7.499	7.138	6.495	5.937	5.452	5.028	4.656	4.327	3.656	3.147
12	9.954	9.385	8.863	8.383	7.943	7.536	6.813	6.194	5.660	5.197	4.793	4.439	3.725	3.190
13	10.634	9.985	9.393	8.852	8.358	7.903	7.103	6.423	5.842	5.342	4.909	4.532	3.780	3.223
14	11.296	10.563	9.898	9.294	8.746	8.244	7.366	6.628	6.002	5.467	5.008	4.610	3.824	3.248
15	11.937	11.118	10.379	9.712	9.108	8.559	7.606	6.810	6.142	5.575	5.091	4.675	3.859	3.268
16	12.561	11.652	10.837	10.105	9.447	8.851	7.823	6.973	6.265	5.668	5.162	4.729	3.887	3.283
17	13.166	12.165	11.274	10.477	9.763	9.121	8.021	7.119	6.372	5.748	5.222	4.774	3.909	3.294
18	13.753	12.659	11.689	10.827	10.059	9.371	8.201	7.249	6.467	5.817	5.273	4.812	3.927	3.303
19	14.323	13.133	12.085	11.158	10.336	9.603	8.364	7.365	6.550	5.877	5.316	4.843	3.942	3.310
20	14.877	13.590	12.462	11.469	10.594	9.818	8.513	7.469	6.623	5.928	5.352	4.869	3.953	3.315
25	17.413	15.622	14.093	12.783	11.654	10.674	9.077	7.843	6.872	6.097	5.466	4.947	3.984	3.328
30	19.600	17.292	15.372	13.764	12.409	11.257	9.426	8.055	7.002	6.177	5.516	4.978	3.995	3.332

参考文献

[1] 孙茂竹,支晓强,戴璐.管理会计学[M].8版.北京:中国人民大学出版社,2018.
[2] 刘运国.管理会计学[M].北京:中国人民大学出版社,2018.
[3] 郭晓梅.管理会计学[M].北京:中国人民大学出版社,2019.
[4] 徐艳,张俊清.管理会计[M].北京:中国人民大学出版社,2021.
[5] 冯巧根.管理会计[M].北京:中国人民大学出版社,2020.
[6] 刘金星.管理会计[M].北京:中国人民大学出版社,2019.
[7] 雷·H.加里森,埃里克·W.诺琳,彼得·C.布鲁尔.管理会计[M].16版.北京:机械工业出版社,2020.
[8] 郭永清.管理会计实践[M].北京:机械工业出版社,2018.
[9] 温素彬.管理会计[M].北京:机械工业出版社,2019.
[10] 杨立.管理会计[M].北京:机械工业出版社,2019.
[11] 孔祥玲,韩传兵,张佳,焦晶.管理会计[M].北京:清华大学出版社,2019.
[12] 刘俊勇.管理会计[M].北京:高等教育出版社,2020.
[13] 吴大军,牛彦秀.管理会计[M].大连:东北财经大学出版社,2018.
[14] 李玉周.管理会计[M].北京:高等教育出版社,2019.
[15] 高翠莲.管理会计基础[M].北京:高等教育出版社,2018.